U0068226

葉至誠 著

看見長照・長照看見：
長期照顧與人力資源

序言

　　從近百年來全球人口的變化趨勢來看，人口轉變（Population Transition）是各個國家人口發展的普遍模式，即從高出生率、高死亡率與低增長率向低出生率、低死亡率與低增長率轉變的過程，其中全球性生育率的下降尤其引人注目。雖然不同國家所處的人口轉變階段可能不同，但是人口轉變所帶來的高齡化問題已經成為全球性的重要議題。

　　人口高齡化與少子化的趨勢影響下，未來的世界將有嶄新的面貌，人力資源的發展也會有重大的改變，值得我們正視。由於知識經濟的到來，具有豐富知識和技能的人才，已經成為推動社會經濟發展的主要力量，人力資源成為各種生產要素中最能帶來成效的資源。人力資源強調的是在服務中提高價值，在實踐中創造福祉。

　　長照政策推動多年，社會輿論多以無法滿足有長照需求的評述，一路以來出現「不會用、不夠用、不好用」等盲點。愛因斯坦說：「我們不能以製造問題時的思維來嘗試解決既有的問題。」這個原則運用在長照制度的完善及長照人才的培育上是具有啟發，以塑造更合時宜的照顧作為和紮實的人才培育。

　　人口結構高齡趨勢是世界共同面臨的嚴峻考驗，據「聯合國人口基金會」（United Nations Population Fund，簡稱UNFPA）指出，二十一世紀最重要的趨勢之一便是人口高齡化。自一九五〇年起，

全世界多數國家生育率與死亡率皆下降、高齡人口急遽增加，此現象稱為「全球高齡化」（global ageing）。預計在二〇五〇年時，全世界人民的平均壽命將高達七十七歲（United Nation, 2013）。相較於臺灣二〇一八年六十五歲以上老年人口高達百分之十四，進入「高齡社會」（aged society）；二〇二五年更將高達百分之二十的「超高齡社會」（super-aged society）。

臺灣自一九九三年邁入「高齡化社會」（ageing society），伴隨人口結構急速老化，但對於長期照顧議題關注較慢，對於其人力培育規畫的投入更顯不足。衛生福利部與內政部於二〇〇三年整合「病患服務員」與「居家服務員」成為「照顧服務員」，並於當年公告「照顧服務員訓練實施計畫」，勞動部勞動力發展署（前身勞委會職訓局）於二〇〇四年辦理照顧服務員技術士證照考試。為因應高齡照護需求，二〇〇七年政府公布我國「長期照顧十年計畫」，開啟建構臺灣長期照顧體系，並於二〇一七年啟動「長期照顧十年計畫2.0」。

政府雖推動服務體系及政策，但對於專業人才的培育卻有限，除單一級證照考核外，便無其他認證專業制度，以應對照顧服務第一線的人力，因應長照服務的快速需求。爰此，二〇一八年監察院《國內照顧服務員之實際發展概況》揭示：照服員受訓結業後實際執業率僅有百分之二十一，顯然長照人力資源陷入困境，外籍看護需求依然日殷，人數直線攀升，目前在臺的外籍看護已超過二十六萬人；長照人力培育的作為，顯然無法滿足需照護者的需求。

隨著知識經濟時代的到來，知識的積累以及知識、科技的創新，成為經濟發展的主體動力。由此，人才則成為最寶貴的和最

稀缺的資源，參酌「聯合國經濟合作與發展組織」（Organization for Economic Co-operation and Development, OECD）出版的《論以知識為基礎的經濟》中指出，人力資本、技術知識是經濟發展的核心。當照服人力的不足，是推動長照最大的問題，要有好的人才及充分人力，才會有好的服務品質；期間，專業分級推展、專業技能培訓、專業形象建立、職涯發展等，均是照服人力資源的重心，影響長照得否順利運行。

二〇二五年臺灣老人人口將達百分之二十，邁入超高齡社會。長照服務隨著長照政策蓬勃發展，但長照服務目前面臨照顧服務人力不足的困境，其相關執行人力的素質與數量則成為計畫執行成效良窳的關鍵，「人」是組織最重要的資源，如何妥善運用及有效管理人力資源，是政策能否落實、競爭力能否提升、服務品質能否改善的最關鍵因素。故人力培育面臨的問題及培育的有效因應策略顯得重要而迫切。

長期照顧工作具有不可被取代性、專業性、價值性的特性，在人類所擁有的一切資源中，人力資源最具重要性，自然成了現代管理的核心。不斷提高人力資源開發與管理的水準，不僅是當前發展經濟、提高市場競爭力的需要，也是一個國家、一個民族、一個地區、一個單位長期興旺發達的重要保證，更是一個現代人充分開發自身潛能、適應社會、改造社會的重要措施。關鍵在於如何有效引導社會大眾的認知及重視，並樂於投入這項工作，使長期照顧人力的培育能符應現行長期照顧的需求，確保長者得享健全化的長期照護服務，達成連續性、全人健康照顧的目標。

知識經濟時代的來臨，組織對於能創造績效價值員工的重視，

因而催化了人力資本觀點的盛行。人才既是位處組織發展最重要的基石，而培訓的關鍵是能力的提升，而不是知識的儲存。即要通過培訓提高專業人員將「知識」轉化為「執行」的能力，以促進專業人員為社會提供更好的服務。爰此，即將進入超高齡社會的臺灣，正需要重塑高齡社會的人力資源，以為發揮價值和達成可長可久的長照體系。

筆者任教大學校院已逾三十寒暑，常期能體現韓文正公所言「化當世莫若口，傳來世莫若書」，將此專業知識擴及教室之外的社會大眾，以能對社會教育略盡棉薄的貢獻。感謝秀威數位科技出版公司的玉成，方能完成這本著作。惟知識分子常以「金石之業」、「擲地有聲」，以形容對論著的期許，本書距離該目標不知凡幾。唯因忝列杏壇，雖自忖所學有限，腹笥甚儉，然常以先進師長之著作等身，為效尤的典範，乃不辭揣陋，敝帚呈現，尚祈教育先進及諸讀者不吝賜正。

葉至誠　謹序

6

目　次

第一章　長照人才培育芻議

前言

　　「人力資源」（human resources）是指借助一系列制度和措施，運用科學的方法對人員招募、任用、考核、獎懲、培訓、薪資、福利、離職、退休等方面的管理活動，以達到人員與事務之間，以及人員之間的相互匹配與協調。

　　隨著高齡趨勢，長照需求日益孔急，長照人才培育，不僅滿足長者需求，亦同為善盡社會責任，積極聚焦培育量足質優的長照產業的人才。提供一個結合產、官、學、研共同運作的一個機制，同時與社區、機構、學校共同合作，培育具優質「長照專業能力」的人才，建構能落實健康促進與醫療照護，並預防及延緩失能或失智的照顧模式，實踐專業的社會責任。

壹、長照需求日益殷切

　　學者林明正研究二〇〇八到二〇一九年間的臺灣勞動資料，發現聘看護工的長照家庭，家內已婚女性勞參率比已婚男性低一成五，推論照顧父母的負擔，是拉低女性勞參率主因。從中固然可窺見長照工作可能是阻礙因素，但是從長照社會，到長照分工、責

任、素養及其布建，任何一個失落環節，其所涉及到婚姻關係、就業勞動、家庭動力、文化主義等不同內涵屬性的「女性」，經常被視為主要、優先及替代的長照人力，這才是該議題的癥結所在。引發社會對長期照顧議題的高度關切，引發長照人力是否能滿足社會的需求。

　　長照十年計劃政策如火如荼進行中，然臺灣照顧人力和品質成為一大隱憂，沒人能預料長期照顧何時開始、何時結束，但根據衛福部統計，國人一生中長期需求時間約七點三年，其中男性為六點四年、女性為八點二年。據學者統計，二〇一五年平均一位八十歲以上的長者，有九點五位四十五到六十四歲的潛在照顧人力，但二十年後將快速下降到四位，如何吸引青年投入照顧行業成為關鍵；另一方面，居家照顧現場的觀察，許多家屬缺乏合適的場域學習照顧技巧，只能獨自摸索照料長輩的方法，成效往往事倍功半。

　　「長期照顧十年計畫2.0」的理想是政府自二〇一六年以「優質、平價且普及的長期照顧服務體系」所建構的目標，儘管預算從二〇一六年五十一億元增至二〇二二年長照預算增列到六百多億元，已成長十二倍之多，但再多的預算仍無法將長照責任全部從家庭移轉到政府。行政院主計總處二〇二一年人力運用調查發現，二十五至六十四歲的工作年齡人口中，因家庭照顧負擔、做家事；甚至是健康不良或傷病等原因，無就業意願而不願就業，成為非勞動力的人數總計有三〇二萬人，其中因背負家中老小的照顧責任，無就業意願未進入職場的非勞動力人數多達四十三萬人，因「需要照顧年滿年長家屬」無就業意願、不願就業而成為非勞動力的人數及

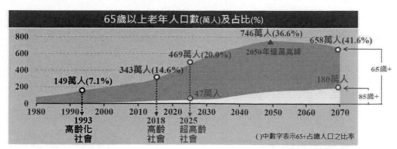

註：2020年起為中推估值。　　　　　　　　　　資料來源：國發會

圖1-1：臺灣人口結構高齡趨勢圖

比率均走揚，這反映人口老化確實對勞動力造成影響。

　　臺灣將於二〇二五年達到超高齡社會，是世界老化速度最快的國家。至二〇二〇年已有一百二十萬領有身心障礙手冊，其中至少有八十萬失能者、二十六萬失智者。根據中華民國家庭照顧者關懷總會資料顯示，每位家庭照顧者平均照顧時間約十年，每天平均花上十三點六小時照顧家屬。

　　臺灣面臨超高齡社會的到來，學者胡夢鯨提出主要有以下三方面的挑戰：

表1-1：高齡社會面臨的挑戰

類型	內容
高齡者本身的挑戰	包括生理、心理、靈性、社會等問題。
服務高齡者的挑戰	包括醫療、交通、教育、長照、休閒等問題。
與環境相關的挑戰	包括住宅、無礙設施、友善環境、敬老觀念、代間關係等問題。

（資料來源：作者整理）

　　依據衛福部的統計，臺灣長照服務的主要需求集中在居家服務、日間照護、家庭托顧、老人營養、餐飲服務、交通接送服務幾個面向，設施則主要為老人長期照顧機構、安養機構與老人公寓、老人住宅等。隨著臺灣人口結構在未來的快速老化，對於長照服務及設施的需求將逐漸加大。所有高齡社會的衝擊，歸結與人力發展有密切關係，家庭扶養需要青壯人力支援，貧窮需要職場人力支援，失能需要長期照顧人力的支援，疾病需要醫護人力的支援。人力發展不能落實，高齡社會的諸多問題將難以解決。

　　隨著世界各國都逐漸邁入高齡社會，長照產業可說是相當重要的一項趨勢，再加上醫療技術日趨進步，未來的長照不僅是所謂的長者日常生活照護，更可擴及至長輩的生理養生、心靈陶冶等樂齡化層面。長照機構也將翻轉過去傳統的如醫院般冰冷、老舊的形象，如日本在二〇〇〇年推行《長照保險法》後，長照產業蓬勃發展，建築養生村、樂齡宅等，使長照能有更新穎更有溫度的選擇，至今已發展成擁有數萬員工、經營超過千家連鎖機構的股票上市企業，而這也是開放長照轉型產業化的關鍵。

　　人力資源管理，就是指運用現代化的科學方法，對與一定物力相結合的人力進行合理的培訓、組織和調配，使人力、物力經常保持最佳比例，同時對人的思想、心理和行為進行恰當的誘導、控制和協調，充分發揮人的主觀能動性，使人盡其才，事得其人，人事相宜，以實現組織目標。根據定義，可以從兩個方面來理解人力資源管理，即：

表1-2：人力資源管理的內涵

類型	核心	內容
外在要素	量的管理	是根據人力和物力及其變化，對人力進行恰當的培訓、組織和協調，使二者經常保持最佳比例和有機的結合，使人和物都充分發揮出最佳效應。
內在要素	質的管理	採用現代化的科學方法，對人的思想、心理和行為進行有效的管理，充分發揮人的主觀能動性，以達到組織目標。

（資料來源：作者整理）

　　根據衛福部的統計，接受長照2.0服務者約有二十五萬人，然而國內有長照需求者已逾八十餘萬人，目前的服務涵蓋率仍不及四成，顯示仍高達百分之六十八的人未接受、申請長照服務。其次申請長照服務須待照顧管理專員的評估及核可後，才具使用資格，也就是說並非人人都能享受長照服務，再說長照接手前的空窗期，同樣需要親人照料，因此民間團體才會疾呼「長照安排假」。雖說有長照十年計畫及二十六萬的外籍看護協助，不過從上述統計可知，眼前仍有相當多數的失能、失智人口得靠家屬扶持。其實深受孝道觀念影響的國人，一直是社會最堅實的照顧人力，這點從勞動力參與率的變化亦能得證。根據勞動部統計指出，目前全臺一千一百五十三萬勞動人口中，平均每五人中就有一人因家屬照顧之需而影響工作，也就有二百三十一萬人因照顧的的參與，造成工作受到影響。

　　對於培訓照顧服務員人力未能充分投入影響因素，根據衛生福利部委託辦理照顧服務員訓練結訓學員就業意向調查結果顯示，參加培訓學員從未曾從事照顧服務工作者計有四成，未從事照顧服

務工作者參訓原因主要為照顧自己家人；另外，受訓完後，有從事或曾從事過照顧工作者計百分之五十八，離開照顧產業的主要原因為：工作辛苦與福利不佳、薪資過低及專業形象有待提升等。

愛因斯坦曾說：「我們不能以製造問題時的思維來嘗試解決現在的問題。」臺灣社會家庭結構功能改變，由以往以家庭為主的照顧，轉變為尋求外界專業照顧，對長期照顧資源及長期照顧專業人力的需求，需要與日俱增。這個觀點放到臺灣長照人才的發展與培育上，正需要重塑高齡社會價值和可長可久的長照體系，而打造更合時宜的照顧觀念和專業化人才的培育是其中不可或缺的部分。

貳、人力資源營造長照

我國傳統對於高齡者的家庭照顧者模式，由於家庭結構改變，一人家戶與二人家戶比例持續成長，再加上雙薪家庭居多，有些人需要在工作之餘，同時負擔照顧的工作——即所謂隱性照顧人口，甚至必須離職，或者減少工作量；正如同電影「順雲」中的劇情。因應超高齡化社會的來臨，衛福部近年來積極推動高齡長照政策，在二〇一五年政策白皮書中是以「建立讓老人可以依靠的社會」為中心。但自二〇一九年起，政府開始以「支援高齡者實踐自立生活」為概念，不再以「陪伴、照顧」作為政策發展重心，而改以「專業照護」為主軸，特別是讓家中有高齡及長期照護需求者的「喘息服務」更是重要的政策方針，因此專業長照人才的培訓就變得極為重要，以因應高齡者福利政策的推進。

世界高新技術革命和進步的浪潮，已把世界各國的經濟發展從

自然資源競爭、資本資源競爭推向人力資源競爭。現代人力資源管理，深受經濟競爭環境、技術發展環境和國家法律及政府政策的影響。它作為近年來出現的一個嶄新的和重要的管理學領域，遠遠超出了傳統人事管理的範疇。具體說來，存在以下一些區別：

表1-3：人力資源的遞演

傳統人事管理	現代人力資源
以「事」為中心，只見「事」，不見「人」，只見某一方面，而不見人與事的整體、系統性。	以「人」為核心，強調一種動態的、心理、意識的調節和開發，管理的根本出發點是「著眼於人」。
強調「事」的單一方面的靜態的控制和管理，其管理的形式和目的是「控制人」。	歸結於人與事的系統優質化，致使組織取得最佳的社會和經濟效益。
把人設為一種成本，將人當作一種「工具」，注重的是投入、使用和控制。	把人作為一種「資源」，注重產出和開發。
強調控制它、使用它。	著眼需要引導、開發。
是某一職能部門單獨使用的工具，似乎與其他職能部門的關係不大。	各組織中的人事部門成為決策部門的夥伴，提高了人事部門在決策中的參與。

（資料來源：作者整理）

引導人才的投入是克服人力荒的重要因素，然而，當檢視目前的實況卻存在著青年學子於學校接受專業養成教育，卻不及一成五的畢業生能投入長照專業服務。檢視期間因素，顯然受限於「工作繁複勞累，影響就讀意願」、「勞動條件不佳，就業前景堪慮」及「缺乏發展願景，投入士氣低落」等人力養成困境，學校在考量招生順利及吸引學生就讀策略上，常以「改名」作為調整策略，如以管理、服務之名，來避免「社會刻板印象」帶來的招生衝擊，以致

現行專科或大學教育階段，系科名稱與學制定位分歧，如在專科教育階段中，五專設有長青事業服務科、老人服務事業管理科，二專設有長期照顧科、老人照顧科、老人服務事業管理科；大學階段設有老人（長期）照顧（管理）系、老人服務事業管理系、老人福祉學系、老人福利與事業學系、老人護理暨管理學系及長期照護學位學程等。

「人力資源發展」的重點為改善組織成員的知識、技能、態度、創造力與理想等特質，使組織成員具備組織所需要的上述特質，希望成員的特質能配合組織的需求，持續地補充、提升，以協助組織的管理與發展。然而，在現行長照專業人力需求上雖以照顧服務員為主，但在系科設置上，卻以服務事業及管理為多，如此的人才培育規畫，恐將造成人力供需不對等，造成基層人力需求仍不足，管理人力則產生過剩狀態。

人力資源的開發、利用、管理已成為人類和社會發展的關鍵因素。在建置長照菁英與增能的訓練，以培育產業所需的人才。訓練目標包括對於長期照護有興趣的高中職、大專學生、已在照顧現場服務的照顧服務員、社區老人服務據點居服人員等。實作課程內容除長期照護，健康促進專業外，並跨領域至職能治療、護理、老人服務、社工、輔具設計等長照產業所需的各項專業技能。透過設置實作場域及挹注實務經驗豐富的產業界師資，提高學生就業率及強化學校教師實務經驗；並提升長照產業照顧技能，更新照顧模式，促進銀髮族生活自立，維護生命尊嚴。

長照專業擁有人才，就具有競爭能力，就等於擁有了發展的契機。為了留住和爭取人才，人力資本與發展必須加以重視。於長照

人才培育上須思考長照專業人才的內涵，根據我國長期照顧服務法中明定「長期照護：指對身心失能持續已達成預期達六個月以上，且狀況穩定者，依其需要，所提供之生活照顧、醫事照護」。綜上長期照顧的界定可包含下列四大層面：

表1-4：長期照顧的界定簡表

類型	內容
對象	旨在關心身心功能障礙者的生活能力，改善或維持其身心功能，使其盡可能達到某些獨立功能，且維持越久越好。
內容	包括預防、診斷、治療、復健、支持性、維護性以致社會性的服務，因此其概念要比醫療模式廣泛複雜，因為醫療模式僅關注急性照顧。
提供	基本上為技術照顧，少數慢性疾病複雜程度高，需技術性的照顧。因此，倘長期照顧機構所不能提供的服務，則需送到急性照顧的醫院或診所。
發展	長期照顧仍應重視照顧者的需要，在二〇一二年長照相關法規，照服員可從事抽痰、鼻胃營養導管等基礎醫療行為，提升專業服務的能力，改變社會大眾對「長照誰都能做」的刻板印象，讓長照工作具有「專業性」的價值。

（資料來源：作者整理）

法國社會學家涂爾幹（Emile Durkheim）於所著《社會分工論》，闡述社會團結與社會整合為一種社會事實，該事實獨立存在於個人之外，並具有獨特特徵，而分工的真正功能是在兩個人或者更多人之間創造出一種連帶感，即集體意識。由於長期照顧所涉及層面廣闊，其所屬的人力資源在美國方面分為：

行政領導管理人才〈administrators〉

環境服務〈environmental services〉

醫療服務〈medical services〉

護理服務〈nursing services〉

護理支持服務〈nursing support services〉

營養與膳食部門〈nutrition department〉

娛樂與活動服務〈recreation and activation services〉

復健服務〈rehabilitation services〉

社會工作服務〈social work services〉

長期照顧監察仲裁人制度〈Ombudsman system〉

借鑑長期照護機構中的服務制度，有一種特殊人員稱為《監察仲裁人》（Ombudsman system），在英國稱為《巡視監察官》，目地在協助提升長期照護機構住民生活品質，與保障他們的基本權益。為什麼長期照護的住民及他們家屬需要監察仲裁人服務？因為許多身心脆弱住民無法為自己的生活需要、身心福祉與心願表達意見。有些住民係單身生活，無親無友，更無人探視，要保持身心自由、不被虐待或被使用化學藥物或身體被拘束的權益，因此需要一位監督者幫助，讓每位住民享有安全、清潔、舒適，如同自己居家的環境。

國際勞工組織於二〇一五年發起「未來工作百年倡議」（The future of work centenary initiative），明確指出全球當前及後續面臨的挑戰，涵蓋：智慧化與數位化所帶動的科技革新。人力資本是可以把人的綜合能力作為一種資本投入到專業的建構中，並且可以獲得運作的效益。因此長期照顧服務專業人才的培育，在長期照顧政策與服務體系的發展中將更顯重要。

參、人才培育規畫芻議

　　長照推動所面臨的最大挑戰為：人力與財務，其中財物部分經政府以修法及配合公務預算，暫時得到緩解，然而，若沒有人才，長照仍是無法推動，民眾還是看的到、用不到。每個人都會變老，每個人都需要長照服務，唯有建立完整的人才培育機制，有足夠的照顧人力建置才能讓專業服務更加完整。現在人們對長照政策中關注最多的，就是長照人力與人才荒。

　　本於「徒善不足以為法，徒法不足以自行。」同時思考社會文化的習性，臺灣推動長照宜思考導入產業化，使提供的服務可根據不同的收費標準而定，屬於經濟條件較佳的家庭，就可自費方式獲得品質更好的照顧條件，而經濟條件屬小康家庭，也有可對應到一般收費的照顧機構，讓機構經營者可有穩定的效益。進而，使長照工作者的薪資福利提升，才能讓更多人才願意踏進長照產業。人力資源管理與發展是長照產業須積極強化之處，期間從人力招募、培訓、留用、晉升管道等方式，都必須有創新性作為，改善過往長照人力需求孔急及人才迫切提升的實況。參酌日本在應對時，著眼為長照專業服務若沒有執行人力，再好的政策都是枉然。如何打造有品質的長照服務，必須優先解決關於人力不足和人才培育的問題。長照人才培育是建立以技能為基礎的人才管理框架，以實際從事照顧服務人力為大宗，故於長期照顧人才培育實施計畫中，訂有青年招募到持續養成的人力策略，並定位於進修教育，以提升員工的專業生涯，確保人才培育能深嵌組織的長期發展。

23

　　長照專業的培訓模式邁向核心專長導向的訓練，從受照顧者的需求角度思考所需具備的核心專長，規畫核心專長架構，評量核心專長的具備程度，激發專業工作者無窮潛能，激勵能力，貢獻所長。結合產、官、學、研攜手共建專業規畫以「長照專業人力培育及人才提升計畫」，共同培育於未來可投入實務領域的技優生及專業健康促進與照護人才，期使能促成我國培育在長照體系的專業人才精進，以滿足產業人才的殷切需求。根據我國長照人力的實況，建議採取「質量並重，標本兼具」的原則進行規畫，依據培育對象區分為：

> 第一，「量要足：長照科系在學同學展翅計畫」，目標為獎助長照技優青年學生的培育，無縫接軌的技優生投入專業職場。

> 第二，「質要精：長照現職工作人員培力計畫」，目標為進階培訓計畫，並建置長照人才晉級雛形。

> 第三，「本要固：長照專業師資精進培訓計畫」，目標為臨床精進增能。

> 第四，「標要實：現職外籍看護賦能培育計畫」，目標為專業職能培育。

　　計畫主軸目標提供青年學子對長照專業的參與，提升長照專業教學能力，建置長照分級制度以提高現行長照專業人員素養，提高外籍看護照護品質等，以應有照顧需求的失能民眾更妥適的照顧服務措施，減緩失能與依賴的復健，增進其健康促進及獨立與自主尊嚴生活能力及生活品質。

表1-5：「長照專業人力培育及人才提升計畫」簡表

項目	內涵	目標
「長照科系在學同學展翅計畫」	1公費培育長照領域在學同學。 2長照技優生銜接專業職場。	獎助長照技優青年學生的培育，無縫接軌的技優生投入專業職場。
「長照現職工作人員培力計畫」	1建置長照人才分級雛形。 2長照現職進階培訓。	達成進階培訓計畫，並建置長照人才晉級雛形。
「長照專業師資精進培訓計畫」	1引介先進國家長照培育模式。 2長照專業教師增能培育。	達成專業師資臨床精進增能。
「現職外籍看護賦能培育計畫」	1建置長照線上培育系統。 2外籍看護專業培育。	達成外籍看護專業職能培育。

（資料來源：作者整理）

　　本於「質量並重，標本兼具」的原則，依據培育對象區分為：

第一，「量要足：長照科系在學同學展翅計畫」

　　目前提供國內長期照顧服務主要人力，係屬任職於居家服務提供單位、日間照顧中心及老人福利機構的照顧服務員，其資格依「老人福利服務專業人員資格及訓練辦法」第五條規定，包含下列資格之一：

　　（1）領有照顧服務員訓練結業證明書。

　　（2）領有照顧服務員職類技術士證。

　　（3）高中（職）以上學校護理、照顧相關科（組）畢業。

　　根據長照服務實況，我國現行照顧服務員來源，主要根據衛生福利部所提出之「照顧服務員訓練實施計畫」辦理，照顧服務員的訓練包括核心課程五十小時及實習課程四十小時（含回覆示教十小時，臨床實習三十小時），課程結束後經考評及格者，由訓練單位核發結業證明書即可從事照顧服務員工作；若有心的照顧服務員則

可以另參與單一級照顧服務員技術士的考試，經紙筆測驗與術科考試及格者，即可獲得照顧服務員資格。

隨著社會高齡趨勢，無法僅以消極態度進用短期培訓人員，實需以宏觀視野著眼長遠發展需求，規畫務實致用的長照人力及人才培育整體規畫，著以「招生，教學，考照，進用，繼續教育」，此作為的推動將關乎長期照顧政策是否能夠穩健發展，其中最主要的因素是要有質優且量足的照顧服務人力，依據現行人力需求仍以照顧服務員為主，其次為各類專業人員及照顧管理人力。是以，教育階段應對應人力需求合理定位其發展方向，如：

專科教育階段，應以培育長期照顧人力為主，協助其取得照顧服務員資格及跨領域的專業深化長照人才。

在二技教育階段，可銜接長期照顧類科專科畢業生，並以在職進修為主，鼓勵其於職場持續服務外，輔以其升學管道的暢通。此外，在延續其技術與知能外，另可就長期照顧管理、經營、法規等層面精進。

四年制大學教育階段，在課程安排上，前二年仍應以照顧服務員養成課程為主，後二年再輔以行政、營養、育樂、復健、心理與支持等課程，培養兼具照顧服務與管理的通才。

為了吸引年輕人才投入長照領域，參考教育部自二〇一七年度起為呼應重視青年就業問題，開辦五專生為獎助的主體，畢業即就業，採取五年公費，就業保證，展翅計畫的作為及成果，除了提供完整培訓課程外，也建構學生、服務單位與產業之間的網路，透過鼓勵在校同學取得勞動部即測即評頒發的照顧服務員及有酬實習機會，加入展翅計畫，讓青年實地操作，增進臨床經驗後，繼續協助

圖1-2：敏惠醫專長期照顧專業領域積極培育務實致用的長照專業青年。

媒合就職，青年進入職場後更有機會藉由在職繼續進修，創造「公費培育，就業保證，專業深耕」產學雙贏，經實習、畢業就業，無縫接軌，創造學生有就業，機構有員工，學校有生源，青年有未來，社會有希望等優點，培育青年學子接受公費培育投入長照專業職場。

第二，「質要精：長照現職工作人員培力計畫」

臺灣長照人力的缺口絕對不是因為沒有提供足夠的訓練，而是我們無法為從業人員提供願景和持續留在這個工作的價值和信念。爭取專業地位，帶動人力投入應將照顧服務員服務範疇與角色明確化，避免受服務民眾給予其不合理的要求與期待；同時，應提升照顧服務員薪資水準、生涯發展進路（如可適度考量將長期照顧系科納入管理專員及居家服務督導甄選對象之一），使其勞動條件趨向

合理，生涯發展充滿願景；長期部分，照顧服務人力應以教育單位培育為主（取代現行照顧服務員九十小時職前教育訓練），並可思考設立「照顧管理師」及「照顧服務人員晉級制度」等專業證照的可行性，讓照顧管理體系專業化。

隨著高齡照護的高度需求，照護人才培育內容應與時俱進、發展文化特色，目前勞動部對照服員九十小時教育訓練課程多年未變，早已僵化，偏重家務、身體照護，欠缺以人為本、避免職業傷害內容。應對老人心理需求、復健運動、失智照護、老人福祉科技運用等列入課程規畫，一方面，培育照服員因熟悉長者後，能發展出適合個別化的照護計畫及活動器具與內容，以教導家庭；另一方面，教導如何能運用輔具及老人福祉科技達到節省人力，及安全移位避免照護傷害。在養成期間未必對於長期照顧具有完整且清楚的認知，對於照顧服務人員等，恐在認知概念上均有所衝突，故培育與繼續教育的過程尤顯重要。尤其是長期照顧概念中有關家庭評估、全人照顧及個案研討等課程，更是不可缺乏，藉以凝聚長期照顧管理人力對於該工作型態、內容及個案評估的共識。

針對現有長照現職人員在專業能力的培力計畫，搭配長照人才分級制度的建立與推展，規畫出：照服員、居服員、病服員等繼續教育及專業提升需求，設計協助現行長照專業人員提升本質學能，經培訓提供專業證照。為鼓勵現職人員參加照顧服務員訓練課程，對於取得結業證書的結訓學員，如符合特殊身分者（如具就業保險被保險人之失業者、特定弱勢對象身分者、中低收入戶……等），檢具相關證明文件，補助訓練費用；另為擴大招募來源，照顧服務員訓練計畫已取消國小學歷限制，以加強輔導新住民、原住民參與

培訓課程，達成進階培訓計畫，並建置長照人才晉級規畫。

第三，「本要固：長照專業師資精進培訓計畫」

長期照顧是一項專業學理及臨床實務兼具的專業，並整合包括：醫學、護理、藥學、心理、社工、復健、職能治療等多學科的實務專業，對於護理、社工、職能治療與物理治療等專業照顧服務人力，因其在養成過程階段，非以長期照顧為職場主要就業領域，且其分別有其各自的專業課程規畫，如；護理所學以急性照護為主，臨床經驗亦以急性照護為多，與長照現場有所不同；社工則依現行「社工師法」分為一般社工師和專科社工師，其中專科社工師分為「醫務」、「心理衛生」、「兒童、少年、婦女與家庭」、「老人」、「身心障礙」等多個次領域，可知以老人領域為主的社工師者比例為低，且缺乏對於「長期照顧」的整體知能；至於物理治療與職能治療在專業領域服務與課程教授，並不是以服務對象的年齡層（如：兒童、少年與老年）或按服務項目的專精分科（如：外科、內科），故亦無法針對長期照顧領域開設專門課程。經過上述對於護理、社工、職能治療與物理治療等專業照顧服務人力，在養成過程階段的分析可知，對於是類人力，未來應透過跨領域學習、輔系、雙主修等方式，使其除具備其專業領域知能外，同時具有長期照顧領域的相關涵養。

老人照護已是走入跨領域知識與技能，人才培育教材應主動規畫出跨領域整合知識與技能，為精進長照專業人員時需精進專業教師素養，依據二〇一五年《技職教育法》精神，同步培育專業師資，以裨益精進專業知能，提升教學成效。盱衡先進社會為迎向高齡照護需求，分別推展如：自立支援，口腔保健，咀嚼吞嚥，延緩

失能，園藝療癒，團體家屋等多項照護方案。同時，配合長照2.0「預防及延緩失能或失智」照顧模式，包括認知促進、膳食營養、社會參與、口腔保健、生活功能、肌力強化，等，建構優質化實作擬真教學。並開設有視訊系統，與夥伴學校即時連線，提供師生建立即時性教學、學習、實作課程等，可精進教師及學生實務訓練，讓學習在設備精良的環境中逐步建立高齡長期照護知識及技能。其中，建置高齡長照學分學程、建置高齡長照數位化教材、優化高齡長照實作環境、高齡長照種子師資培訓及提供業界高齡長照人才培訓方案，是發展照服專業人才培育應重視的方向。

第四，「標要實：現職外籍看護賦能培育計畫」

根據統計：目前臺灣因照護需求，進用自東南亞引進外籍看護已逾二十六萬名，成為長照人力的大宗，臺灣有四分之一長照家庭依賴著社福國際移工，無論國際移工輸出國政策改變，都將影響臺灣長照，唯有儘速培育長照服務人力，納入家庭照護者為長照人力，才是建立臺灣長照體系的關鍵所在。

然而，細究現有外籍看護的引進多未具長照專業培訓，因此僅能進行陪伴看護事宜，對長者健康促進，醫療照護需求難於發揮，為期充分發揮照護人力資源，賦能現有外籍看護人員，創造正向發展的職涯環境及跨域學習平臺，方能有效提升長照專業能力，推動線上教學及現場操作實務培育方式，搭配外籍看護母語進行教學活動，並鼓勵取得我國勞動部照顧服務員專業證照，以提升服務品質，達成專業職能培育。

肆、人力發展成就長照

　　在經濟學上，人口紅利（demographic dividend）是指因為勞動人口在總人口中的比例上升，所伴隨的經濟成長效應。在人口年齡結構變動方面，我國未來仍維持高齡少子化趨勢，十五到六十四歲青壯年人口（又稱工作年齡人口）自二〇一五年達最高峰後開始下降，預估此人口紅利將於二〇二七年消失，二〇三〇年工作年齡人口將降至一五一五萬人，至二〇六五年則減少為八六二萬人（約減少百分之五十）。面對人口即將減少，以及高齡化、少子化等人口結構變遷，需要相應的規畫、推動政策。人才培育需要計畫，更需要時間來長期培訓，沒有照護人力，就不可能有照護服務，沒有完整的課程規畫與培訓計畫，也不可能培育出有品質的照護人才，這是臺灣長照發展的真正關鍵所在。

　　人力不足是長照最大的窘境之一，不管是住宿式、社區式、居家式的照顧服務，都需要大量人力，長照照護人力嚴重不足。留住人才是長照組織發展的重要課題，與其等待政府良政善治，不如開發培育體系和提升專業能力。落實長照人才培育的推動事宜，近年來，政府大幅提升了長照服務的支付標準，並規範最低薪資，讓照顧服務員薪資有所提升，因此吸引人力投入，讓居家服務蓬勃發展。但配套措施是應周延建置照服員更好的專業生涯，在專業關懷上，以社會缺口為出發，聚焦結合學校、醫療院所和長照機構為主軸，規畫良好、完善的職涯發展機會，確保服務人員能從工作中獲得成就感，有培訓、升遷、自主開業的機會，才能讓年輕人願意持

續投入，具體跨出自己的腳步，解決社會的期盼與需求。

《長期照顧服務法》為我國長照發展過程中重要之根本大法，於二〇一五年經總統令公佈，二〇一七年六月三日正式上路。此法內容涵蓋長期照顧服務內容、長照財源、人員管理、機構管理、受照護者的權益保障，及服務發展獎勵措施等五大要素外，還包括五項重要制度：

表1-6：長期照顧服務法的重要制度

類型	內容
服務項目	明定各類長照服務項目，包括：居家式、社區式、機構住宿式及綜合式服務類。
專業定位	明定長期照顧服務人員的專業定位。
長照財源	明定長照財源，並設置長照基金，以促進長照相關資源的發展、提升服務品質與效率、充實並均衡服務與人力資源。
外籍看護	初次入國的外籍看護工，其雇主可申請家庭看護工補充訓練。
家庭照顧	將家庭照顧者，納入服務對象。

（資料來源：作者整理）

在高齡社會裡老人健康照護和社會服務體系的建構，要能有效解決人力不足的問題，也應從「教育體系」著手，建立完善的人才培育系統，提供更多專業人力。但醫療專業領域人力，如護理、物理治療、職能治療、營養科系的系統教育，較缺長照相關課程，目前仰賴畢業後的補充訓練終非長久之計。照護人員若缺乏有關老人照護的培訓，嚴重影響人口老化社會裡健康照顧的輸送。為提升服務品質，未來有必要強化醫事專業人力在長照相關課程的鏈結。另外因應長照跨領域整合服務提供與個案管理人才的需求，政府也應

鼓勵跨專業長照學程的設立，改善過去人才培養不足的問題，期能培訓數量品質兼顧的專業人力，以因應高齡社會之需。

　　充實長照人力，包括持續培訓及培育照顧服務員、提高誘因與專業形象，並整合學考訓用機制及發展職能基準協助職涯規畫。以多軌並進方式充實長照人力資源，亦即同時進行學校教育體系、職業訓練體系、專業繼續教育體系的改善，並鼓勵機構穩定聘僱照顧服務員、發展次專業與職涯、給付專業分級……等。規畫各類長照專業人員培訓課程、培訓偏遠地區長照人力、建立長照共通性培訓課程之數位化學習與認證制度。為提升服務人員之專業，相關培訓與繼續教育制度建立至為關鍵，有助於確保提供服務的專業性與確保品質，建置人力發展成就長照，以次第達成：

第一、讓專業得到活水源頭

　　長照人才培育，對象涵蓋青年學子、照顧服務員、外籍看護者、專業教師等，設計多元課程滿足各種需求。強化健康促進、醫療照護專業知能，鼓勵學校積極引進社會資源，建立學校與機構合作培育產業所需人才。目標是要建構「找得到」、「看得到」、「用得到」的三「到」服務，與機構共同培養長照需求人才，縮短學用落差，畢業即成為認養機構可用人才；期能培育涵養以人為本、關懷生命之核心價值，瞭解長照產業之跨專業合作團隊各成員之屬性，具備溝通協調與復能專業能力的長期照護專業人才。

第二、讓青年看到長照希望

　　在我國長期面臨長照人力不足問題，為解決長照的困境與需求，引導培育人才以就業為導向，使學生畢業具有就業力及學以致用。參酌教育部推動的展翅計畫及帶薪實習各項補助計畫，提供長

照相關科系學生在學階段生活獎學金，及畢業後至相關機構服務的生活津貼，以改善長照人力問題。推動展翅計畫，就學生而言，減輕學生就學負擔，能夠安心向學，使弱勢學生獲得階層流動機會，促進翻轉未來，落實社會正義。就學校及機構而言，引導學校建立完善就業輔導與媒合機制，與機構共同培養長照需求人才，縮短學用落差。

第三、讓長照增加臨床教學

參酌美國將長期照顧定義為「針對慢性病或精神病患所提供，包括診斷、治療、復健、預防、支持與維護等一系列的服務，其服務措施包含機構式與非機構式的照護，目的在提升或維持受照顧者最佳的身、心、社會功能狀態。」長期照護相關跨領域專業在培育方面，藉教師增能，帶領學生至業界見、實習的機會，增進實務經驗，瞭解長照業界的需求，可協助教師精進教學內容與方法，以培育業界所需的人才。

第四、讓長照引介國際借鑑

藉由於專業培育上引介先進國家長照成功模式，例如：自立支援，失智者團體家屋，咀嚼吞嚥重建……等，以建置長照人才的訓練，及長照人才分級制度，強化長照相關科系青年在校學生培育外，並積極爭取長照產業機構的合作，協助學校提升長照人才師資培訓，優質長照復能知能，以深耕長照產業人才培育。透過實務場域的實習與參與，瞭解長照實務的真實問題，促使前瞻性產學合作計畫案成立，創造產學合作經營的機制。

第五、讓外籍看護邁向專業

隨著老年人口和功能障礙者日益增多，其相關長期照護需求不

斷攀升，此現象恐對政治、經濟及文化發展帶來嚴峻衝擊。回顧國內過去長期照護十年計畫，長照服務發展相當薄弱，但外籍看護工卻快速增長，可知待遇與工作條件不佳，難以吸引國內人力投入長期照護。針對外籍看護進行專業培訓，以利提升服務品質。

第六、讓長照經營產業化

現有的長照機構多數仍在自身的經營上為生存而奮鬥，奢談複製所謂成功的商業模式，與規模化經營的境界。藉由社會企業創新的商業模式，讓長照機構從組織規模、活化人力、服務升級等方式，從前端預防老化的功能，到後端提供社區式支援服務，藉由機構式照顧落實至社區及家庭。期望能跳脫以往的窠臼，透過產業間的競合思維，在長照人力資源的發展上能有創新的突破，進而帶動長照產業的整體發展。

第七、讓長照建立晉級培育

長照工作的永續發展厥為邁向高齡社會的迫切議題，規畫長照專業人員晉級制度，開設實務增能課程，提供長照機構現職人員繼續進修，針對現職長照專業人員及外籍看護等及提升照護專業能力，學習基本生活復能技巧，並增進瞭解長照的專業，期能搭配專業進階規畫，在提升實務技巧方面，開辦照顧服務員增能培力訓練班、專業的能進階班和職場加強班，提供紮實照顧技術；根據服務現場可能遇到的狀況，設計主題課程，如咀嚼吞嚥、口腔保健、排泄照顧、居家復健、足部照顧等，幫助照顧者增進專業知識，如高齡父母照顧、臨終關懷等，也將進行議題講座，帶領專業深化探討，以培育學員給予需求指引及專業能力的提升。

人口結構的高齡化是二十世紀中葉以來世界已發展中國家所面

臨的共同課題。西方國家從二十世紀初已就面臨人口老化問題，並逐漸採取因應之道。反觀我國自一九八〇年代達到高度經濟成長，但伴隨人口結構急速老化，卻對於長期照顧議題關注起步甚慢，對於其人力培育規畫的投入更顯不足。在「長照專業人力資源」全面展開，加強照護者與醫療服務、健康教育以及高齡者的社會參與和健康管理等多元長照服務模式來滿足照護需求，亦可使高齡者能夠有良好的日常生活自理能力，延緩進入老化失能狀態，讓長照服務體系功能發揮最大。早日確保國人得享健全化之長期照護服務，達成連續性、全人健康照護的理想。

OECD（2011）指出，長期照顧乃是「一個人伴隨身體或認知功能能力的程度減低所需要的一系列服務，因此較長的時間在於協助其基本日常生活活動依賴，例如洗澡、穿衣、吃飯、上下床（或椅子）、走動和使用浴廁等」。我國衛福部則認為長期照護係指「針對需長期照護者提供綜合性與連續性的服務；其內容可以從預防、診斷、治療、復健、支持性、維護性，以致社會性的服務；其服務對象不僅需包括病患本身，更應考慮到照顧者的需要。」長照人才培育計畫透過優質化、實用化、專業化的課程發展機制，以達成在長照體系人才的培育目標，並且對焦衛生福利部發展「長期照顧十年計畫2.0」提升長照品質，在人才培育及技術研發上藉由合作夥伴機構的回饋機制，創造永續經營優勢。

結語

　　我國面臨高齡化、少子化，以及疾病型態的改變，造成長期照護需求日益增加，為了建構完善的長期照護專業人才，不僅在學校、機構、社區穩健紮根，並且透過多元管道持續推廣至周邊產官學研，甚至發揮影響力至全國各地區。完善的長照人才培育政策能降低個人、家庭、社會與照護機構的負擔，創造三贏局面，促進社會正向發展。

　　我國現行對於長期照顧人力的規畫，尚缺乏完整與統整性，且均分散至各項長期照顧計畫之中，並無其獨立性的計畫帶動，以致於社會各界對於其工作性質及職涯發展等均缺少正確的認識，亦阻礙了有志人士之投入。長照人力資源強調能檢視現行人力培育所遭遇的困境，並透過解決之道的引導與投入，使長期照顧人力的培育能呼應現行長期照顧的需求。

第二章　長照人才養成教育

前言

　　隨著我國人口老化的趨勢加快，以及家庭結構普遍小型化等因素，使得家庭內失能老人及身心障礙者的照顧需求趨向外求。長照十年計劃政策如火如荼進行中，然臺灣照顧人力和品質仍為一大隱憂。沒人能預料長期照顧何時開始，何時結束。根據衛福部統計，國人一生中長期需求時間約七點三年，與此同時，照顧服務員仍是需求孔急，隨著時間積累，現行培育機制並無助於問題的緩解。雖有各項培育措施及作為，致領有結業證書或取得照顧服務員技術士證照者共十二萬人，但實際從事照顧服務工作者僅占四分之一；服務人數及資源雖有成長，惟照顧服務需求多元，仍無法充分滿足社會需求。

　　在「長照缺工」日益明顯，臺灣目前已引進超過二十六萬位社福類國際移工，有四分之一長照家庭依賴著國際移工，然而隨著國際移工輸出國政策改變，都將影響臺灣長照，唯有儘速建立培育長照服務人力資源的機制，才是建立臺灣長照體系的關鍵所在。

壹、教育現況尚有努力空間

因應人口老化對個人與社會，在個人健康與功能，以及整體照顧體系及財務負擔上等各個面向與層級所帶來的挑戰，各主要國際組織如「世界衛生組織」（World Health Organization, WHO）及「經濟合作暨發展組織」（Organization for Economic Co-operation and Development, OECD）皆提出宣示性政策，以協助各國積極應對，並揭示對人口老化及老年照顧體系的重視，採行有效的因應策略與方案。

臺灣將於二○二五年達到超高齡社會，是世界老化速度最快的國家。二○二○年領有身心障礙手冊已達一百二十萬人，其中至少有八十萬失能者。同時，國內十五到六十四歲的工作年齡人口，佔總人口比率在二○一二年達到最高，為七四‧二％，二○一三年後開始下降；從二○一五年起，每年以約十萬人的數字減少。多項統計數字意味著生產者日益縮減，扶老比不斷上升，受照顧者日漸增加，若無法及時有效建置長照人力資源，將造成供需落差，嚴重衝擊生活品質。

長期照護人力資源在邁向專業時需與職涯管理相結合，「生涯發展」與「職業發展」幾乎畫上等號，在美國知名生涯發展學者舒伯（Donald Super）之後，進一步加入「自我發展」的概念。職涯發展是一種正式的，由組織來進行以確保在必要時有合格及具經驗的員工可供運用的方法。生涯規畫不只涉及工作，還與成長過程、學習經驗、角色轉變及環境變化有關。所以，職涯管理（career management）必須重視其效益。個人在確立並達成職涯目標，如「管理學之父」杜拉克（Peter Drucker）提出：做好職涯的規畫要從「自我管理」開始，了解自己的長處和價值，找到歸屬做出貢獻。職涯管理對組織及員工雙方均有其益處，因為合宜發展的員工具有提升組織價值的能力。

　　從各國的長期照護政策可以觀察到發展的方向，包括在地老化的目標訂定、多元化的服務發展、個人化服務、支持家庭照顧資源，以及強調整體照護體系中的服務提供者應該有充足的專業性，而專業人力就是支持這些政策發展的重要基石。目前我國照服員專業培訓所範定的標準為：

表2-1：照服員資格規範

名稱構面	我國照顧服務員專業培訓資格
訓練對象	病患服務員
	居家服務員
	年滿十六歲以上、身體健康狀況良好，具擔任照顧服務工作熱忱者。
服務對象	日常生活活動功能或維持獨立自主生活能力不足，需他人協助者。
服務項目	家務及日常生活照顧服務
	身體照顧服務
	服務範疇不得涉及醫療及護理行為，但在護理人員指導下，得協助執行技術性之照護工作（指臨床實習所列項目三內容）
訓練單位	依法設立之公益、醫療、護理社團法人／財團法人及公益、醫療、護理人民團體，或設有醫學、護理學、社會工作、老人照顧或長期照顧相關科系所之大專院校。
	經衛生福利部或直轄市、縣（市）政府評鑑合格之醫療機構、護理機構、老人福利、身心障礙福利機構。

名稱構面	我國照顧服務員專業培訓資格
	依長期照顧服務法相關規定設立且經評鑑合格2k7長期照顧服務機構得接受直轄市、縣（市）政府補助或委託辦理，或擬具計畫送所在地之直轄市、縣（市）政府審查核定後辦理本計畫，但訓練課程內容以臨床實習課程、實作課程及綜合討論與課程評量為限。
	依工會法設立且與照顧服務相關之工會。
實習訓練場所	經直轄市、縣（市）政府督導考核成績優良之醫院。
	經衛生福利部評鑑合格或直轄市、縣（市）政府督導考核成績優良2k7護理機構。
	經衛生福利部或直轄市、縣（市）政府評鑑合格之老人長期照顧機構、身心障礙住宿機構、居家服務提供單位、日間照顧服務提供單位。
	依長期照顧服務法相關規定設立且經評鑑合格之長期照顧服務機構。
	原住民族及離島地區提供長期照顧相關服務之衛生所。
收費標準	訓練收費標準由直轄市、縣（市）政府核定。
師資條件	與授課主題相關之大專院校醫學、護理學、復健醫學、營養學、法律、社會工作、老人照顧或長期照顧相關科系所講師以上資格者。
	與授課主題相關之大專以上畢業，且具實務工作經驗三年以上者。
	與授課主題相關之實務經驗五年以上者（限臨床實習課程、實作課）。
成績考核	受訓對象除核心課程採線上訓練者外，參加核心課程之出席率應達百分之八十以上，並完成所有臨床實習課程、實作課程及綜合討論與課程評量者，始可參加成績考核。
	核心課程採線上訓練者，應於線上完成全數課後測驗，並提供最近六個月內之線上學習證明予實習訓練場所始可參加臨床實習課程；嗣完成所有臨床實習課程、實作課程及綜合討論與課程評量者，始可參加成績考核。

名稱構面	我國照顧服務員專業培訓資格
結業證明	訓練期滿後，訓練單位應將結訓人員名冊、出席情形及考核成績等相關資料，以核心課程訓練地之所在為準，送當地直轄市、縣（市）政府備查。但核心課程採線上訓練者，以實習訓練場所之所在為準，送當地直轄市、縣（市）政府備查。
	經考評及格者，由訓練單位核發結業證明書；訓練單位並應將所在地直轄市、縣（市）政府同意備查之日期、文號載明於結業證明書內，以利查核。
	照顧服務員依規定參加訓練並取得結業證明書者，不同直轄市、縣（市）政府應予以相互採認。
訓練時數	核心課程：五十小時
	實作課程：八小時
	綜合討論與課程評量：兩小時
	臨床實習課程：三十小時
	直轄市、縣（市）政府得依其業務需要增列照顧服務員分科訓練課程內容與時數。但線上訓練之核心課程內容與時數，以衛生福利部辦理者為限。

（資料來源：作者整理）

　　員工的職涯管理則是從組織角度出發，將員工視為可開發增值而非固定不變的資本，員工的職涯發展規畫作為企業組織管理的核心，員工職涯管理是組織為其員工設計的職業發展。長照人力資源培育對職涯發展規畫的成功有相當大的影響，其關係到組織整體運作的方向及目標，組織若能擁有良好的機制，其又能增加員工在工作上的努力程度，同時提升員工對組織的認同度，及發現優秀人才，進而提升組織整體服務效能。引介人力資源配合員工職涯管理，一方面可以更好的發展員工，更能有效地激勵員工，為長照的發展源源不斷地提供人才，最終將能達到長照的永續發展。

　　目前全臺一千一百五十三萬勞動人口中，平均每五人中就有一

人因家屬照顧的需而影響工作，也就是有二百三十一萬人因照顧的的參與，造成工作受到影響。隨著臺灣享受人口紅利的時代已經過去，青壯年可工作人口比率開始下降，願意投入勞動力市場的人力更早已日漸萎縮。雖然目前已有多所高中職及大專院校設置長期照顧專業系科，然而，在長照體系發展方面，依然有如下困境（李玉春，2016）：

表2-2：長照人力發展的困境

原因	內容
缺乏新血	長照人力缺乏，政府補助有限，照顧現場大量缺工，高度仰賴外勞。
無法信賴	照顧服務專業不足，照管專員負荷沉重，無法提供完整照顧管理工作。
品質不一	政府限縮照顧服務提供內容，外籍照顧人員眾多，照顧計畫僵化缺乏彈性（多數為一天一次，一次兩小時的服務），無法滿足全家、全人、多時段的照顧需要。
人才出走	政府補助採招標制，核銷行政繁瑣，且限制非營利機構承接，經費核撥速度緩慢，欠費問題嚴重，員工家庭照顧壓力，影響長照服務之成長。
難於留才	教育體制急需翻轉，照顧服務採論時支付，薪資低，缺乏成就感與升遷機會，留任不易。
事倍功半	長照觀念偏狹消極，重服務、輕復健或預防，失能程度愈來越高。
無法安心	長照機構各自為政，機構服務參差不齊，缺乏跨專業、跨部門的整合，更少與醫療體系建立實質的協調整合，服務零散、斷裂缺乏連續性。

（資料來源：李玉春，2016）

　　上述現象，造成人力供給和社會需求嚴重脫節，雖然政府挹注大量資源，發展長照服務措施，但實質效果仍有相當成長的空間。

鼓勵年輕人力投入，而「科技」能成為培育年輕人才的優勢，資訊科技、創新設備不但減輕照顧負擔，良好的工作環境也能吸引年輕人才，能讓產業科技化水到渠成。大專長照相關科系畢業生不是全部投入補足第一線人力，而是在培養未來的人才。

為建立照顧服務員的優良形象，及有系統的建立照服員專業照顧能力進階制度。大專院校長照科系應該扮演改變照顧品質、產業發展的角色，包括帶動智慧照顧風氣、橫向連結跨領域專業等特質，這才是人才培育的重點。以吸引優秀人才投入及留任照顧服務產業，並能有良好的職涯發展與多元晉升管道，進而提升長照體系品質與量。

貳、依據人力資源建立機制

長照服務本來就是一個高度仰賴人力資源的服務，總合而言，長照人力不足是世界各國都同樣面對的問題。因為照顧服務員的職業尊嚴與社會地位不佳，常被視為低廉的幫傭，加上勞動條件欠佳，以致即使受過免費培訓，投入實際工作的意願極低，長期缺乏勞動人口投入，讓許多長照服務無法順利開展。據勞動部調查從事照顧服務工作之人口特性，主要仍為四十五至六十四歲的女性為主，有意願投入照顧服務工作的勞動力，仍多為中高齡或二度就業人口，基此，除持續透過勞動部職業訓練體系培訓照顧服務人力，鼓勵中高齡及二度就業人口從事照顧服務工作；並與教育機構合作，促進長期照顧相關科系與長照單位實習機制及產學合作，吸引年輕世代投入。

　　學習長期照顧的青年學子不願加入「照顧行列」，不僅形成學用落差，更使專業願景難以實踐，箇中的原因約略有以下幾種：

一、薪資低

　　照顧服務員普遍待遇不佳，薪資不穩定，保障不足，涉及服務及個案變動的不確定性，每個案家所需服務不同，服務時間各異，案家狀況也會變動；由於不穩定，自然有保障不足的疑慮和憂心。即便機構有心提高，又不能不考量移工、接案看護或坊間家事服務員的競合，任職照顧服務員意願不高，使得年輕人無法將照服員納入職涯規畫第一選擇。

二、福利差

　　員工能否在工作上投入更多，超越雇主預期，與受表揚、領獎金等各類激勵措施，以及各項福利有關。尤其是長照服務這樣的工作，前述已提及本業待遇不高，如果再加上認知無法達成共識，機構、照服員以及案家對於服務內容有爭議的現象，更容易導致照服員缺乏動力，甚至產生工作倦怠。工作、排休需要涵蓋人性的考量，以及保障勞動條件，才能讓人更願意為工作付出。

三、升遷少

　　年輕人剛入社會，活力十足，充滿熱情，對自己的職涯有相當的願景。需要瞭解到，此願景來自職場有系統的專業訓練，有效提升服務品質後，才能助其完成生涯規畫。若缺乏在職訓練，工作技能無法不斷精進，當然影響留任意願。需要積極規畫照服員升遷管

道，除資深照服員可升任督導外，明定一定年資以上之照服員可擔任管理階層，例如：擔任長照機構業務主管、負責人；此外，並鼓勵創業成為「照老闆」，進一步發展職涯願景。

四、工時長

年輕人最大的優點和資本就是熱情，對未來人生的熱情、對投入職場的熱情。但是，如果伴隨工作而來的是長期的、連續的憂鬱、挫折焦慮、身心疲憊、失眠，導致注意力不集中、記憶力減退等負面影響，工作專業技能便無法充分發揮。最終不只影響身體健康、人際關係、家庭關係，恐怕再大的熱情、再多的理想都會被消磨殆盡。試想：身心狀況不是在健康的狀況下，如何執行照護業務？照服員除了照顧案主，還需面對案主家屬的要求（合理的、不合理的），傳染病感染的風險，不定期輪班影響生理作息及等，都是壓力與風險。此外，照服員可能在照顧過程中，因為位移行動不便的案主，長久下來，容易發生如肌肉拉傷等職業傷害。

五、尊嚴缺

照服員工作內容主要以身體照顧為主，以致社會普遍對照服員專業的認知尚停留在類似看護、居家服務等照顧工作，而非專業人員。主要是因照顧服務員的訓練包括核心課程五十小時及實習課程四十小時，為提升專業知能，政府得依其業務需要，增加照顧服務員分科訓練課程內容與時數，課程結束後經考評及格者，由訓練單位核發結業證明書。

六、形象弱

　　職業當然不分貴賤，照顧服務員工作內容主要以身體照顧為主，工作辛苦，但因入門門檻不高，又民眾根深柢固的觀念使得照顧服務員一直被視為非專業人員，社會形象不高，長久以來服務業人力未受專業對待。實難吸引年輕人對照顧工作的認同，進而投入照服員服務行列。沒有成就感、對工作不滿意，影響工作表現，又造成流動率居高不下。

七、易倦怠

　　在照顧服務中提供服務過程中，常發生照顧專員、服務提供單位以及受服務對象對於服務內容認知不同現象，導致照顧服務產生工作倦怠。

　　高齡社會時代來臨，過往傳統照護過於仰賴人力的模式，使得其離職率居高不下。未來透過健全的職務定位，可降低照顧服務產業從業人員的工作負荷量及增加專業性，並導入智慧服務改善就業場域，大幅降低繁瑣的行政工作，將重點放在人才培育同時發展職涯願景。透過人力資源管理制度來改善高度仰賴人力的狀況，締造出感動的服務流程，維繫美好的服務初衷。為發揮長照人力資源，因著不同的專業培育及能力採取照顧服務員層級，策進作為將著重於持續改善照服員薪資及勞動條件、精進服務模式、強化職涯發展與專業分級、增加職業認同與發展社區照顧創新服務模式，增進多元就業場域。

　　長照工作雖於我國推動多年，但檢視一項能獲得機構及社會認

同的專業，則顯須納入人力資源管理的作為。就「人力資源管理」是指為了完成管理工作中涉及人或人事方面的任務所進行的管理工作。主要職能包括：人員招募、職務等級、培育訓練、薪酬待遇、績效考核、職務升遷、福利管理、職工差假、勞動關係及組織文化。其內涵為：

表2-3：長照人力專業的內涵

種類	主要內容
人員招募	又稱為人員招聘。主要是基於組織的業務需要，來制定人員需求的計劃，並透過招聘作為以達成組織的人員需求。
職務等級	是指專業技術人員的專業技術水準、能力，以及成就的等級稱號，是在特定的組織中，在特定的時間內，由人員所擔負的任務。
培育訓練	是通過一些培訓及開發的技術及手段，提高員工的技能，以適應所處環境中的技術及知識的變化。主要的有：「在職培訓（OJT, On-Job-Training）」，「結構化在職培訓（S-OJT, Structure On-Job-Training）」以及「職外訓練（OFF-JT, Off-the-job Training）」，鼓勵「自我發展（SD, Self Development）」。
薪酬待遇	制定有效薪酬和福利制度，以吸引和保留人才，並激勵員工努力工作。
績效考核	績效考核（Performance Assessment）也稱為業績考評，是針對組織中每個職工所承擔的工作，應用各種科學的定性和定量的方法，對職工行為的實際效果及其對機構的貢獻或價值進行考核和評價。
職務升遷	指將員工職位變更而派任至職等較高、薪資較高、職稱較高職位而言。升遷可分為升等與晉級等。
福利管理	福利（Welfare）是員工的間接報酬，被視為全部報酬的一部分，一般包括健康保險、帶薪假期或退休金等形式。這些獎勵作為成員福利的一部分，獎給職工個人或者員工小組。

種類	主要內容
職工差假	目前《勞基法》規定強制雇主必須讓勞工休息的日子，有多種，分別是「例假日」、「休息日」、「國定假日」及「特休假」，每一種假別的規定及薪資計算方式不同。
勞動關係	勞動關係（Labor Relations）又稱為勞資關係，是指勞動者與所在單位之間在勞動過程中發生的關係。從法律的角度確立和規範勞動關係，包括：勞動契約、勞僱關係、承攬關係、僱傭關係。
組織文化	就是全體員工共同擁有的信念與價值觀，也就是在組織裡，大家對於什麼是對、什麼是錯有一致的共識，這就是組織文化。包括：創辦人的理念、經營者的價值觀、產業與技術的特性、甚至歷史與地理位置，都是形成組織文化的原因。

（資料來源：作者整理）

老人對健康照護服務的需求是迫切的，在先進國家中，除了對老人提供長期照護和醫療服務外，整體照顧的理念在老人不斷增加的壓力以及照顧科技的發展下，一九八〇年代Fries（1983）所提出的「疾病壓縮理論（compression of morbidity）」影響深遠，強調對老人所需的健康促進與疾病預防需求加以重視，以預防或延緩老人身心功能的退化，減少長期照護的需求，控制節節升高的照顧經費。

根據衛生福利部研究指出：照顧服務員人力未能充分投入的影響因素以及目前未再從事的原因主要為工作辛苦、福利不佳、薪資過低與專業形象有待提升等。微薄的獎勵對於照服員的政策誘因不足，說明了現今求職者對於場域的重視，需要更多資金與資源挹注，例如：有效運用科技舒緩工作所引發的疲勞和降低職業傷害，或是透過適當的工作分配及輪調制度改善工作負荷；搭配具體完善的管理和福利制度，以提升勞動條件是刻不容緩的首要課題。

　　長期照護已是走入跨領域知識與技能，照護人才培育內容也應與時俱進、發展專業特色，人才培育應主動規畫出跨領域整合知識與技能，符合高齡者需求。相較於傳統照顧服務模式的服務遞送，創新整合式照顧體系的發展則是橫跨各個階段與領域，例如：照顧祕書、照顧助理可以相互轉調，社工也可轉任照顧祕書，以協力方式輪流提供服務，督導員則負責有效連結各方資源，進行跨專業服務協調。

　　應對老人心理需求、復健運動、失智照護、老人福祉科技運用等列入課程規畫，一方面，培育照服員因熟悉長者後，能發展出適合個別化的照護計畫及活動輔具與內容，以教導家庭；另一方面，教導如何能運用輔具及老人福祉科技達到節省人力，及安全移位避免照護傷害。政府提出「育才、留才及攬才整合方案」，就是在面對人口結構轉變、產業結構轉型的雙重壓力下，所提出的因應策略。鎖定四大主軸：

　　第一、培養產業所需優質勞動力，厚植人力資本。

　　第二、是引導青年進入職場、活化多元人力運用。

　　第三、強化人才借鑒國際先進，提高專業競爭力。

　　第四、是打造友善就業環境，吸引專業人士留臺。

　　培育多元且以全人為中心的專業人才，亦是長期照顧服務強調的重點。前瞻長照的人力除了需要具備醫療、護理、健康的專長外，服務提供對使用者的整體家庭、社會網絡、支持系統進行適切的評估，以至服務提供的適切性，進一步導致由「醫療照護導向」到「健康促進導向」。

參、專業人力系列培育作為

　　日本經濟學家松穀明彥所撰述的《人口減少的經濟時代》，說明全球人口急遽增加的現象約發生於歐洲工業革命後，因人類在工業科技上突飛猛進，使生活品質顯著改善，也連帶延長人類存命、使死亡率隨之下降。高出生率與低死亡率是工業革命以來人口增加的最為主要的因素，代表人類的適應能力持續提升，現今社會則是預期壽命的延長。爰此，世界衛生組織（WHO）於二〇一六年大會中通過決議，提出了「老化與健康的全球策略及行動計畫（Global Strategy and Plan of Action on Ageing and Health）」（WHO, 2016），指出老化是一個具有價值的過程，但同時也在這個過程中會出現一些對既有社會的衝擊。健康的老化是要是要應對於這些挑戰，尋求長者對健康的增進，並達成老有所安的方法。

　　對人口結構的高齡趨勢，健康促進與長期照顧同為使老年人口達到理想生活與福祉的兩大柱石，確保全世界所有人均能在有尊嚴且有保障之情況下步入晚年，並能以具有充分權利的公民身分持續的社會參與。長照人力是長照體系中的核心，而青年世代是未來照顧服務中，最迫切需要的資源之一。經由青年世代的職涯發展（career development），係基於員工個人職業前程與企業組織目標達成的原則下，相互結合，彼此互惠，不斷地進步與發展，以實現其理想的過程。鼓勵青年投入長照顧工作，是一項刻不容緩的任務，不僅政府政策，甚至相關機構都應正視，並且尋求解決方案，促使青年世代願意投入照顧專業。

「訓練（training）是指教導個人練習事物的原理，也就是教導某人行為或方法的過程。現今照服員資格的取得有三個管道，即取得照服員九十小時培訓課程，高中（職）以上學校護理、照顧相關科（組）畢業，以及通過照顧服務員技術士考試。照服員可從事長照服務，包括：照顧服務（居家服務、日間服務、家托服務）、交通接送、餐飲協助、輔具運用、居家護理、居家復健、喘息服務、住宿式機構、失智症照顧、小規模多機能、家庭照顧者支持服務據點、社區性預防照顧、預防延緩失智服務、原住民地區社區整合性服務、社區整體照顧體系服務、銜接出院準備服務、銜接居家醫療。

照護人力的培訓不論是專業、半專業或非專業的工作人員，必須接受教育及定期的在職訓練，才能提升長照的服務品質。由於長期照護由一個團隊組成，訓練課程涵蓋很廣，不只限於醫療層面，提供的教學課程內容：溝通技巧、瞭解失智症、照顧失智症老人的技巧、防止老人不告而別、瞭解心臟疾病、糖尿病、精神疾患、帕金森氏症、關節炎、失禁便祕問題、突發疾病、中風、營養平衡、營養不良與脫水問題、預防食物中毒、協助用藥、注意藥物與食物反應、藥品管理、正確使用藥物、提供改善心理狀況藥物、注意藥物間的交互作用、生命終點的照顧、協助處理死亡情緒、處理憂鬱與不安、法令政策及程式、如何做觀察、報告與記錄等等課程以達到培植優秀、適用人才，提升服務品質，保障被服務者的生活品質與增進身心功能。

人力資源（HR）工作的重心演變，由重視人力資源的管理（HRM），逐漸進展到更積極的人力資源發展（HRD），以追

求組織與個人之間更高的效率與更大的效益。訓練毫無疑問地是人力資本發展體系中最重要的一環，為期系統性培育長照專業人才，藉由教育訓練的周延規畫，在職務設計上搭配，相應的「職位說明（Job Description）」，以專業導向的分析，包括了：技術（Skill），知識（Knowledge），能力（Ability），任務（Task），責任（Duty），以及職掌（Responsibility），以為實質內容及執行上所需的條件。人力資本發展分析目的，乃在提升人力素質，俾能在有激勵有能力的前提下為機構所用。

由照護服務單位依照單位發展願景、使命與營運策略，進行人才需求規畫、盤點關鍵職務與儲備人才，藉釐清人選職能缺口，補強管理職能與專業職能，人力資本發展分析目的，乃在提升人力素質，俾能在有激勵有能力的前提下為專業所用。根據職能別與階層別的訓練體系規畫實施：「在職培訓（OJT, On-Job-Training）」，「結構化在職培訓（S-OJT, Structure On-Job-Training）」以及「職外訓練（OFF-JT, Off-the-job Training）」，鼓勵「自我發展（SD, Self Development）」的途徑，依循知識、技能藍圖發展，方能收永續發展的成效。

一、「在職培訓（OJT, On-Job-Training）」

長照機構依其「專業職能」需求提出培訓計畫，由內部資深同仁擔任講師執行培訓，以落實專業職能培訓。透過年度績效考核機制，盤點單位同仁需精進或持續培養的能力項目，再由教育訓練人員進行需求彙整，整合出相關課程，並協助辦理符合專業知識、產業知識、品質製程、生產管理、員工發展等課程，以達持續培育及

建立人才的目的。實施步驟為：

表2-4：實施在職培訓的步驟

類型	內容
學前準備	在培訓前，先瞭解學員背景，掌握學員們的專長或經歷，調整上課內容的難易度，才能夠因材施教，擬定主要的學習方向。
清楚陳述	開始培訓，先講解工作流程和目的，以認知到此項工作的重要性，概略說明完畢後，要拆解步驟、分段說明，避免一次給新人太多新概念導致無法消化，也可以將所有工作要點濃縮成口訣，幫助記憶、執行。
示範演示	實際示範能讓人更瞭解工作時的情境，掌握「分段說明」的原則，確保每一步驟都能真正吸收並理解。
實務演練	示範完畢後，請員工操作一次。過程中給予鼓勵與協助，如果有操作錯誤的地方，要點出來請員工重新操作一次，確保真正執行時不會出錯。
成效檢討	教學結束後必須進行成效追蹤，可以透過複習的方式，檢視員工們的學習狀況。

（資料來源：作者整理）

二、「結構化在職培訓（S-OJT, Structure On-Job-Training）」

由美國 Ronald L. Jacobs 和 Michael J. Jones 共同發展出一套改進在職訓練的技術手法，從訓練需求、作業分析、課程規畫、講師培育、模組準備、訓練執行至成效評估等過程，透過結構化流程及方法，藉由結構完整的推展順序，有系統地展開，由職能別訓練逐步推展為教育訓練體系，同時建立起一套結構化的知識傳承系統，以及分享、學習、創新的知識管理體系，透過持續改善的力量，不

斷累積組織積智慧資本，使整個訓練活動能夠有系統地展開，以期發揮成果。

　　歸納出 SOJT 的實施步驟與流程如下：

表2-5：實施結構化在職培訓的步驟

流程	內容
需求分析	執行前應先審慎評估適切性，從組織分析、職務分析及績效分析，找出績效缺口。從工作的本質、可供運用的資源、個人差異等面向進行考量，以確認執行專業培訓。
工作分析	針對工作單元所包含的工作行為、執行結果、必備條件、工作態度等有關資訊，進行明確分析的過程，以設計訓練內容及設定預期目標等。
擬定計畫	分析並確認訓練需求後，針對工作單元擬定培訓計畫，包括明確的目標、實施對象、課程規畫等。
發展模組	整套教材，包含訓練名稱、理由說明、訓練目標、訓練的必備條件、訓練資源、訓練內容、訓練事項、績效評量與回饋形式等事項。
訓練人員	確認遴選標準，依標準挑選適任訓練人員加以培訓，負起教導的任務，同時也要對訓練績效列管。
推展實施	包括事前準備、實施訓練、要求回應、提供回饋、評量績效等作為。
綜合評量	評量員工短期與長期績效、訓練過程及訓練品質等，評斷訓練目標是否符合學員的發展目標。

（資料來源：作者整理）

　　長照專業的教育訓練，因技術操作和觀念認知占頗高的比重，因此大部分都能借助於「結構化在職培訓」；包含許多態度與行為面處理技巧，這些訓練要考量工作性質、可運用資源、工作現場限制條件、財務花費及學習者個別差異等，並確切掌握推動關鍵。

三、「職外訓練（OFF-JT, Off-the-job Training）」

指員工暫時離開工作崗位，到特定的機構場域，接受訓練，課程內容相當多樣化。依組織發展及職務需求提供所需的專業職能、管理才能……等訓練，是一種脫離直接的工作所進行的教育和研修，透過知識學習、服務方式、參與方式，以提升個人知識能力及組織整體績效，達成建立改革共識和開發各種能力，以提升整體的素質與競爭力。

表2-6：職外訓練的規畫程式

類型	內容
計畫性	依據組織的需求，專業特質進行規畫，除了決定「期限」之外，尚必須決定「目標水準」。
目的性	應提升的能力項目可能為數甚多，應把重點放在特別需要的加以開發。
組織性	在專業的人才培育系統中，職外培訓應與其他能力開發制度相互配合，以達相乘效果。
持續性	部屬能力開發不能在短期間內期待有效果，所以必須腳踏實地、持續地做下去。

（資料來源：作者整理）

四、「自我發展（SD, Self Development）」

自發性意願的自我充實學習，係指訓練對象（Self）自行選擇訓練方式，以進行學習來取得所需能力，凡進行訓練規畫時，規畫內容皆應以依組織發展及職務需求，提供所需的專業職能、管理才能等「訓練需求分析」所得，當作最主要考量，能使機構成員學會任務所需的各種知識或技巧，如：

圖2-1：敏惠醫專結合專業團體辦理長照人員在職培訓活動。

1.心靈成長講座

2.輔具技能訓練

3.溝通能力訓練

4.線上學習系統

5.網路分享社群

　　員工與機構共同檢視「員工自我發展與訓練需求分析」，列出第二專長或潛能開發訓練項目，作為訓練之依據。依據個人發展需求，提供同仁進修機會，提供以團體為基礎的訓練機會。

　　「人力資本」的主要職責在於制訂人力資源規畫、開發政策，側重於人的潛能開發和培訓，同時培訓其他職能經理或管理者，提高他們對人的管理水準和素質。針對不同學習對象提供適切的培訓，是促使組織持續發展的重要因素之一，更是創造機構競爭優勢

的主要關鍵。訓練在於「訓人之所短，練人之所長」，而此「截長補短，與時俱進」的觀念，是為了提高員工在執行某個特定職務所必要的知識、技能及態度或培養其解決問題能力的一切活動。繼續教育與在職培訓是對長照服務者所提供的專精、更新、職位升遷的訓練而言。

肆、深耕厚植達成專業期待

　　長期照護服務單位所需人力多元，相較任何其他企業組織均更為複雜，可概略區分為：專員、督導等管理階層，以及執行照顧服務階層。執行照顧服務階層包含了專業人力（護理、職能治療、社工）與照顧服務員，臺灣每年所需的照顧人力缺口甚大，如今已需藉由外籍看護人力予以補足，遑論管理失當的情事屢見不鮮；由此可見，長照人力資源管理是刻不容緩的議題。

　　人才是組織發展的根本，隨著社會、科技及經濟環境的快速變化，產業結構改變，人力管理的理論與實務，已逐漸由「人力資源」（human resource）觀點轉變為「人力資本」（human capital）觀點，人才需求也由量的增加而為質的提升，教育訓練也成為經營成敗關鍵。根據學者戴思樂（Jary Dessler）的詮釋，培訓是教導員工為執行任務所需技能的過程，培訓教育在改變受訓者的行為與提升其技術，並期望在最短期限內在工作崗位上有所發揮，教育訓練是培育人才的重要管道。

　　人力資本觀點將員工視為已經由教育、訓練等投資，富有創造力與生產力，且為個人所擁有，不會隨組織而移轉的資產，此與人

力資源觀點將員工視為組織未經開發的潛在資源，有極大的差異。教育訓練的目的就是在提供與傳授知識、技術與能力，以及培養和改變態度。觀之，為專業人員進行教育與訓練其本質也就是使組織發揮專業職能，以為永續發展。

　　「功欲善其事，必先利其器」，永續的經營除了硬體設備的汰舊換新，增加新穎設備之外，軟體方面就以教育訓練最重要，讓員工吸收新知，隨時充電才是最佳利器。目前社會大眾對照顧服務員及認知，多數仍普遍停留在看護的印象，使照顧服務員的專業難以受到重視，一方面職場尊嚴無法提升，一方面因未熟稔職涯晉升管道，加上薪資水準偏低，缺乏勞動條件保障，而使高級中等學校畢業生就算考取照服員證照，隨即投入長照產業的意願偏低，造成第一線直接照顧服務人力嚴重短缺，除導致基層長照人力流失，更浪費教育人力資源投資。

　　「訓練係因特定刺激情況的重複出現，而產生行為傾向的較永久性改變。」（張春興，1998）長照服務法已明定照顧服務員的專業定位，無論是在居家、社區或機構任職的照顧服務員，均需通過訓練及認證，並登錄於長照機構，鼓勵照顧服務員晉升居家服務督導員、規畫對於任職居家服務提供單位領有照顧服務員技術士證的照顧服務員給予專業加給，並針對提供失智症照顧者的照顧加給，讓從事第一線服務的照顧服務員有多元晉升管道，創造職涯發展願景。

　　「教育訓練」是一個使員工學習目前所擔任工作的相關知識、技術、能力和發展的學習程式，並以增進其工作績效為目的。亦即基於工作上或業務上的需要而培養個人技能或知識，而達到預定的

要求標準。屬於一項特定性的塑造，服務品質的提升，並著重於技能與方法上的鍛練。經營要成長，重點關鍵在人力資源，而人力資源管理的重點工作之一就是教育訓練，透過教育訓練員工，使員工不斷成長，才是挑戰經營環境變化的重要法則。但教育訓練不該徒具形式，應該就組織的特性及市場需求做調整，並考量成本，以委外、自辦或是產學合作等方式來進行，並以提高組織績效為目標，及達成員工生涯發展的課程才是好的教育訓練，其結果運用在員工的薪酬、考績、陞遷上，並定期做教育訓練的檢討，如此的教育訓練才能達成共贏的目標。

　　沒有執行人力，再好的政策都是枉然，遑論打造有品質的長照服務，是必須優先解決關於人力不足和人才培育的問題。二〇一五年長照法通過，政府廣開照服員訓練課程，卻無法吸引年輕學子投入，衛福部雖與教育部商討建立長照學程制度，不過人才培育數量遠遠跟不上臺灣人口老化的速度，如何解決專業人員嚴重不足的困境，成為當務之急。就其箇中原委，社會對於長期照服員認知，多半停留在「協助長期臥床長者翻身拍背」、「沐浴清潔」等負面形象，也是青年望之項背、不願屈就之處。但面臨高齡化社會，長照服務未來勢需要更大量資源、人力，因此專業機構需訂定明確目標，培養專業照護人才後也能投入市場，尤其長照領域牽涉護理、社福等專業知識，同步加強青年專業廣度及深度，亦提升社會對照服員職業認可。否則年輕照服員流動率高，甚至放棄此工作而另謀高就，會造成多個影響：

表2-7：年輕照服員流動率高形成的影響

影響	內容
學用落差	教育訓練的目的與資源，未能充分發揮功能。一位專業的照服員，不僅要具備照護技巧、護理常識、溝通技術等多元能力，更是直接幫助他人的重要工作，但在傳統觀念的桎梏下，即使社會風氣越來越開明，但許多父母一方面是心疼小孩，一方面是對職業依舊有「貴賤」之分，勸阻孩子不要從事照服員工作。同樣是醫護的工作，卻有高低之分。
資源消耗	在歐美許多先進國家，年輕人都是參與第一線的照護工作，因為他們很單純地當作是專業的服務，臺灣的照服員不是沒有年輕人，只是好多是家人不支持，讓他們對未來感到惶恐，導致照護機構必須不斷徵人、訓練、磨合。
服務品質	影響原本的服務品質，原先照服員離職後，案主家屬又要對新的照服員重新交代一次注意事項。案主也要花時間適應，容易有適應不良的問題，這些都是造成長照人力事倍功半的影響。

（資料來源：作者整理）

　　教育訓練的目的是期望充分發揮專業職能與時俱進，強化機構的在職訓練，依照服員教育背景、個性的差異提供多樣化的學習管道，提升專業服務品質。

　　長照專業人員培育需提升基本專業知能外，專業長照服務需求範圍廣闊且多元，人員提供的服務內容應能滿足接受者的需求，並應強化長期照顧專業人員跨專業能力。在長照人力缺口的檢討，賦權、賦能現有長照人才，創造正向發展的職涯環境及跨域交流平臺，才能真正解決人才荒。為避免專業人力不足，導致有需求、無人服務的現象，並考量長期照護需求多元化的特質，在人力資源的發展上，擴大專業人員參與的層面，包含醫療、護理、復健、營養、藥事等人力投入。「長照服務法」已明定照顧服務員的專業定位，未來無論是在居家、社區或機構任職的照顧服務員，均需通過

訓練及認證，並登錄於長照機構，持續透過職業訓練體系培訓照顧服務人力，讓從事第一線服務的照顧服務員有多元晉升管道，創造職涯發展願景。同時，鼓勵中高齡及二度就業人口從事照顧服務工作；促進老人照顧相關科系與長照單位實習機制及產學合作，吸引年輕世代投入。

造成本國籍看護人數無法提升的原因，就是薪資低迷。為了扭轉頹勢，衛福部在二〇一八年宣佈保障居家照顧服務員的月薪樓地板三萬二千元，以確保照顧服務員的薪水，讓年輕人覺得這是一份穩定且受到尊重的工作，人力才有可能逐步提升。加強各類照護人力的培訓，提升人員服務專業度，以健全長期照護人力制度。

教育是以專業準備以及加強在職者的專業知識和技能為目的教育。其在本質上具廣泛性、一般性、基礎性與啟發性四種性質。它是一種全面的舖設，著重於知識、原理與觀念的灌輸，以及思維能力的培植，分階段培育使長照人員具備基本知能、提升專業照護能力，並更進階強化跨專業及整合能力，擴大辦理培育計畫。目的是基於社會的需求立場，幫助專業人員奠定發展的基礎，充實專業的能力，提升長照專業人員服務能量。

結語

Lynton K. Caldwell（1963）認為「教育訓練是專業學習過程中的一部分，由經驗中學知某些事物的體現之道」。面對國內對長期照顧服務專業人力的殷切需求，適度開放高中職及大專院校開辦照顧服務專業領域，培育充足人力為必要作為，惟為使長照人力供給

圖2-2：敏惠醫專積極培育參與長期照顧的優秀青年。

量能及品質穩健發展，需就培育歷程的課程設計內涵，更聚焦對應產業發展及實務所需，及藉由多元管道及宣導方式，改變社會大眾對照服員的消極、刻板印象。

　　多年來，長照政策不斷修正，是希望具體回應政府對於長照服務的期許：建構「找得到、看得到、用得到、付得起」的長照服務；但民眾如何真正可以受惠於這些政策，其中討論最多的，就是長照人力與人才荒。理想的教育與訓練措施，能有系統的規畫與適當的課程設計。教育係針對未來可能經長期培訓，使一個人獲得一般學識；訓練則偏重立即需要，以即學即用方式使個人獲得工作上的專業知能，成為長照專業的無形資產，成為長遠發展的基石，更能使青年學子有願意投身此領域，為長照人才的廣度及深度賦予更多可能性。

第三章　培育青年參與長照

緣起

　　根據教育部統計，大專院校「老人與失能成人照護學類」開設校數與學生人數從二〇〇八年的五校八百八十二人，成長至二〇一八年的三十三校六千五百三十人，相當於全臺百分之二十的大專院校皆設立相關科系，若加上其他與「長照」、「高齡」相關科系，開設的學校更高達四十八校一百四十七科系，多年下來累積超過萬名長照人才。若加上高中職，一〇六學年度計有七校辦理，一〇七學年度有十七校辦理，一〇八學年度十九校辦理，一〇九學年度二十二校（教育部，2019），成為少子化中的一股辦學熱潮。但是，當沒有人才，長照仍是無法推動，民眾還是看得到、用不到長照服務。

　　為了留住和爭取人才，人力資本與發展必須加以重視。儘管社會各界仍有照顧服務人力的高度需求，但從學校現場實況，仍有照顧服務科系招生不易，畢業同學留任不足。學校經營如履薄冰，是在逆勢中挑戰未來，深究其因則從職業聲望、工作待遇到職涯發展，處處皆是令年輕人才踟躕不前的障礙。其中不容忽視的兩道基礎門檻：一是職業聲望不高，另一項則是學歷帶來的價值無法反映在待遇與職涯發展上。爰此，教育部自一〇六學年度起針對五專學

制提出「展翅計畫」，是否能有效改變目前的困窘？則是本文希冀
探討的主題。

壹、展翅計畫以培育務實致用的青年

　　長期照顧資源及照顧服務人力的需求與日俱增，長照人力是長
照體系中的核心，青年世代是未來照顧服務人力中，最迫切需要的
資源之一，促使青年世代願意投入照顧產業，是刻不容緩的任務。
二〇一五年長照法通過，政府廣開照服員訓練課程，卻無法吸引年
輕學子投入，衛福部雖與教育部商討建立長照學程制度，不過人才
培育數量遠遠跟不上臺灣人口老化的速度，如何解決專業人員嚴重
不足的困境，成為當務之急。

　　長照人力是長照體系中的核心，而青年世代是未來照顧服務
人力問題中，最迫切需要的資源之一，但青年世代投入照顧產業的
意願卻不高。如何讓青年世代投入照顧工作，是一項刻不容緩的任
務，不僅政府政策，甚至相關企業都應正視，並且尋求解決方案，
促使青年世代願意投入照顧產業。

　　教育部為吸引學生接受專科教育、扶助弱勢專科學生及提升
專科畢業生投入就業職場，自一〇六學年度以十三所專科學校專四
及專五學生試辦「五專畢業生投入職場展翅計畫」；一〇七年度擴
大至大學校院附設五專部學生。鼓勵學校引進企業資源，共同培育
產業所需專業技術人才，由企業提供學生在校期間每月至少六仟元
生活獎學金及實習期間，由簽約產業提供簽約生不低於基本工資待
遇，畢業後參與簽約企業的正式職缺，教育部則補助專四及專五就

業獎學金（就讀學校的學雜費）的助學方案。

這項方案的推動是有鑑於：

一、促進青年就業

因應一九八〇年代中高階專業技術人力需求、技專升格改制，升學機會暢通。然而，自一〇一學年度起至目前，專科畢業生升學比率高達六成，就業率則不及於二成五，如果在學校階段的訓練，或是經專業培訓後認證卻未能進入職場，甚至進入職場後不久後就離職，這與技職教育追求落實「務實致用」的宗旨並未相符。

世界進步的浪潮，社會發展已從自然資源競爭、資本資源競爭推向人力資源競爭。「青年為社會的希望，欲看明天社會的發展，且看今日對青年的培育。」生涯規畫是使個人規畫其未來生涯發展的過程。亦即設定個人生涯目標，在整個過程中，個人分析其智慧、興趣、價值、目標，考慮有用的機會和資源，對有關目前的工作做決定的活動，以建立可達預期結果的發展計畫（Walker, 1980）。青年就業需與專業生涯相結合，方能畢其功於一役；對個人、家庭、社區、專業、社會，帶來正面積極的意義。青年學子畢業後的就業，如何達成務實致用，落實職涯發展，是需要社會共同面對及突破之處。

經由展翅計畫以促成青年工作價值觀，這是引領人們對於工作本身的實質意義，如：福利報酬、勤勞務實、繼續教育、人際關係、社會地位、自我實現等，形成偏好的認知或意向；以引導個人工作行為與追求工作目標的方向，並做為持恆精進的方向。

表3-1：專科學校設有長期照顧學科學制情形簡表

校名	長期照顧相關科系	學制		109年度學生人數		
		五專	二專	五專	二專	總數
敏惠醫專	長期照顧與健康促進管理科	五專	二專（進修）	283	33	316
臺南護專	老人服務事業科	五專	二專（進修）	241	-	241
耕莘護專	口腔衛生與健康照護科	五專	二專（進修）	182	34	216
育英醫專	老人服務事業管理科	五專	-	408	-	408
崇仁醫專	老人服務事業管理科	五專	-	279	-	279
馬偕護專	高齡服務事業科	-	二專（進修）	-	36	36
新生醫專	長期照護科	-	二專（進修）	-	60	60
仁德醫專	高齡健康促進科	-	二專（進修）	-	57	57
中臺科大	老人照顧科	-	二專（日間）	-	18	18
慈濟科大	長期照護科	-	二專（日間）	-	32	32
經國學院	高齡照顧福祉科	-	二專（進修）	-	37	37
				1,393	307	1,700

（資料來源：一〇九學年度校務資訊平臺）

二、發揮務實致用

　　教育部推動「五專生展翅計畫」，以應政府重視青年就業問題，協助媒合就職，以全額獎助為目標，建構學生、學校與產業之間的網絡。協助學校建立完善就業輔導與媒合機制，以提升學生投入職場比率，使青年學子畢業即就業。採取五年公費，就業保證，透過鼓勵在校同學取得臨床經驗及專業證照，讓青年實地操作，增進實務經驗後，鼓勵學校積極引進社會資源，與企業共同培養產業需求人才，縮短學用落差，畢業即成為簽約機構專業人才；以促進

經濟弱勢學生翻轉未來，落實社會正義，創造產學合作。期盼透過助學金、學雜費全免、保證就業的機制，鼓勵青年學子學以致用，也幫業者找到合用人力，是青年、機構、學校、社會多贏政策。

　　作為產業需求強烈的學科，實習是鏈結實務學習的關鍵。根據監察院二〇二〇年提出的「長照2.0政策實施初探」調查報告，目前全國大專院校設有近五十個長照相關科系，雖長照系科皆能推行學生實習，使實習人數一年達三千人的總量。但，學生畢業後僅四成三投入相關產業，其中續任達一年以上者則僅約為一成五。不僅無法落實務實致用、學用相符，亦無法有效充實長照人力。是以，與企業共同培養產業需求人才以縮短學用落差，透過本方案讓青年學生畢業後立即投入就業，同時引導學校建立完善就業輔導與媒合機制。不僅雇主可早一步挑選人才，學生也可累積相關實務經驗，進入職場後更有機會藉由在職繼續進修，實為一舉多得的巧思規畫。

　　透過人力需求預測、人力供給計畫與人力盤點，提供長照所需的合適人才，建構一個符合高齡需求的照護體系，充實長照人力，完善長照政策成為關鍵因素。經由展翅計畫的實施，機構為爭取適性揚才的專業人才，提供有酬實習，透過學校甄選通過，專四或專五學生獲得企業承諾給予在校期間（非實習期間）每月提撥六仟元生活獎學金，第二年實習，給予基本工資以上的實習津貼。教育部補助二年就業獎學金，畢業後原獎助機構的正式職缺，吸引年輕人才投入長照領域，鼓勵學生畢業後留任。以展翅飛翔、翻轉人生。

三、體現扶持弱勢

　　一〇八年度專科學生申請教育部各類學雜費減免的比例近百分之十九，接近每五位同學即有一位，遠高於普通大學及科技大學，如表3-2。為促進經濟弱勢學生翻轉未來，落實社會正義，減輕學生就學負擔或申請就貸畢業後還款壓力，能夠安心向學，使弱勢學生獲得階層流動機會，促進翻轉未來，落實社會正義。

表3-2：105-108學年度學雜費減免大專校院比較表

類別	105學年度	106學年度	107學年度	108學年度
一般大學	6.45%	6.70%	6.44%	6.44%
技專校院	12.56%	12.94%	11.97%	12.01%
專科學校	18.89%	18.86%	19.20%	18.90%
合計	9.20%	9.87%	9.38%	9.37%

（資料來源：教育部統計處）

　　「展翅計畫」鼓勵學校積極引進社會資源，與企業共同培養產業需求人才，縮短學用落差，畢業即成為企業骨幹人才，以促進青年學子務實致用。透過助學金、學雜費全免、保證就業的機制，鼓勵學生結合專業生涯，也幫業者找到合用人力，是青年、機構、學校、社會多贏政策。

四、展現社會創新

　　二〇二〇年，新冠疫情影響全球，讓青年畢業生步出校門、初入社會的青年，在就業市場上所面對的挑戰較之以往更加嚴峻，在面對就業職缺驟減壓力的同時，波及初聘薪資水準。其中，部分青

圖3-1：109學年度企業與學校中區宣導說明會於崑山科技大學現場合影，崑山科技大學李校長天祥（右五）邀請教育部技術及職業教育司楊司長玉惠（左五）敏惠醫專葉校長至誠（左三）和諸多師長與機構先進共同合影。

年選擇延畢或宅在家中啃老等逃避就業心態，久之極有可能淪為長期失業，如果加上學貸負債，最後可能導致這群青年因入不敷支而陷入經濟貧窮。

這些現象，或許可以從勞動相關指標的變化發現其端倪。依據主計總處資料統計顯示，在三級防疫警戒下，首當其衝的是，失業率從二〇二一年四月的百分之三點六四，五月的四點一一，上升至六月的四點八〇，創下二〇一四年以來新高；相對同一期間，勞動參與率則是從四月的百分之五十九點一五，五月五十八點八二，下降至六月五十八點七六。形成「怯志工作者（discourage workers）」，失業狀況嚴重，尤其在自動化、機器人化更加盛行，將取代個人能力及條件較為脆弱的低技術、低薪資勞工族群。更多的人因不易就業而放棄尋覓工作，進而選擇退出勞動市場。

國際勞工組織（ILO）於新冠疫情爆發初期時指出，全球恐將

因疫情擴散蔓延與波及延長,而衝擊各國經濟。其中,勞動市場的衰退和勞動型態轉型,全球各國政府必須重視疫情對青年職業生涯發展的影響,包括:教育訓練受到干擾、求職就業更加困難和所得收入損失等層面,皆受到嚴重衝擊,從而呈現「封鎖世代(lockdown generation)」現象。

　　面對青年就業不易的困境,展翅計畫透過結合政府、產業、學校共同推動「公費培育、有酬實習、就業保證、深耕厚植」,善盡社會責任,提供專業學習及優質就業機會,因應勞動市場變化及產業需求,積極落實職業訓練、職場實習等,從正規學校養成教育至職場工作專業訓練,建立一套長期、完整與時俱進的職業生涯發展體系,協助初入社會青年因應疫後時代就業環境轉型挑戰,以提供青年做為生涯發展的平臺,避免青年陷入「新冠世代」貧窮。

貳、展翅計畫對長照人才培育的啟發

　　人力資源的開發、利用、管理已成為人類和社會發展的關鍵因素之一。推動的展翅計畫及帶薪實習各項補助計畫,引導培育人才以就業為導向,使學生畢業具有就業力及學以致用。提供長照相關科系學生在學階段生活獎學金,及畢業後至相關機構服務的津貼,以改善長照人力問題。就學校及機構而言,引導學校建立完善就業輔導與媒合機制,與機構共同培養長照需求人才,縮短學用落差。

一、高齡社會長照人才需求殷切

　　近十餘年來年來臺灣出生率降低,已導致人口成長趨緩,並使

人口年齡結構逐漸出現轉折，由內政部二〇一九年的統計資料可以發現，近十年來每年出生人口都在二十萬上下，約為四十年前的一半。且未來隨著四十年前出生的人口逐漸退休老去，反映在人口年齡結構上的變化就是四十年前出生的人口，在未來二十年會大部分達到退休或老化的年齡，高齡或退休人口在總人口中的占比會逐年上升，慢慢形成老人社會。

臺灣人口老化是近年重要的社會議題，政府於二〇一六年九月通過「長期照護十年計畫2.0」，除延續過去提供的長期照顧服務外，更希望建立以社區為基礎的長照體系，透過醫療與支持家庭照顧能力，建立照顧管理制度。但，政策上路多年，仰賴外籍看護的趨勢不減反增，申請外籍看護的人數節節攀升，長照無法滿足所有人安心在家終老的目標。

透過「我國長期照顧十年計畫」及「行政院長期照顧制度推動小組」的結合，其中，人力培育受到高度重視，並成為長期照顧政策層面的一環。是以，教育部訂定「長期照顧人才培育實施計畫」，此為長期照顧針對人力培育訂定計畫。二〇〇七年「長期照顧制度推動小組」組成，將「人力培育」列為六大主軸議題之一，該計畫中針對長期照顧人力培育應執行項目有：

第一、「積極辦理照顧服務員培訓」

第二、「保障勞動條件，減少人員流失」

第三、「鼓勵參加檢定，提高專業形象」

第四、「透過教育養成長期照顧人力」

第五、「補助設有社工、護理、職能治療及物理治療學系，開設長期照顧跨領域學程」

第六、「輔導訪視大專校院提升長照系科品質」

第七、「持續辦理長照中心照管人員之在職訓練」等策略。

二、長照需要培育全方位多功能專業人才

　　據衛福部提供，二〇一〇年老人當中需要長期照顧者數量高達三十一萬（佔高齡人口的百分之十二點七）。另，勞動部二〇一〇年統計臺灣一千一百五十萬的勞動人口當中，有二百三十一萬人為因為照顧失能、失智家人而受到影響，這當中又有約十八萬人因照顧而「減少工時、請假或彈性調整」；以及有十三萬人口因為照顧而「離職」。

　　然而，長照人力截至二〇一七年底止全國領有照顧服務員訓練結業證明書者共計十二萬六千人，而任職於長照領域的照顧服務員人數為二萬六千人，僅占百分之二十一。截至二〇二〇年為止，外籍看護工已經超過二十六萬人，對比其他長照相關機構照顧人力，臺灣長照服務人力仰賴外籍社福看護工高達九成。

　　二〇〇二年世界衛生組織發起全球基層健康照護強化運動，希望藉由持續的照護以增進老人的健康。此一理念增廣老人照顧服務的發展，在先進國家中，除了原有的醫療保健與長期照護外，還包括預防保健和健康促進（health promotion）。

　　爰此，一位稱職的長期照顧專業人員需具備如醫院般的專業醫療人員，且能擁有輔具、營養、復健、衛教、諮商甚至管理等基礎能力，更重要的是具備服務熱忱與任勞任怨的心理特質，方能使這項專業受到專業肯定，促使長照產業的永續發展，例如居家照服員不只是工作結束就走，若發現個案復能或輔具使用有障礙，應和治

圖3-2：展翅計畫培育青年學子邁向務實致用的專業生涯之路。

療人員聯繫，成為其他專業的幫手。

　　就此，增進年輕世代投入照顧服務工作的職涯遠景，鼓勵學校養成，針對高中職以上老人照顧科系培育的專業人才，有相應的職涯發展路徑，有別於僅接受照顧服務員訓練計畫結訓者，以鼓勵學校培育「全方位、多功能、全生涯」照顧人才。

三、展翅計畫厚實長照專業人才培育

　　長照照顧人力的缺口，考量用人需求迫切，短期雖然係以職業訓練機制培訓為主，長期仍應鼓勵學校體系養成。面對挑戰，培養照顧人才的教育體系逆勢突圍，教育工作者穩紮穩打，扭轉社會觀感，串連資源，投資培養未來的照顧人才。他們從強化產學合作、鼓勵管理與創業發展等方面努力，培養年輕人才能成為刺激照顧工作創新的觸媒，更是長照年輕生力軍的最強後盾。因此，「五專展翅計畫」是強化產學合作機制，並於學生畢業前，擬定鼓勵投入長期照顧服務領域的策略機制，以全公費方式積極鼓勵年輕世代投入，以提高長照人力的素質與數量。

　　「教育」（education）為傳授或獲得一般知識，以及發展合理且具判斷力的過程或行為，是藉由講授、訓練或學習所產生的結果，其目的在於發展知識與能力。專科教育以教授及養成實用基礎專業人才，培育就業導向為宗旨，為協助五專生適才適性，學以致用，並引導五專畢業生投入就業職場，提供產業發展所需優質務實致用的技術人力，使專科教育成為臺灣經濟活力的重要動力。「展翅計畫」與十二年國教相銜接使五專學制能達成「五年公費，就業保證，專業深耕」。

　　長期照顧是為了協助遭逢失能的人們，發揮功能並盡可能地維持其生活型態所提供的各種服務與支援，長期照護已是走入跨領域知識與技能，人才培育的教材應主動規畫出跨領域整合知識與技能，以為精進長照專業人員。「擴大照服員的職務範圍」和「提升技術水準」，因此需增加工作的專屬業務、制定明確的課程與時數，劃分出每項職能階段的待遇差異。

　　有鑑於照服員訓練須因應環境變遷，專業知能擴大，智慧科技投入，醫療照護精進，照護已是走入跨領域知識與技能，人才培育的教材應主動規畫出跨領域整合知識與技能，符合高齡者需求的專業能力，是發展長照人才培育應重視的方向。例如：敏惠醫專結合高雄小港醫院「口腔咀嚼與吞嚥機能重建中心」，發展高齡者咀嚼吞嚥與口腔保健專業實作課程。

參、展翅計畫落實長照人才培育實例

　　敏惠醫專長健科學生參與教育部五專展翅計畫，以務實致用及

提高就業率，並引導學校建立完善就業輔導與媒合機制，又為鼓勵學校積極引進社會資源，與企業共同培養產業所需人才，縮短學用落差，畢業即成為契約機構可用人才，以促進經濟弱勢學生翻轉未來。目前落實與大林慈濟醫院住宿型長照中心、高雄市立民生醫院護理之家、麻豆新樓醫院護理之家、臺南營新醫院等，聯合培育專業的長照人才，全力推動展翅計畫，學校積極引進社會資源，建立與機構合作培育長照產業所需人才。

鑒於長照專業需要專業人才頗殷，展翅計畫一改傳統「獵才」（Hunting People）方式深化到「植才」（Farming People），即結合學校及機構到相關科系自學生就讀期間即行展開訪才行動，除提供獎學金及畢業前實習機會外，並在初任時從優敘薪，使其能在求學階段即可成為機構發展的骨幹良才。

一、培育全方位長照人才的課程規畫

隨著照護專業的與時俱進，照護人才培育內容也應與時俱進。目前勞動部對照服員九十小時教育訓練課程多年未變，偏重家務、身體照護，欠缺以人為本、科技導入。隨著老年人口的快速成長，慢性疾病與功能障礙的盛行率呈現持續上升趨勢；惟身心障礙者及失能者有年齡及需求上的差異。目前長照服務項目雖已涵蓋居家、社區及機構式照顧等多元服務，然對於新興需求或依照年齡及長照需求的個別化差異服務較為欠缺。面對未來長期照顧服務的多元樣態，勢必需要具彈性且多樣的服務，以服務社會及長者。

爰此，展翅計畫透過學校、長照機構、青年學子三方合作無間的整合，應對老人心理需求、復健運動、失智照護、老人福祉科技

圖3-4：經由臨床實習增進同學專業能力提升照護品質。

運用等列入課程規畫，一方面，培育照服員因熟悉長者後，能發展出適合個別化的照護計畫及活動器具與內容；另一方面，教導如何能運用輔具及老人福祉科技達到節省人力，及安全移位避免照護傷害，以發揮務實致用的技職教育功能。

二、跨校合作無縫接軌深化學習

　　長期照顧政策是否能夠穩健發展，最主要的因素是要有質優且量足的照顧服務人力，依據現行人力需求仍以照顧服務員為主，其次為各類專業人員及照顧管理人力。是以，教育階段應對應人力需求合理定位其發展方向，如專科教育階段，應以培育長期照顧骨幹人才，協助其取得照顧服務員資格或通過丙級技術士檢定。至於大學教育階段，在二技教育階段，建議可銜接長期照顧類科專科畢業生，或以在職進修，鼓勵其於職場持續服務外，輔以跨領域的學習。此外，在延續其技術與知能外，另可就長期照顧管理、經營、

法規等層面精進。

　　人力資源管理（Human Resource Management）強調外在組織的需要，配合人力的提升與運用。從人員招募甄選、任用安置、訓練發展、績效考核、激勵措施、離退等一連串跟人力資源有關的活動。為突破人才培育的模式，輔英科技大學、敏惠醫專結合大林慈濟住宿型長照機構，高雄市立民生醫院護理之家等機構，透過課程設計，發展進階課程及證照的規畫，以完善青年世代照顧人才培力。達成：長照機構有人才，青年有未來，學校有特色，長者有照顧等多重功能。

三、在學期間完成照顧服務員證照

　　為能發揮展翅計畫精神，敏惠醫專為長期照顧同學於專二升專三的暑期經由勞動部技檢中心授權，在學校舉行的照顧服務員證照考試，以利同學取得專業證照後，進行為期一年的有酬實習，並納入展翅計畫。於實習期間強化學理與臨床實務，以精練所學。五專畢業後，於履行展翅計畫時可同步以在職進修方式接受與長期照護有關的專業教育，裨益長照專業人才的培育。

四、有酬實習減輕經濟負擔達成五年公費

　　參與展翅計畫的五專同學，前三年依據十二年國教，納入免學費，後兩年則因納入展翅計畫，由教育部提供全額學雜費，長照機構提供獎助學金及有酬實習，有效減輕家長及學生的經濟負擔。

　　參照敏惠醫專與大林慈濟醫院、高雄市立民生醫院、臺南營新醫院等進行一年實習，因實習同學皆已取得勞動部頒發的照顧服務

圖3-5：長照人才經由校際攜手合作，確保專業品質提升。

員證照。實習期間皆採取不低於基本工資的獎助學金，不僅使同學結合課室教學、臨床實習，同時藉由有酬實習，鼓勵長照專業學子參與實務工作。

五、就業保證以發揮所學能貢獻所長

　　根據衛福部二〇二〇年十一月公佈的「長照2.0執行現況及檢討」，近年來，照顧服務的需求，遠大於照顧服務員人力的成長，表示照顧服務員人力缺口越來越大。服務人力提供是建置完整長期照護服務輸送體系的關鍵因素，借鑑瑞典二〇〇七年的統計顯示，長照領域就業者二十五萬人中，上述第一線人力就占八成，其餘二成才是督導與主管、護理師、職能治療師與物理治療師等專業人員。然而，參據我國勞動統計，在現行「醫療保健及社會工作服務業」裡，八成的人力是各種「師」級專業人員。為其改善人力結構的失衡，培育青年學子紮實的臨床經驗，並奠定永續參與及生涯發展的基石，依據展翅計畫，同學於畢業後履約於原獎助機構進行

「一比一」方式就業，該機構為原實習單位，不僅接續有三年臨床工作，裨益專業能力增長，同時減少「摩擦性失業」及「學用落差」等困擾。

六、繼續教育學士授予深耕培育

舒爾茨（Thodore W.Schults）提出人力資本能透過教育、培訓、保健、交流以及實踐來獲得。人力資源發展（HRD）偏重培訓發展、能力提升。一般包含了組織發展（OD）、部門或員工訓練發展（T&D）、員工個人職涯發展（SD）。為能更積極規畫長照人才培育及養成，以建構的照護體系的人力資源，整合了醫療、護理、復健、長照及預防保健等資源在內，更提供創新服務內容，為發展經濟實惠且普及化的長照體系，以積極回應長者的需求。展翅計畫結合長照業者提供照服員職涯發展機會，不只是讓青年學子能從資淺變資深，也要訓練未來可當主管或長照機構經營者。基層人員有序充實經營管理能力，提升服務品質。是以，同學於展翅計畫履約期間，同時利用公餘進行在職教育，獲取專業學理的深化及學士學位，使長照人才培育得以深耕厚植。

肆、長照人才培育導入展翅計畫建議

長照已儼然為社會發展的重要議題，其關鍵需著手培育人才，人力資本有別於組織運作時所需的其他資源，可以隨時的補充或取代，其必須進行計畫性地長期投資與發展。因為若未有具體的培育計畫，空有政策、方案措施、服務據點，是無法提供滿足民眾需求

的服務。長期照護的特性，是需要跨專業、多元化的資源整合，舉凡長者的食衣住行育樂，都可能因應身體功能變化而有所改變，長期照護服務依個案的需要，展延為跨專業領域的服務，強調連續性的照護，長期照護服務隨著失能者功能或疾病的病況改變而調整，強調以長者為中心。爰此，專業培育若無法與實務相銜接，將難謂圓滿。

一、長照專業培育宜強調與實務對接

　　長期照顧將成為我國未來重點發展的政策與產業，其人力需求與職涯發展類型仍將處於成長趨勢，惟其服務對象與職場環境實需具有服務特質學生投入。因此，為避免學生選擇就讀後發現志趣不合，衍生轉學或修（退）學等教育資源浪費現象，可透過專業進路與未來職涯發展，或學校在進行學生選擇作業時，可輔以性向測驗等機制，選擇合適學生就讀，穩定其就學與未來就業。

　　面對人口變化趨勢難以扭轉的情況下，必須改變現有制度，尤其照顧服務員是長期照顧產業中，最基層、人數最多、第一線的服務提供者，是長期照顧服務品質與長照政策成功與否的重要關鍵。為能鼓勵學校設立長期照顧科系，吸引年輕人投入照顧服務工作，建議可比照「兒童及少年福利機構專業人員資格及訓練辦法」，將保育員、助理保育員及生活輔導員依學歷及年資分級，藉此可以提供不同職稱及待遇，以帶動教育體系的培育。

二、推動長照人才分級制度以利留才

　　教育是國家謀求未來發展的基礎，是社會建置永續經營的百

年大計。人才培育需要計畫，更需要時間來長期培訓，沒有照護人力，就不可能有照護服務，沒有完整的課程規畫與培訓計畫，也不可能培育出有品質的照護人才，這是長照發展的真正關鍵所在。爭取專業定位，提升專業素養，進而引領人力投入。將照顧服務員服務範疇與角色明確化，避免受服務民眾給予其不合理之要求與期待。同時，應提升照顧服務員薪資水準、生涯發展進路，使其勞動條件趨向合理，生涯發展充滿願景。另外，照顧服務人力應以教育單位培育為主，並可思考設立「照顧管理師」及「分級照顧服務員證照」等專業證照的可行性，將現有照顧服務員單一級別專業證照，參據目前護理師晉級所實施的分級制度。

源於美國在二十世紀七〇年代護理界即因發現護理學校畢業生臨床技能表現之變異性很大、離職率高、服務年資低等問題，而有臨床分級制度之產生（Girot, 1993）。國內長庚醫院於一九八二年首先設立護理人員能力進階制度，促使護理專業的穩健發展。援引而為建置長照人員分級系統，以深化專業人才培育，讓照顧管理體系專業化。

隨著社會對照服人力及人才的高度需求，並且有與時俱增的趨勢。學校端雖然設有長照科系，但，沒有給這些大專院校畢業生更被認可的專門技術地位，怎麼吸引青年學子，成就終生志業？若要提升照顧服務員社會地位，將長照納入分級評量授證仍是必要之路。針對長照體系最大宗的照顧人力—照顧服務人員的職掌等級定位，建議對於經高齡照顧專業培育的學院生，促成其擁有相關的分級證照，使更多年輕人願意留任為高齡社會服務，努力貢獻所學。

圖3-6：展翅計畫嘉惠的不僅是青年學子，同時使產業有務實致用的專業人才。

三、深化長照人才臨床實務繼續教育

　　青年參與長照專業需朝向「全方位、多功能、跨領域」的專業生涯，學校及產業共同研發青年世代照顧人力培力方案課程架構、內容及規畫方向。如：面對臺灣高齡人口快速成長，長照照護人力嚴重不足，弘道老人福利基金會成立「長照人才培育中心」，仁馨樂活中心積極建置「復能中心」，具體落實長照人才培育的推動計畫，具體跨出自己的腳步，值得學習。強調銀髮族長照事業不只是家庭個人或政府醫療體系的單向責任，應該是政府與民間共同攜手創造的新制度、新願景。

　　以更現代化的教學與教材，鼓勵獨立思考，引導更多人看見價值而投入正式照顧與非正式照顧，人才培育將是高齡社會健全與否的關鍵。建立照顧服務員職涯發展，提升工作成就感，讓年輕人看到清楚的職涯發展地圖，由基礎照顧到進階照顧，接著可升任督導、主任，甚至自行創業或加盟成為老闆，投入長照行業。上述進階照顧包括：到宅照顧實務指導員、心智功能障礙者照顧、自立支

援或生活復健。

四、公部門長照機構落實展翅計畫

我國長期照顧制度的實施，著眼於提供失能者與其主要照顧者必要的服務，而非提供現金給付。因此，服務體系的建構，是長照制度發展的基礎。而服務的發展，需要有完整的人力投入，以及充足的財源挹注。積極鼓勵青年世代參與照顧服務的人力培力養成計畫，提供青年世代照服員的培力課程，改善和吸引青年世代投入照顧產業，並提升其對老人正向的態度與建立正確職業觀念，讓年輕人以正面態度投入長照產業，以成就長照專業的人力資源，實屬落實長照作為的根本之道。

組織必須採用有效的管理措施及方法，提升人力的可用性及價值。公部門長照機構於落實展翅計畫上，實可作為產業界表率，爰，建議衛生福利部對所屬醫療院所的長照單位、安養機構於推動展翅計畫時，可以提撥相應的專款經費，增加青年學生選擇至公立醫療院所實習及就業的誘因。

參酌敏惠醫專與專業機構進行「展翅計畫」，以優質民間機構多於公務單位，檢視其原委，係屬公務單位於「公務預算」的規範下，提列獎助學金事宜，難有相應的經費運用彈性，往往覺得公費培育立意良善，但遇及既有會計、審計作業而束手無策。全臺現有十餘所榮民之家，目前仍提供千餘位長者機構式安養，雖相較於全盛時期已顯有落差，然就其設置功能，如能妥慎發揮照護機能，充分納入全國長照體系，將裨益照護資源。惟，管理體系隸屬榮民退除役官兵委員會系統，如亦能納入展翅計畫範疇，將可擴充優質照

圖3-7：衛福部新營醫院結合敏惠醫專共同培育青年學子，發揮務實致用展現社會責任。

護容量，俾補長照揭示目標。建議行政院退輔會能將所屬榮民之家納入展翅計畫的適用範圍，提撥相應的有酬實習、基本工資及獎助學金，增加青年學生選擇實習及就業的誘因。

五、藉由青銀共學鼓勵長者志願服務

依據現況，長照專業人才培育速度顯然滯後於需求，面對人口結構的快速高齡趨勢，預期壽命與健康壽命仍有相當落差，而高齡總人口數中健康、亞健康長者人數仍多於失能、失智、失調者。善於推展健康長者協助亞健康、不健康者，建置如「時間存摺」、「自立利他」，不僅能建立互助機能，同時發揮人力資源建置良善

圖3-8：台灣民眾平均壽命增加，但不健康年齡亦隨之增加。

社會美德。爰此，藉由「青銀共學」方式，以裨益長者參與志願服務。

　　他山之石可以攻錯，日本在一九九九年制定「Gold Plan 21──高齡者保健福祉推進十年策略」，將不需接受照顧服務的老人納入思考，提出照顧預防的相關措施與作法。主要的目的，是希望透過對自立生活的長者提供支持服務，達到讓年長者不易陷入需照顧的狀態，並且不讓照顧需求程度惡化。而北歐的瑞典，則提供具有預防意義的長者社區志願服務，包含居家照顧、送餐、共餐、老人聚會點及交通接送等，除廣受老人歡迎外，對延長老人自立生活、延緩失能惡化是有效預防的政策。

六、以社會資本觀點鼓勵青年投入照顧產業

　　長期照顧是我國繼辦理全民健保、失業保險、國民年金制度之後，另一項重大的社會福利制度。由於出生率快速下降，以及國人

的平均餘命持續延長，造成長期照顧的需求日益升高。伴隨人口老化趨勢，長期照顧資源及照顧服務人力的需求與日俱增，長照人力是長照體系中的核心。青年世代是未來照顧服務人力中，最迫切需要的資源之一，促使青年世代願意投入照顧產業，是增長社會資本刻不容緩的任務。

參研經濟學的律則：物以稀為貴。稀缺的物品或是服務，能獲得較高的報酬，自然能調動更多人力和資源投入，最後生產者和消費者雙贏。在自由市場的機制下，如果低收入戶負擔不起，政府再提供他們金錢補助。我國現行長照財務籌措係採稅收制度，但就龐大的照護人口及日益增加資源需求。伴隨人口老化趨勢，社會家庭結構功能改變，由以往以家庭為主的照顧，轉變為尋求外界專業照顧，對長期照顧資源及照顧服務人力之需求，與日俱增。

長照服務對於長輩和其家屬而言，都是生活上不可欠缺的機能，作為社會生命線的產業，照顧產業將成為二十一世紀市場發展的新主流，也是現代市場的黎明產業。參酌高齡化早於臺灣的日本實施形諸有年的長照保險作為，是以，建議可採取民間共濟組織及「商業保險」模式，發揮多元保障及社會創新，令民間先試先行，結合長照機構、商業保險、人才供給，形成跨業結合，以多元樣態滿足長照的快速及大量的需求。

七、擴大展翅計畫適用對象

臺灣人口結構快速高齡趨勢，據統計二〇一八年我國需求長照人數達六十萬人，長期照顧服務需求將隨著老人比率增加而愈趨迫切。二〇〇三年行政院經建會提出「照顧服務福利及產業發展方

案」，從人口結構高齡化的發展趨勢與轉變來看，其中與居家服務有直接相關的具體措施包括：引進民間參與機制，充實多元化照顧服務支持體系；全面提昇照顧品質，保障服務使用者權益；健全照顧服務人力培訓與建立認證制度，促進照顧服務專業化等。

展翅計畫的推動是結合：政府務實政策，學校專業培育，企業友善借重，青年積極參與，以促使青年世代願意投入照顧產業。檢視展翅計畫自一〇六學年度推展，以「五年公費，就業保證，專業深耕，亮麗人生」作為核心價值，對增進青年畢業即就業，發揮務實致用，增進學用合一等，已有其成效。面對長照人才需求孔急，考量專科學制參與長照人才培育，除有五專學制外，另有二專學制，二者培育目標類同，爰，建請：擴大展翅計畫適用對象至二專學制同學，發揮擴大長照專業人才培育宏旨。

八、深化展翅計畫納入五專前三年雜費

為能鼓勵五專學制同學以全公費培育，建議專一至專三的雜費部分，比照專四、專五階段，採取公費培育，並由機構提供生活獎助學金，延長與優質機構的簽約期程，裨益專業培育，達成全方位人才培育。

結語

我國人口快速老化的程度讓社會逐漸意識到，若持續忽視老人的照顧需求，不僅高齡者將面臨生活品質下降的威脅，對於因為少子化現象而持續萎縮的家庭支持網絡，更是一種負擔與挑戰。長照

人力是長照體系中的核心，而青年世代是未來照顧服務人力中，最迫切需要的資源，但現行青年世代投入照顧產業的意願卻不高。如何讓青年世代投入照顧工作，是一項刻不容緩的任務。然而，「徒善不足違法，徒法不足自行。」長照體系需在建構完備服務人力資源當下，促使服務品質提升，服務的輸送及管理更加重要。故學校要如何去訓練及管理服務人員，則需對服務工作特性先有完整認識。

　　長照青年學子參與「展翅計畫」除了延續原本的五專前三年免學費，特別也針對經濟不利的學生，又加入後兩年免學雜費措施；且不只於此，很多學校更因為企業的支持，讓這些在五專就讀的學生從計畫也能夠獲得企業的獎助學金、實習津貼，畢業後可以順利擔任企業的正職工作，順利銜接職場工作，縮短學用落差，同時也為機構提供立即可用的人才。有政府、企業與學校攜手合作，使青年就學有公費，就業有保障，生涯有發展，未來有希望。

第四章　長照工作人力資源

前言

　　臺灣近年來的老化速度已超過法國、瑞典等高齡化國家。衛福部統計顯示，到了二〇二五年，臺灣六十五歲老年人口將達四百七十三萬人，占總人口百分之二十，進入超高齡社會。因此，有學者倡議，臺灣長照體系不健全，形成如超高齡的日本社會一般呈現著中年繭居族現象，在推動中高齡就業促進法立法時，建議專法要求企業提供「托老」服務，讓企業設置駐診服務或高齡者照護中心。在高齡化社會，員工更需要的是托老服務，由企業協助聘請看護或設置照護服務，讓最具經驗的中壯年員工留在職場。（辛炳隆，2021）

　　然而，檢視目前的專業照護實況，最顯迫切的仍是量足質優的照護人員嚴重的短缺。是以，長照專業人力的培育成為社會所迫切。其中運用人力資源的觀點，建置長照體系，以因應社會變遷，滿足民眾需求，促進社會和諧與發展。

壹、長照人力與專業培育

　　二〇一七年，世界衛生組織發表《高齡者整合照護》，延續健

康老化觀點，清楚地提出執行方針，由早期的長壽轉移到不失能與不失智的健康老化，健康老化跳脫個別疾病觀點，以老化的活動能力作為健康主軸。因此，慢性病管理的長期目標，是老後的生活功能。要有效降低國民的失能與失智，需要做預防保健與醫療體系的改革，必須透過整合照護來運作的核心理念。早在二〇〇二年所提出「活躍老化」（active ageing）政策架構，主張從健康、參與以及安全三大面向，提昇高齡者的生活品質。

日本社會學者川北稔二〇二一年撰寫的「八十／五十──兩代相纏的家庭困境」一書，是討論中年繭居族的專書。針對繭居族，日本已發展出「地區繭居支援中心」、「全國繭居狀態者家屬會聯合會」等相關服務，鼓勵家庭照顧者利用公共服務，不要把所有壓力放在身上，也別讓家庭因繭居而封閉。社會期許子女照護父母，單身的中年子女往往在壓力下成為長照照顧者。等父母辭世後，這些照護者錯過工作黃金期，往往無法重回職場，形成另一個個人及社會人力資源的錯置。川北稔強調建立「長照新家人關係」是要民眾把照護員都當成家人、一起照顧父母，「將愛和勞動分開」，挑戰華人社會的傳統觀念。

人，是組織的最大資產。過多的人力，會造成組織資源、成本的浪費；而人力的不足，卻又讓組織的功能無法彰顯。隨醫療完善與科技的進步，老年人口的增加雖然是一種更健康與醫療進步的表徵，但同時也會對政治、經濟及社會帶來挑戰。人口老化是世界各國共同面臨的變遷經驗，高齡化社會的來臨，人口結構的改變勢必對經濟及社會福利制度產生衝擊，並面臨新的社會問題。

長照服務的提供方式，因關係民眾照顧品質，為使服務量有效

增加，故採「混合福利經濟」（mixed welfare economy）模式。這種思潮又稱為「福利多元主義」（Welfare Pluralism），已經有三十年以上的發展歷史，而且迄今在福利發展中仍有影響力。針對長照服務的輸送，認為臺灣目前的制度是一種「福利多元主義」，這個制度鼓勵其他的全社會部門（市場、家庭以及第三部門）共同參與福利的生產，以達成福利的混合。避免國家作為單獨的福利提供者所產生過度官僚化與專業化，導致大而不當、無法貼近需求者在地的需要等缺點。但是此處不代表國家責任的卸除，反而是管理角色的加重，才有可能將市場營利機構、非營利社福團體、社區乃至家庭的照顧潛能挖掘出來，達到最適的照顧福利混合。

　　檢視我國在長照體系的完整周延仍有相當大的成長空間，有鑑於組織發展中人力資源是其中的關鍵因素。是以，引介在人力資源管理的範疇中，長期照護要不斷尋求人力的合理化，進而追求組織的「最適人力」。若能達到組織的「最適人力」，則可以產生「積極效益」的功用。其中，為建立照服員的永續發展，建議長照人才的分級機制，可以參考護理工作制度。促進照顧服務工作的職涯發展，以使照顧服務員依其年資或工作表現可以有晉升的機制與管道，同時提供好的勞動環境與條件，鼓勵青年勞動力願意投入，以減緩照顧服務員不足的現況。

　　人力規畫，係指有系統檢視長照人力需求的過程，其目的在確認可以供應所需的人力及其技能。根據人力需求的預測而就內外人力供應連綴整合。職位設計主要係根據組織的需求，決定何種職位應存在，即應擔負起相應的功能。爰，參酌一九五四年即以實施的「護理人員分級制度」，建議長期照顧服務人員的能力進階分級制

度，為：

一、目的

　　在泰勒（Frederick Winslow Taylor）的科學管理學派（scientific management）的影響下，二十世紀中期，先進組織都對工作流程進行分析，以期設計出最有效的工作安排。

1.促進人員的自我肯定，提升工作滿意度，降低離職率。

2.運用分級制度，依級次賦予不同的責任，使人員適才適所，不致造成人力資源的浪費。

3.建立合宜的教育訓練規範及客觀公正的考核晉升，確保組織中優良的人力結構。

4.使升遷公平公正公開，真正達到拔擢人才的目的。

5.運用分級確定長照能力提升品質，並確保服務水準。

二、資格

　　「職位分析」（Job Analysis），是分析每個職務（職位）應當做什麼工作，以及這些工作適合什麼樣的人員，是對現有職務的認定、修改或產生新的職務。職務設計的方法有：職務專業化、職務輪換、職務擴大、職務豐富等。經由「工作分析」（Job Analysis），針對該職位實質內容及執行上所需的條件加以分析，以建立「職位說明」（Job Description），內涵包括了任務（Task）、責任（Duty），以及職掌（Responsibility），屬任務導向（Task oriented）的分析。依據該內容，長期照顧人員臨床專業能力區分為：

表4-1：長期照顧人員臨床專業能力區分

級別	內容
C0	具照顧服務員專業證照或具照服員職業登記資格。
C1	在長照服務滿一年者；經C1專業課程培訓，取得C1資格證書及格者。
C2	現職C1人員滿一年者；經C2專業課程培訓，取得C2資格證書及格者。
C3	現職C2人員滿一年者；經C3專業課程培訓，取得C3資格證書及格者。
C4	現職C3人員滿一年；經C4專業課程培訓，取得C4資格證書及格者。

（資料來源：作者整理）

三、進階制度規畫內容

由於長期照護體系出現的專業人力短缺，影響照護品質。利用各種專業方法，蒐集主、客觀資料，作初步的評估（Assessment）。同時，就蒐集的資料加以分析（Analysis），長期照顧人員進階制度規畫內容，為：

表4-2：長期照顧人員進階制度規畫內容

級別	內容
C0	一般個案照顧。
C1	長期照顧人員具備一般性病人的照顧能力（長期照顧常規、一般長期照顧、簡易技術）。能執行一般失能個案整體照顧及失智個案照顧。
C2	重症或困難病人的長期照顧（嚴重疾病、複雜疾病、案例分析）。能執行一般及中、重度失能個案、中度失智整體個案照顧、足部護理及輔助性醫療照顧、身心障礙者照顧、懸壅垂口腔抽吸照顧、個案專題研討、新進照顧服務人員實習指導。
C3	整體性長期照顧與教學（個案報告、新進人員或長期照顧實習生指導、團體長期照顧指導）。能執行一般及中、重度失能個案整體性照顧、失智個案整體性照顧、足部護理及輔助性醫療照顧、身心障礙

級別	內容
	照顧、懸壅垂口腔抽吸照顧、新進人員指導、照顧服務員訓練班主協辦、照顧問題專案處理及創新研究、行政業務。
C4	長期照顧行政研究與專科長期照顧（長期照顧行政業務、協助長期照顧研究調查的設計、執行單位長期照顧問題專案設計）。

（資料來源：作者整理）

四、分級進階評定

　　「長照人員專業能力進階制度」旨在提升專業人員臨床能力，促進成長。經分級制度可認定照服人員的能力，創造學習氣氛以提高專業價值。分級進階評定會影響個人能力的成長，提升人員照護品質。

表4-3：各職級長期照顧人員專業進階評定重點

職級	專業能力訓練重點
C0	受訓參加「照顧服務員專業訓練課程」取得結業證書。 考取「照顧服務員單一級技術士技能檢定」取得照顧服務員技術士證。 高中（職）以上學校護理、照顧相關科（組）畢業。
C1	1.長期照顧形象塑造、禮儀認識及對服務之理念宣導 2.常見疾病、常見藥物 3.常見檢查及治療 4.常見長期照顧技術（包括CPCR） 5.常見長期照顧問題 6.長期照顧記錄 7.法律與長期照顧（醫療法、長期照顧服務法介紹及專業倫理） 8.文獻查證與閱讀（讀書報告） 9.品質保證：長期照顧品質概念介紹並參與活動 10.疼痛處理 11.感染相關課程－預防與處理流程與手部衛生、感染預防、新興傳染病防護措施

職級	專業能力訓練重點
	12.安全促進與案例分析 13.實證長期照顧概念 14.安寧緩和療護 15.溝通技巧 16.生涯規畫
C2	1.重症及困難病人的長期照顧（含身、心、社會層面個案評估） 2.身體檢查與評估（心臟血管、呼吸、神經、胃腸、肌肉骨骼系統） 3.長期照顧生涯規畫 4.感染控制概念－院內感染監測及通報、群突發監測及通報、新興傳染病緊急應變 5.長期照顧倫理 6.溝通技巧 7.問題分析與處理（Ⅰ）：個案討論、案例分析 8.壓力調適方法與衝突管理 9.問題分析與處理（Ⅰ）：案例分析 10.品質保證（Ⅱ）：如何製訂長期照顧標準並參與活動 11.悲傷關懷
C3	1.教與學－臨床教師課程 2.危機處理 3.問題分析與處理（Ⅱ）：如何撰寫個案報告 4.品質保證（Ⅲ）：持續性長期照顧品質改善之執行方法
C4	1.長期照顧行政（含成本分析與物流管理之概念） 2.問題分析與處理（Ⅲ）：行政專案設計、長期照顧專案 3.品質保證（Ⅳ）：參與長期照顧品質改善活動 4.研究概論、實證研究

（資料來源：作者整理）

　　我國長照服務體系正處於積極建置的階段，建構一個穩定永續的長照體系仍面臨諸多挑戰，故政府必須採取新思維新策略來因應，才能翻轉既有長照體系的困境。面對人口結構的趨勢，長期照護推動與發展越顯重要，長照機構因應需求的快速成長，亦是不可避免的態勢。組織的發展與文化特質實與人力資本發展有互為表裡

密不可分的關係。為促使專業人才培育需進行「職務輪調」（Job Rotation），是指定期給員工分配完全不同的一套工作活動，即從一個職務調到另一職務，以增廣對各部門或職務的瞭解。所以，工作輪換是培養員工多種技能的一種有效的方法，既使組織受益，又激發了員工更大的工作興趣，創造了更多的前途選擇。

貳、長照工作與專業評量

　　二〇一五年「長期照顧服務法」的通過，使保障對象不再只限失能者，同時也將家庭照顧者一併納入。長照制度有幾項重要制度，透過各項作為以提升長照組織量能，讓長照制度得以順利推行：

一、整合各類長照服務基礎，包括：居家、社區及機構住宿的整合式服務，使小規模多機能服務取得法源依據。

二、為外籍看護工由長照機構聘僱後派遣至家庭提供服務，或由雇主個人聘僱的雙軌聘用方式訂立法令基礎，外籍看護工入境後其雇主更可申請補充訓練。

三、明定照顧服務員的專業定位。

四、以長照基金獎勵資源不足地區及型態，包括人力及服務資源。

五、將家庭照顧者納入服務對象。

六、無扶養人的失能者接受機構式長照服務。

　　長期照顧的永續發展需朝向專業領域，「專業」（Profession）是指一種需要特殊教育訓練之後才能從事的職業，這些工作通常是

為其他人提供特別的技術顧問與服務。從事這種工作的人，稱為專業人士或專業人員，通常會以它為一種志業。依據百科全書：第一、需受過相當的教育訓練，第二、有相當的資格保障，第三、具有較高的社會地位與聲望以及收入，第四、非以營利為工作目的，第五、需主觀的判斷力。

長期照顧為能被視為一種專業，需建置「專業化」（Professionalization），這是就專業的程度而言，是一個動態的也是一個歷程的概念。當一項職業的從業人員，其要勝任該工作所需具備的特定知識與技能越高，而且只有少數經過嚴格篩選的人才能獲得此項工作時，則該職業的專業化程度也就越高。專業的形成需要透過訓練與經驗，且其是在一個可被接受的倫理行為典則中運作。

由於照護服務具有高度的複雜性及專業性，參與其中需具有「專業能力」，是在其專門的職場中，無論是工作或人際相處，所展現的知識、技巧與態度。每個成功的組織都有其核心價值觀念，以作為穩固的根基。世界頂尖醫療機構——梅約醫學中心（Mayo Clinic），就是「以病人的需求為優先」作為組織致力實踐的核心價值，因而成就屹立不搖的百年品牌。唯有專業，才有可能提供優質的醫療照護，每位同仁皆需在專業上努力，才能夠保持競爭力。參酌美國與歐洲內科學會在二〇〇二年，整合歸納了「醫療專業素養」為三個重要基本原則：「以病人為優先」（primacy of patient's welfare）、「病人自主權」（patient's autonomy）以及「社會正義」（social justice）。

愈重視人力資本與發展的組織，資本報酬率會愈高，且經由

有系統的開發與累積、持續不斷地學習和成長，才能蓄積高品質的人力資本。如：梅奧醫學中心重視專業人力資源，支付醫師酬薪的方式特殊。在美國的大多數醫療體系，醫生酬薪取決於其所看病人的數量；梅奧診所的醫師酬薪不取決於病人的數量，酬薪是參照可比的大型醫療集團的醫師的市場薪酬。隨著醫療科技不斷創新與進步，醫療照護作為也從以往的單打獨鬥，演進為由醫師、護理、醫技、及行政人員等組成的跨專業團隊，提供「以民眾為中心」的醫療照護服務。專業人才，是指同時具備以下兩個條件的人才：

第一、具備專業知識與經驗外，也具備跨領域的知識與經驗。

第二、能夠根據這些知識與經驗，提出符合各方需求的方案。

全球人口結構老化，各國都正在面臨不同程度人口老化的挑戰。面對人口老化浪潮，傳統社會福利結構面臨的挑戰，無論在政策規畫、方案推展、人力充實、品質提升、服務整合面等，皆需要社會支援體系具備更多彈性創意的能量，由政府與民間共同合作，思考多元跨域的老人社區整合多元照顧與服務創新模式，方能予以因應。臺灣人口結構老化趨勢是重要的社會議題，政府於二〇一六年通過「長期照護十年計畫2.0」，除延續過去提供的長期照顧服務外，更希望建立以專業為基礎的長照體系，以滿足高齡社會的需求。

長期照顧根據「長期照顧服務法」：指身心失能持續已達或預期達六個月以上者，依其個人或其照顧者之需要，所提供之生活支援、協助、社會參與、照顧及相關的醫護服務。長期照護的服務對象包括先天以及後天失能者，所提供的服務包括醫療照護、個人照顧和社會性的服務等一系列的照護措施，服務的時間是長期的，

理想的長期照護體系應以認識服務使用者的需要、權利與責任為基礎。理想的長照體系重點為：

第一、以服務使用者為導向。

第二、符合所有服務者需要。

第三、認識個人獨特的需求。

第四、尊重不同文化與價值。

第五、提供使用者專業品質。

第六、平衡服務使用者權責。

第七、健全周延輸送的方式。

第八、可選擇服務的提供者。

第九、達成自我改進的能力。

第十、需大家共同努力建構。

因著服務對象身體功能、家庭功能、家庭照顧者的能力，及疾病特性、個人人口學特性等的異質性，推動「以人為中心的」照護計畫，提供多元化、有彈性、能回應需求及具成本效益的服務，以滿足不同服務使用者的實況。

對長期照顧具有多職能（Multi-functional）的需求，參酌戴思樂（Dessler）建議人力資本發展方案，運用專業訓練，將「各職級長期照顧人員的進階制度職位說明」（Job Description）詳細標示出來。就是說職位說明要包括該職位要做什麼及如何去做，發展出簡明的任務分析記錄／表格（Abbreviated Task Analysis Record Form）依此發展出職業訓練目標。發展職位教導表（Job Instruction Sheet），表列授課的每一步驟與要點，並編定教學單元目標與進度。

表4-4：各職級長期照顧人員之進階制度進升要求

職級		C0	C1	C2	C3	C4
定義		通過試用期，未通過C1審查合格者	工作滿一年，且通過C1審查合格者	工作滿二年，且通過C2審查合格者	工作滿三年，且通過C3審查合格者	工作滿四年，且通過C4審查合格者
工作職責	臨床實務	1.熟悉環境及工作流程。 2.熟練執行長者基本照顧。	一般性之長期照顧。	1.一般性之長期照顧。 2.重症及困難病人長期照顧，經驗一〇〇人日／年。	1.重症病人之長期照顧。 2.整體性長期照顧。	1.重症病人長期照顧。 2.整體性長期照顧。 3.專科領域的長期照顧。
	教學	個案個別長期照顧指導。	1.協助指導長期照顧實習生。 2.協助指導新進人員。	1.擔任在職教育講師至少二小時（含實習生在職教育）。 2.主持團體衛教。 3.獨立指導新進人員及實習生。	1.擔任在職教育講師至少二小時（含實習生在職教育）。 2.主持團體衛教。 3.獨立指導新進人員及實習生。	1.擔任在職教育講師至少四小時（含實習生在職教育）。 2.主持團體衛教。 3.獨立指導新進人員及實習生。
	行政	配合長期照顧品管活動。	1.參與財產管理。 2.配合長期照顧品管活動。	參與長期照顧品管活動	執行長期照顧品管活動	擔任小組長主持會議二次／年

職級	C0	C1	C2	C3	C4
在職教育	1.完成新進人員訓練課程。 2.參加C0、C1在職訓練。	1.參加C1在職訓練課程十二小時。 2.專業教育≧至少十二小時／年。	1.參加C2在職訓練課程十二小時。 2.專業教育≧至少十四小時／年。	1.參加C3在職訓練課程十二小時。 2.專業教育≧至少十六小時／年。	1.參加C4在職訓練課程十二小時。 2.專業教育≧至少十八小時／年。
書寫作業		讀書報告（七十分以上）	案例分析（七十分以上）	個案報告（需經審查通過）	行政專案（需經審查通過）
平時考核		考核成績八十分以上	考核成績八十分以上	考核成績八十分以上	考核成績八十分以上
考試	新進人員職前訓練課程筆試及技術考成績七十（含）分以上。	C1進階筆試八十（含）分以上。（保留兩年）	C2進階筆試八十（含）分以上。（保留兩年）		

（資料來源：作者整理）

　　傳統的人力資源管理理論認為，組織應該把合適的人放在合適的職位上，用最小的成本進行人力的合理使用，主要側重點是人力資源使用的效率；在現代社會條件下，我們不難發現，人力資源應該成為組織的社會資本，在實際操作中，我們不應該把人力資源看作是消耗性資源，而應該把人力資源看成是組織的資本，組織的主要人力資源管理重點應該是根據設置目標發展方向，進行人力資源的合理規畫和開發利用。在一個組織中，只有求得有用人才、合理

使用人才、科學管理人才、有效開發人才等，才能促進組織目標的達成和個人價值的實現。

參、長照工作與人力資源

人類社會的發展，無論是經濟的、政治的、軍事的、文化的發展，最終目的都要落實到人，一切為了人本身的發展。根據卡羅藍（Mary Catolan）在其「金科玉律」（Some New Golden Rules，1993）一書指出。訓練與發展的的五大步驟如下：

第一、需求分析（Need Analysis）

第二、教學設計（Instructional-design）

第三、確認有效（Validation）

第四、學習歷程（Implementation）

第五、評估反饋（Evaluation and Follow-up）

人力資源發展（Human Resource Development：HRD）自一九七〇年代以來，開始被廣泛的使用。人力資源管理要為每一位員工都提供一個不斷成長，使人適其所，盡其才；物暢其流，盡其用，就是人力資源發展的要義。以及發掘個人潛力和建立成功職業的機會。在「國際標準化組織」（International Organization for Standardization，簡稱：ISO）九〇〇一：二〇〇〇中，「人力資源」中提出了對人力資源的要求，要求「基於適當的教育、培訓、技能和經驗，從事影響產品質量工作的人員應是能夠勝任的。」完備的人力資源是滿足質量要求，滿足顧客要求的必備條件。人力資源管理的功能是：

表4-5：人力資源管理的功能

類型	內容
發揮 個人價值	透過合理的管理，實現人力資源的效能，取得最大的使用價值。人力資源管理部門在幫助員工制訂其個人發展計畫時，有必要考慮它與組織發展計畫的協調性或一致性。人的使用價值達到最大化是因為人的有效技能最大地發揮。
激勵 工作士氣	採取一定措施，充分激勵員工的積極性和創造性，也就是人力資源管理部門對員工實施有效的幫助和指導，促使個人發展計畫的順利實施並取得成效，發揮人的主觀能動性。
創造 組織發展	培養全面發展的人，教育和培訓在人力資源開發和管理中的地位越來越高，教育不僅是提高社會生產的一種方法，而且是造就全面發展的重要方法。

（資料來源：作者整理）

　　透過有系統的人力計畫與分析作業，讓組織的人力運用得以和企業營運策略做相互密切配合，達成組織持續成長並強化競爭力、達成永續生存的目標。發展（developing）係指藉由訓練、引進新技術或給予較高責任的任務，以增進其做事的能力，並改善其工作方法。訓練包括：第一、特定工作訓練；第二、繼續專業發展；第三、個人發展。訓練可說是讓員工執行能力獲得提升，而發展則是讓員工的生涯有更寬闊發展的可能，兩者對組織團隊的合作及士氣的維持，皆有其不可或缺性。具體願景的專業著眼於延聘優秀的人才及提供一個有激勵性的成長環境，使每個人能盡其才。隨著對人力資源工作的期待，志願服務的人力資源宜強化多項功能：

表4-6：人力資源服務的功能簡表

項目	內涵
晉用 （Staffing）	是一個組織或機構要達成目標和功能，必須要依賴專業的工作人員，所以人員募集與分工以及訓練等是一件重要的事務。合乎組織各層級短期或長期目標可用員工的正式過程。例如：工作分析、人力資源、招募、甄選和員工指導等。
培訓 （Training）	人力資源的發展與完善為提升專業素開闢了有效的途徑。實行公開考試、競爭擇優的進入機制，每位專業人員都有可能成為機構成員，經過公開、平等、競爭、擇優的錄用考試，一部分優秀人才進入服務隊伍，直接參與專業工作。
激勵 （Actuate）	使員工追求組織目標的意願，策略包括確認激勵方法是否恰當、提升工作滿足感、回饋員工、績效評估與處理員工的抱怨等。
維持 （Maintenance）	著重於提供適合的工作條件或環境，以維持或增加員工對組織的認同。例如：有效的福利方案等。
發展 （development）	協助員工學習新技能、改善技能、或改善工作表現的能力，及連結個人長程目標與組織需求的生涯發展。

（資料來源：作者整理）

伴隨人口老化趨勢，社會家庭結構功能改變，由以往以家庭為主的照顧，轉變為尋求外界專業照顧，對長期照顧資源及照顧服務人力之需求，與日俱增。《長期照顧服務法》通過，政府規範照服員訓練課程，卻無法吸引年輕學子投入，衛福部雖與教育部商討建立長照學程制度，不過人才培育數量遠遠跟不上臺灣人口老化的速度，如何解決專業人員嚴重不足的困境，成為當務之急。

長照服務面臨照顧服務人力不足的困境，如何充實照顧服務第一線的人力，以因應未來長照服務的需求，是臺灣照顧正面對的重要課題。針對個人，有潛能開發、技能提高、適應社會、融入組

織、創造價值，奉獻社會的問題，這都有賴於人力資源的管理。針對組織來談現代人力資源管理，因此，更為關注現代人力資源管理對一個組織的價值和意義。現代人力資源管理對組織的意義，體現在以下幾方面：

表4-7：人力資源管理對組織的意義簡表

對象	內涵
對組織決策層	人、財、物、資訊等，可以說是組織管理關注的主要項目，人又是最為重要的，只有人力資源，才是充分發揮管理的要義、綱領，綱舉才能目張。
人力資源管理	人不僅是被管理的「客體」，更是具有思想、感情、主觀能動性的「主體」，如何制定科學、合理、有效的人力資源管理政策、制度，並為組織的決策提供有效資訊，永遠都是人力資源管理部門的課題。
對機構管理者	任何管理者都不可能是一個「萬能使者」，更多的應該是扮演一個「決策、引導、協調」成員的角色。不僅僅需要有效地完成業務工作，更需要培訓成員，開發員工潛能，建立良好的團隊組織等。

（資料來源：作者整理）

　　各國的老化速度與經驗不盡相同，相較於歐美國家有五十至一〇〇年的時間因應準備，我國由高齡化社會邁入高齡社會僅約二十五年左右；再者，由高齡社會轉變為超高齡社會更縮短為七年，顯示我國人口老化的歷程將愈來愈快，預作準備的時間十分有限。隨著社會的變遷，人們對照護服務的期待也愈來愈高。日本於「高齡者保健福利推動十年戰略（黃金計畫）」（Gold Plan），強調推動社區開發事業，鼓勵民間業者設立老年保健及福利綜合機構，積極設立以高齡者生活、照護、健康及生命意義活動為事業主體的綜合

性機構。「新黃金計畫」為充實高齡者保健福利之內涵，將其他專業人力納入，擴充原有服務供給項目，滿足高齡社會多元的照健康照護需求。持續進行人力的培訓與照顧服務品質的提升，從預防的層面推動高齡者的社會參與，建構對高齡者友善的居住環境，並鼓勵社會大眾共同關注高齡社會的相關議題。

人力資源管理的一個基本觀念，就是組織既要最大限度地利用員工的能力，又要為每一位員工都提供一個不斷成長，以及發掘個人潛力和建立成功職業的機會。人力資源已成為一種促進工作表現，用以配合組織需要的發展概念，包含了三項主要工作：

第一、持續評估員工所需的工作能力。

第二、舉辦提升工作能力的培訓活動。

第三、建立確定目標是否達成的評鑑。

人力資源管理以「人」為核心，強調一種動態的、心理的、意識的調節和開發，管理的根本出發點是著眼於人，其管理歸結於人與事的系統優化，例如員工的教育與訓練，提高工作生活品質方案等工作，致使取得最佳的社會和經濟效益。

肆、長照人力與社會資本

「社會資本」（Social Capital）是資本的一種形式，是指為實現工具性或情感性的目的，透過社會網路來動員的資源或能力的總和，成為一種「命運共同體」。根據「世界銀行社會資本協會」（the world bank's social capital initiative）的界定，社會資本是指政府和公民社會為了一個組織的相互利益而採取的集體行動，該組

織小至一個家庭，大至一個國家。社會資本是社會上人群間的互信、互相了解、共同價值，讓人們可以共同生活的社會網絡與道德標準。世界銀行更以：「社會資本讓集體行動順利運作的規範與網絡。」也就是說，社會上可以讓人與人之間很容易合作的人際關係建構。經由社會連結與社會關係所取得的資源，其中包括：人力資本，及與個人與社會組織實際持有的資源，對於個人、社會團體、組織與社群的目標達成極為重要的。社會資本主要來自「成員性」（membership）的建置，故成員的組織力愈強，愈容易滋生社會資本。

美籍政治學者Robert Putnam（1993）強調「社會資本是一組協力式的組織，在其中擁有對社群的影響，以及社會組織的特色，諸如網絡、規範，可以對於相互利益促進協調與合作。」社會資本促進資訊分享，集體行動和透過建立角色的決策制訂，社會網絡和其他由規則、程式和慣例補足的社會結構。是一個相對客觀和外在可觀察建構，並與社會融入參與的要素，共用的規範、價值、信任、態度和利益。這項概念促使人們檢視的是二十世紀七〇年代後對於福利國家危機的反省，認為國家作為單獨的福利提供者產生不少弊端，例如過度官僚化與專業化，導致大而不當、無法貼近需求者在地的需要。因此福利國家改革的要務是以具體的制度鼓勵其他的全社會部門（市場、家庭以及第三部門）共同參與福利的生產，以達成福利的混合（Powell, 2007）。

社會資本不僅能啟動社區人際之間的信任關係，也有助於促進其成員在追求共同目標時，彼此會有更具合作的意願。是有兩個要素組成：一種可以使個人取得同儕資源的社會關係；另一種是那

些資源的品質與數量。資本觀念係以「投資」的角度看待人力，認為組織人力管理，是一種審慎評估的理性計算過程，與人力管理有關的決策，要通盤考量其「工作的必要性」、「策略上的合理性」及「產出上的效益性」。社會資本發揮社區工作的精神，落實「在地老化」的健康照護模式。其中可區分為：「服務」（service）與「照護」（care）兩大領域，以滿足在地健康老化服務上的需求。

表4-8：以社區服務為社會資本的體現

項目		內容
服務	機構	提供在地老化健康照護服務的「志工團隊」、「非營利組織」或「社會企業」。
	產業	促進在地健康老化服務的相關銀髮產業。
照護		多層次不同的醫療機構及在宅醫療與照護的系統。

（資料來源：作者整理）

　　哈佛大學日裔學者福山（Francis Fukuyama）所著《誠信》（Trust）一書，強調「信任」此一美德對支撐現代社會運作的重要性，正可視為一種社會資本。其他例如法治條件、社會規範、公民參與、社區意識、人際網絡的運作規則等，都是社會資本的體現。社區健康促進、社區經營管理的人才培育顯得更為重要。如何具體實踐社區人力培育、生涯發展、社區賦權等，特別重要。未來，針對如何形成網絡式的組織平臺，借鑑德國以法人團體為骨幹的福利國家中，社會非營利團體的重要角色，德國脈絡下的民營性「自由福利照顧」主要指稱非國家、非營利取向的公益性團體，如：紅十字會（Rotes Kreuz）、天主教的慈善協會（Caritas）、基督新教的慈善協會（Diakonie）、於長期照顧所發揮的力量。這種

結合官方機關福利照顧與民營性「自由福利照顧」的二元結構存在互補的功能（Schmid, 1996）。

美國聯邦政府，自一九九九年之後所出版的報告書中，就以「人力資本」（human capital）取代「人力資源」的概念。Bourdieu的社會資本是為了取得作為群體的一份子，而審慎建構社會性的過程。換言之，社會網絡不是一個原本具有的，而是透過投資策略而建構出來的，而這些作為群體關係的制度化基礎，後者可以做為其他利益的來源。從福利多元的觀點來看，長照服務法通過使相關規範明確，讓有意投入長照服務產業者將有所依循，並可注入民間資源參與居家、社區及機構住宿式服務；未來長照服務將是規範性市場，政府提供部分資源但明訂標準與評鑑機制，提供多元多樣的服務給需要使用者。

「人力資源」是指一定範圍內的人口總體所具有的勞動能力的集合，它可以說是影響經濟增長的最重要的資源，它與物力資源、財力資源和資訊資源並列為四大資源。社會資本是一個社會中，人們相互信賴合作的程度，能信任他人並願意與他人合作的能力。社會資本是一種結合「社會價值」和「組織績效」的新型態組織，一來可藉由長照機構於專業人才上「自給自足」，以有效分配與利用資源；二來把資源有效配置以「擇優培植」，擴大專業服務。但考量國內仍傾向於小規模的社會服務經營模式，而在政府經費的限制下，如何在短期時間內運用資源，使長照機構有足夠的發展及營運空間，並具備自主自立經營的能力，可藉由志願服務過程中，建立新的人際關係，增進社會歸屬，自我價值與自尊心，除了可對社會有所貢獻之外，從利己的角度而言，志願服務工作可促進人際間的

互動、增加自我肯定，以及自我的成長。在高齡社會中，不但要使高齡者能享受快樂生活，還要能啟動長者長年的知識、經驗與技術來貢獻社會，讓他們感受生命的可貴，過著健康活力充滿的生活。

　　考量建立公私合夥關係（public-private partnerships）的長期照顧服務產業發展，營造有利社會大眾合作的條件：在多元福利取向下，由家庭、政府、民間部門（包含營利企業、非營利的組織）共同分工提供整體的社會福利服務，已經是趨勢。在福利多元主義的發展趨勢下，「混合式經濟的照顧」（mixed economy of care）是歐洲老人社會照顧政策的方向，在俱增的需求和有限的國家資源下，也逐漸採用福利多元主義的政策，加重家庭、志願部門和營利部門的貢獻，因此政府與民間部門的關係將是一項重要的課題。

　　在所有的資源管理中，人力資源是最關鍵、最根本的因素，沒有人，其他因素都具備，組織也難以運作。人力資源係視人為一種資本財，此種資本財與物質資本（physical capital）在經濟發展中，居於同等的地位與重要性。經濟學家所謂的資本，過去是指物質資本而言，亦即單指廠房、機械設備及生產工具等。現代則把人經由學習與訓練的結果，所獲得的知識與技能，是為社會發展的重要因素。而有了人，即使其他因素不完備，人也可以透過其能動性，創造性地發揮其潛能，從而創造條件，創造許多優異的表現。因此，社會越來越複雜，人際的依賴性越來越高的情況下，以人為本，關心人、尊重人，發揮人的積極性，鼓勵人的才能的全面發展，是提升專業品質的重要途徑。

　　「社會資本理論」（Social capital theory）的概述，是源於二十世紀七〇年代以來，經濟學、社會學、行為組織理論以及政治學

等多個學科都不約而同地開始關注一個概念。社會資本建構於「社會信任」（social trust）是指處於同一社會內的人們之間互相合作以產生社會效率的結果，並避免不效率與不合作的困境。發揮社會資本所具有共同規範、價值觀和理解的網絡，以促進群體內部和群體之間的合作，提升照護工作的專業性與價值感。目前年輕人不願投入照護工作，除了認為無職涯發展外，主要原因為照護工作普遍被社會大眾定位為社經地位較低落的行業，如何扭轉及改變這個看法，有賴社會大眾瞭解其價值與重要性，長照產業的發展不但能解決年輕人失業問題，提高中高齡民眾二度就業的機會，亦能解決過度依賴外籍照顧服務員的問題。

結語

　　因應高齡化社會來臨，長照產業成為新興產業之一，其具有不可被取代性、專業性、價值性的特性，在於如何有效引導社會大眾的認知與重視，並投入該產業發展，然因應我國目前長照產業人才不足，且我國現行對於長期照顧人力的規畫，均分散於各項長期照顧計畫之中，欠缺完整性及統整性，政府應重視長期照顧人力的培育，聯結社會資本，將家庭、學校、社區等同質群體聯繫在一起並加強其身分的社交網絡。

　　先進國家已有積極倡議，將「醫療、安養、教育」三者合一，成為長者安身立命的軸心，並將高齡參與的資源挹注社區長輩，讓長者「健康促進，安身立命」。橋接社會資本來自將不同社會群體成員聯繫在一起的網絡。同時，於推動「社區健康促進志願服務隊

伍」的建設，正是長者實踐：應付需求、表現需求、貢獻需求、影響需求、超越需求等五種人生的需求，可透過強化照顧服務人力的留任措施、發展照顧服務人力分級制度、培育年輕人投入長照產業等方式，充實照護人力。以促使長者自我實現，改善生活的品質，意義深長。

第五章　長照人力國際借鑑

前言

　　隨著我國人口結構高齡趨勢的加劇，老年人的養老和醫療問題面臨嚴峻挑戰。我國傳統以來「養兒防老」的家庭養老模式已難以滿足民眾期待，建立適當的養老模式以解決我國高齡者的養老和醫療雙重問題，成為社會關注的重點。長期照護服務體系，是指針對失能、半失能以及失智老年群體，由非正式和正式照顧者提供的日常生活照料、醫療護理和康復保健等一系列服務的總和。他山之石，可以攻玉，準確把握長期照護服務體系的內涵，並釐清發達國家已有的實踐，可以幫助我們實現健康老化、成功老化的目標。本文以美國為探究對象，一窺長期照護服務體系的內涵，以資借鑑。

壹、長照政策法規

　　老化使老年人遭受功能和認知的喪失，老年照顧已是世界許多國家的重要問題。如何滿足日益增長的老年人照顧需求是許多國家公共政策的重點，包括如何整合服務，為老年人提供全面照顧，提高服務的可及性和質量，降低照顧成本成為長期照顧改革的努力方向。

　　美國從二十世紀四〇年代進入高齡化社會開始，其養老採用的是高度市場化的商業保險照護體系。但隨著高齡化的加劇，專業醫療型的養老機構難以維持，同時因為人們嚮往社區生活，因此便開始了以社區養老為主的養老模式。從美國經驗來看，老年人長期照護法律體系的建立與完善，可以分為三個階段：

表5-1：美國長期政策階段

階段	內容
初創時期	一九六五年頒布《美國老年人法案》，在聯邦和州建立「高齡管理局」。
發展時期	老年長期照護的法律體系逐漸形成規模，並進行大量與時俱進的修訂與補充，設立大量長期照護管理機構。從一九六七年開始，對《美國老年人法案》進行了補充和修改，頒布了《反歧視老年人法案》，成立了「社會與康復服務部」，增加「國家老年人營養計劃」。
完善時期	1.一九七八年開始，《美國老年人法案》再次修訂，規定每個州必須建立長期照護監察員計劃。 2.一九九二年，《美國老年人法案》修訂，增加「弱勢老年人權利活動」，為維護老年人的權益作出詳細規定，包括規範長期照護監察員職責，預防老年人受虐待、忽視，長期照護援助發展計劃等。 3.二〇〇一年，《美國老年人法案及其修正案非官方彙編文件》對老年長期照護事業管理和服務進行評估，不斷完善績效評估制度，推動老年長期照護事業的發展。

（資料來源：作者整理）

　　隨著社會的發展需要長期照顧的老人人口正快速增加；同時可以提供照顧的年輕人口群所佔比例卻正下降中。此外，傳統上擔任家庭照顧者角色的女性，也愈來愈多的投入其他經濟生產的社會角色。故已經不能再繼續期待單獨依靠家庭的力量來滿足老人的照顧

需求。發展永續公平的長期照顧體系的重要性及意義不僅限於滿足個人的需要、減輕家庭與社會的照顧壓力；更根本的意義在於，雖然許多人難以避免在人生的某個階段經歷身體機能的下降或損失，特別是在老年階段。然而，作為對健康的權利的一部分，已發生身體機能損傷或有此風險的老人能獲得可以使其維持其最佳功能狀態的照顧和支持，與身為人的尊嚴。

貳、長照服務體系

　　為因應人口老化的趨勢，美國政府於一九六五年通過聯邦「醫療保險」（Medicare）及「醫療補助」（Medicaid），開啟了美國老人健康照護的新紀元；國會也通過《美國老年人法案》（Older Americans Act），規定州政府配合聯邦政府提供老人所需的服務。美國的長期照護主要是由正式的老年服務組織提供，其中跨學科團隊合作是照護服務的一大特點，服務團隊包括：醫生、復健師、護理師、社會工作師、照顧服務員、司機等。這些跨學科的小組成員會共同討論照護對象的情況和服務計劃，最大程度的發揮團隊優勢，為老人提供照護方案。

　　由個案照護需要的觀點來看，整合照護是回應多元且複雜的照護需要。以美國的照護制度來看，一般老人依賴老人醫療保險（Medicare）提供醫療照護，而經濟弱勢者則依賴低收入戶醫療補助（Medicaid）提供長期照顧服務。在這樣的體系之下，其中符合雙重資格的被保險人（dual-eligible beneficiaries），亦即在上述兩種系統都符合給付資格的個案，往往就是具有複雜照護需要，也是

運用較高額照護經費的一群。

　　參據實踐案例，長期照護服務體系構成要素劃分為四個大的系統，分別為：運作系統、資源系統、目標系統和服務系統。長期照護服務體系中的每個系統在法規下，合理的運行和監管下，以提供照護服務。

第一、運作系統

　　是保證照護體系有條不紊運轉的制度保障。其中，政策法規為照護體系運轉提供基本規則和依據，監督管理機制涉及到各個環節的評估標準和監管制度等，保障照護服務體系有效地運作。

第二、資源系統

　　是照護所需的物質要素，包括照護提供者、機構設施和籌資機制。其中，照護提供者既包括家庭、親友、鄰居等非正式照護者，也包括專業的照護人員；機構設施包括家庭照護、社區照護和養老機構照護所對應的設施設備；籌資機制則是照護體系得以良好運作的基礎保障。

第三、目標系統

　　是指照護服務的目標群體，綜合評估體系作為一種准入機制，一方面可以對照護服務的目標群體做出篩選，另一方面也可以評估照護需求，進行資源的有效匹配。

第四、服務系統

　　是照護服務從規畫傳遞到實踐的系統，主要體現為服務內容，是一種協助因疾病或身心障礙而長期無法自理的病患，滿足各式各樣醫療與非醫療需求的服務，期能提升長期照顧需求者與照顧者的生活品質。

表5-2：美國長期照護服務體系

系統	要素	內容
運作系統	政策法規	老年人法案，長期照護保險法
	監督機制	年度檢查
資源系統	機構設施	機構照護，日間照護，身障照護
	照護機構	社區照顧，居家照護
	籌資機制	社會保障，商業保險
目標系統	照護對象	高齡長者，身障人士
	綜合評估	生理評估，經濟評估
服務系統	服務形式	居家照護，機構照護，社區照護
	服務內容	生活協助，專業護理，喘息服務

（資料來源：作者整理）

在提供服務方面，美國採用個案管理的方法，委託機構對需要全方位照護的老年人採取評估，根據現有的資源進行協調和整合，提供有針對性的服務。設有療養院，對老年患者進行治療，病情穩定後，對需要繼續進行康復療養的老年人入住療養院進行療養康復。在養老方面，推行機構式養老，建設有完備配套設施的住宿型安養機構，並且組織老年人開展活動。長期照護體系中的照料對象分為沒有嚴重疾病的失能老人與患有嚴重疾病的失能老人，針對老年人的不同健康狀況提供相應的照護服務。為了進一步保證照護服務質量，建立了量化評估機制，如衛生資訊科學工程評估體系（inter-RAI）。成立於一九九二年的「國際合作研究組織（Resident Assessment Instrument，RAI）」是一個促進老人、失能者或身心障礙者的健康照護及照護品質的國際合作研究組織，其目標為透過發展國際化的評估工具推行實證基礎的臨床路徑及政策決定。透過有效的評估方法與工具，改善並訂定照護計劃，並藉由良

好的照顧計劃提供良好的照護品質，是有效利用有限資源照顧需要受照護者的最佳方法。以居家照護為例，不同於機構式照護，照護人員無法在一天二十四小時中，隨時親自掌握受照護者的狀況，藉由評估訂定照護計劃，以藉此清楚地掌握各項狀況與變化，可使工作人員更有效率地執行照護計劃。這個做法目前已被使用在評估監測照護品質及建立給付標準兩方面。

美國健康照護財務局於一九八七年委託相關領域學者發展的評估量表。其目的為了解護理之家的住民於住進機構時的個別狀況，並進一步統合整理建立多面向的基本資料而庫，以利治療計劃的訂定與服務品質改善的督導，並作為給付標準的參考依據。目前，美國社會保險大多使用RAI或Care作為評估工具，評估包括：健康狀況和照護等方面需求，不同模塊的評估內容對應不同長照保險服務清單。

參、長照實施機制

美國養老社區機構作為一個產業持續發展的重要原因，是在法律上有一套鼓勵、監督機制，以保證養老機構的高質量服務。該鼓勵監督機制體現在兩個方面：一套完整和不斷發展的評估體系，和相對獨立的監察員體制。在服務監管上，建立了長期照護服務對象報告制度和服務准入制度，實行年度審核計劃，由醫療保險和醫療救助服務中心及各州管理署共同監督和管理。

政府為了保障長期照護保險市場的有序發展，指定「美國保險監管協會」對於提供長期照護服務的機構進行嚴加監管，並於一九

八六年制定了專門的《長期照護保險示範法規》。該法規明確規定了長期照護保險各方的權利和義務，並確定了長期照護保險條令的最低標準。

　　一九九三年起，幾乎全美的所有州都以該法規為參照，相應地建立起了與本州實際長期照護需求相適應的法律法規，從而使得美國長期照護服務不斷向標準化邁進。與此同時，不斷湧現的再保險公司大力向從事長期照護保險的保險公司提供再保險業務，從而極大地降低了長期照護服務提供缺失的風險。

　　此外，越來越多的消費者組織積極地為保險公司制定長期照護保險方案，提供合理的想法和建議，使得保險公司所提供的服務項目和內容，能夠滿足多元化的長期照護服務需求。

一、長照機構設施

　　在美國具有代表性的長期照護的機構主要有以下幾種類型：

　　第一，持續照料的退休老年人社區

　　持續照料的退休老年人社區（continuing care retirement communities, CCRC）是一種大型非營利性的老年人獨立生活高級社區。以社區為基礎，為老年人提供醫療護理與養老服務。它是一種提供全方位服務，包括住宅、居民服務和健康照顧的機構。

　　住宅類型包括普通住房、別墅、集約別墅等，入住老人只擁有租住權，不能通過購買獲得房屋產權。社區包含生活自理單元、生活協助單元、特殊護理單元等多種功能區，實現了健康照顧、生活協助、康復服務甚至臨終關懷的一站式服務。

第二，護理之家

護理之家是為長期臥床患者、慢性病患者、生活不能自理的老年人以及其他需要長期護理服務的患者提供醫療護理、康復促進、臨終關懷等服務的醫療機構。其服務重點在於醫療保健，適用於需要每日不間斷監管和醫療服務的老人。護理院的房間通常為獨立單間或者共用房間，由於入住老人對醫療護理的高度需求並且患有嚴重疾病生活無法自理，所以只有介護區。部分護理院有針對老年失智患者的特殊護理區。

第三，輔助生活住宅

輔助生活住宅設計的重點是為半失能、失能老人提供便利。經營者可以是營利性公司、非營利組織或政府。輔助生活住宅中居住的老年人僅需要日常護理，其中，多數居民需要至少三種日常生活活動（activities of daily living, ADL）幫助，包括吃飯、如廁、洗澡等服務。房間能容納輪椅通行，各州的住宅設計都符合本地方的相關老年人法規。

第四，住宿型長照機構

住宿型長照機構在美國沒有一個標準稱呼，各地區略有不同，如成人家庭住宅（adult family home）、集體住宅（group homes）等，總的來說，它是開設在普通住宅區內，對少數老人提供長期照護服務的小型養老機構，其服務水準低於護理院，與輔助生活住宅提供的服務相同，僅提供ADL協助。

二者不同之處在於照護規模的大小，住宿型長照機構的入住人數在二十人及以下。加利福尼亞州，允許的最小照護規模為六名老年人，意味著該州的住宿型長照機構至少擁有六名照護對象才能夠

開展照護服務。

二、長期照護對象

美國長期照護服務的受益對象主要為六十五歲以上的老年人及殘障人士。以政府主導的公共長期照護保險中的醫療保險（Medicare）主要針對六十五歲以上的老人及部分重症失能者，醫療救助（Medicaid）主要針對收入低於貧困線的家庭，對年齡沒有特定要求。

不同的商業保險公司所開展的長期照護保險項目對於保險對象的要求各不相同，不過普遍呈現出「高保費，高門檻」的特點，各商業保險公司會對有參保意向的對象進行嚴格的身體健康狀況檢查，通常不與身體狀況不佳、經濟能力較差的對象簽訂長期照護保險契約。

三、長照經費機制

長期照護的資金主要來源於政府的投入和投保人的繳費。在公共照護計劃中，醫療救助（Medicaid）的資金由聯邦政府與州政府共同承擔，醫療保險（Medicare）的保費根據投保類型分為政府承擔和個人繳納政府補貼兩種。商業照護保險的資金則主要依靠投保人的個人繳費。居家養老資金主要來源於醫療保險，其他部分來源於個人儲蓄、社會捐助和機構救助。並由資源中心在各州設立「照護管理組織」（Care Management Organization, CMO），負責管理照護補助資金的使用及長期照護服務，包括家庭照護、社區照護設施和機構照護等，提供不同的服務供參加者選擇。

第一，醫療救助是主要籌資來源

儘管美國早已建立發達的商業性長期照護制度，但從有關長期照護服務的整體支出結構來看，以「醫療救助」（Medicaid）為主的社會政策是長期照護服務的主要資金來源。美國尚沒有建立獨立的社會化籌資的長期照護制度安排，「長期照護」目前僅作為一項支出領域，其籌資來自多項政策或機制。

長期以來，美國的長期照護費用主要由醫療救助或其他政府項目承擔，僅少部分由私人長期照護保險支付（商業保險）。二〇一二年，美國長期照護總支出為二二〇〇億元，其中百分之六十出自醫療救助（Medicaid），百分之二十四由個人自付（包括自付額、個人共付或其他被醫療保險覆蓋的相關支出），其他私人項目（包括商業個人長期照護保險、商業健康保險等）占百分之十二，其他公共支出占百分之五。

儘管醫療保險的設計中並未明確包括長期照護，但因其服務內容中包括護理機構和居家服務提供的相似項目，因此曾被視為長期照護的籌資項目來源之一。而隨著對「長期照護」概念的清晰化，發生在老年人住所或其他照護機構的急性或短期的醫療護理服務不再被包括在內。

目前，美國聯邦醫療保險和醫療救助服務中心（Centers for Medicare & Medicaid Service）仍將醫療保險視為長期照護的混合支付主體之一。但從醫療保險所支付的具體內容來看，主要集中在專業性醫療護理，多為連續性、短期治療項目，並明確說明不包括日常的生活支持及長期需求。因此，醫療保險不再作為一般的長期照護籌資主體納入長期照護相關的統計數據。

整體來看，醫療救助在長期照護的籌資中所占比例逐年增大，但是，長期照護在醫療救助整體支出中的比例卻在下降。二○○二年後，醫療救助中長期照護的支出保持在百分之四十範圍內。醫療救助作為一項「權利」政策，基金不受預算的限制，支出僅考慮是否符合資格申請條件。不過，因該項目由州政府實施，以致地區間有較大的差異，涉及的服務內容也有所不同。

職工醫療保險費由單位和職工分別按百分之八和百分之二的比例繳納，地方補充醫療保險和大額醫療費用實行社會共濟的形式，由單位和個人分別承擔；城鄉居民醫療保險按不同群體的患病風險，分為非就業居民、中小學生和少兒兩類，確保同類人員參保繳費標準完全一致。

第二，經辦服務一體化

實際上，長期照護的服務中近百分之八十是在家中完成，並且主要由家人和朋友提供非正式支援。二○○七年，美國長期照護服務的支出達二三○○億元，其中，家庭服務這一非正式性支援的經濟價值可以達到三五七○億元。可見，家庭服務是長期照護服務中非常重要的供給來源，其服務關係並非基於經濟利益而是情感和血緣的紐帶。伴隨人口高齡化、家庭小型化及女性勞動參與率的增高，家庭服務難以滿足日益增長的護理需求，而社會化的服務供給更需要行之有效的籌資機制提供保障。

肆、長照執行方案

美國的長期照護採取「殘補式的福利制度」（the residual

welfare model），和歐洲福利國家考慮「普及式的福利制度」
（the institutional welfare model）全人照顧的原則迥異，主要的養
老模式是「老年人全包服務」（Program of All Inclusive Care for
the Elderly, PACE）和「老年人居家養老」（Home and Community-
Based Services for the Elderly，HCBS），希望結合衛生與社會服
務，落實社區全人照顧，在跨專業服務團隊的通力分工與合作。

　　「老年人全包服務」（PACE）模式是美國政府為老年人提供
全面醫療照顧，尤其是為體弱多病的老年人提供長期照顧的一個服
務項目，在美國長期照護體系中最實用，適合失能程度較為嚴重、
患有重大疾病的老年人。PACE是美國聯邦政府支持的長期照護實
驗方案，也是美國三十餘年來最被肯定的長期照護方案，每一位加
入PACE的個案，均獲整體評估，並在團隊所有成員的討論下，完
成完整照顧計畫再行提供服務。又依個案需要，中心會動員引進其
他相關的特殊檢驗與醫療服務，甚或住院或住護理之家的服務。

　　此方案起源於一九八六年加州On Lok Senior Services，由非營
利機構受政府委託成立。此方案是針對中重度身心功能障礙者的照
顧計畫，整合Medicare和Medicaid財源資源，以論人計酬方式提供
給委託單位，由委託單位提供完整醫療及長期照護服務；根據調
查，參與PACE計畫者在團隊的照護下，確實減少住院比例及護理
之家的入住率；參與者也自覺健康和身體功能愈來愈好。其方案有
多個特質：

第一，跨專業人員照顧團隊運作（interdisciplinary teams）

　　為提供完整多元的服務，社區中必須配置跨專業服務團隊，包
含：醫師、護理、社工、物理治療師、職能治療師、語言治療師、

照顧服務員、司機等。醫療團隊除了為長者提供最完整的醫療服務
外，定期開會討論個案情形交換訊息，擬定或修改個案的照顧計
畫，給予妥善的個人化照護。此外，還提供專科醫師聽力、牙科、
視力及足部診療等醫療服務；其他醫療服務包括處方用藥、檢驗、
放射檢查、醫療輔具、門診手術、急診及就醫交通服務等。

第二，論人計酬（**Capitation**）的財務安排

如果個案符合Medicare及Medicaid的受益人條件，Medicare及
Medicaid共同以論人計酬的方式，每月給付定額費用給主辦機構。
若是個案自費，機構也是按月收取固定費用，不管個案使用哪些服
務，機構不能再額外向個案收費，即由機構負擔照護個案的財務風
險。這樣的設計是希望照護機構會注重於個案的保健，維持個案的
健康狀況或功能。

第三，結合長者日托中心與基層醫療

在PACE的長者，已達可入住護理之家的標準，通常有多重慢
性病個案，除生理上較脆弱，他們心理上也容易孤立、憂鬱，他們
定期參與日托中心活動，獲得社群與心理支持。此外，基層醫療醫
師與護理師為其定期進行健康評估與醫療評估、服務復健治療及休
閒活動。

第四，完整照顧（**all-inclusive care**）

在社區中整合醫療和長期照護，配置完整與多元的服務，社
區中心可以統合、提供、監測個案的全部需要，包含：預防、基層
醫療、急性住院醫療、和長期照護（日間照顧、居家服務、護理之
家、交通接送等）。交通服務是PACE方案重要的因素，除了接送
個案往返住家及日托中心之外，也提供個案到各個所需要服務的場

所的接送，以減輕家屬照護長者的負擔。交通車司機則藉由這些接觸機會瞭解到個案居家的情形，這些訊息也是機構照顧個案的重要資訊。

第五，服務的個別化、彈性化（**flexibility**）

　　盡量做到照顧個別化的水準，按照每一位個案的狀況與需求，替每一位個案量身製訂照顧計畫，滿足社區居民個別的服務需求，達到留住社區的目標。PACE的服務人員會傾聽個案的個人需要，尊重個案的個別需求，盡可能讓個案留住社區中。而PACE中心就像「照顧服務旗艦店」（one-stop shopping center）一樣，個案只要在中心登錄後，即可從中獲得各式各樣的照顧，達到全人照顧的效果。PACE之所以得到聯邦及州政府的支持而大力推動，主要是其急性醫療及長期照護的財務可以加以整合，不會有費用轉移的情形。

第六，採取總額支付制度（**capitated payment**）

　　PACE採用總額支付制度（capitation），彙整醫療和長期照護經費，依人頭計算總經費額度，交給承辦單位統籌運用，提供個案全部的醫療與長期照護服務，並負擔絕對的財務風險。承辦單位在自付盈虧的壓力下，必須發展節約成本措施，盡量以成本較低、約束較少的社區服務，來取代較昂貴、較多約束的護理之家或醫院住院服務。如此一來，當然能夠做到社區化、去機構化、與節約成本的效果。

　　PACE編制照顧管理者工作內容有：需求評估、協調、監督個案所有醫療生活照顧、以及預算管理的責任。PACE對整個照顧體系而言，可以掌控多元服務，提供全人照顧；尊重個人照顧服務的

選擇，強調民眾留住家庭的偏好，把機構服務當作最後的選擇；又在總額制度的設計下，支付制度會優先選擇較便宜的預防性照顧，壓低約束密集性的服務選擇，不但有助於成本的壓低，同時也能滿足服務在地社區化，提升服務品質。

而「老年人居家養老」模式是一種可以讓老年人在家中享受到便捷生活和醫療照護服務的老年人長期照護制度，並且其在失能及半失能老年人的身體功能恢復上也有顯著效果，適合較年輕的、失能程度較輕的老年人。主要特點是將長期照護作為一項產業，同時注重醫護人員的作用。

據調查，美國有超過一百八十萬人居住在專業護理機構（skilled nursing facilities, SNFs），超過一千二百萬人的日常生活需要生活輔助或其他長期照護服務，包括社區、居家、機構等各類服務供給，以促進日常活動、維持生活質量甚至實現獨立生活。

伍、長照服務內容

臺灣的社會發展與高齡化現象晚於歐洲，過去數十年間，歐盟再三強調照護整合是永續發展的核心價值，歐洲強調的是以人為中心的資源與服務整合，行政體系因應整合需求調整，並以健康長壽永續社會為目標，整合醫院、社區、治療、保健與長照，以處理長者照護需求為主調整照護體系，只要體系能因應高齡多元複雜需求，因應其他狀況便相對簡單。「老年人全包服務」是開創整合管理照顧系統（integrated managed care system）的先鋒。透過論人計酬的財務規畫，發展出結合社區日托及醫療的照護機制，讓失能老

人，盡可能留在社區接受居家及社區式整合照顧服務。

　　一九七九年PACE被納入低收入戶醫療救助（Medicaid）給付，於一九九七年立法納入老人醫療保險（Medicare）和低收入戶醫療救助（Medicaid）的正式服務項目，整合醫療和長期照護的照顧資源，在資源有效利用和節約成本的原則下，提供完整全人照顧，盡量讓失能老人留住社區，減少失能老人進住機構的機率。給予承辦單位服務創新及財務運用彈性，讓有慢性照護需要的長者及其家人儘可能在自已的社區中接受服務，是讓長者感到幸福的較好方式。整合照護可分為三種不同的程度類型，分別說明如下：

表5-3：整合照護的類型

種類	內容
服務連接模式（linkage）	此模式界定個案問題及需要，瞭解多元照護資源隸屬於各個不同單位等資訊，以及為個案提供建議及轉介服務。大多數的個案，不論其照護問題的複雜程度如何，都可納入此類型的整合模式，因此其涵蓋使用者的範圍最為廣泛。
協力合作模式（coordination）	在此類型的整合中，建立聯結不同體系（包括急、慢性醫療與長照）之間的各種服務的機制，並配置照顧管理師進行不同體系間的聯結與協調工作。其功能包括對不同體系的給付（或補助）範圍的協調、對各種服務的協調、協助各單位間共同取得及運用個案資訊，以及管理個案在不同服務單位間的轉移等。
完全整合模式（full integration）	是整合程度最高的類型。並非所有個案都需要此類型的整合，而是只針對具有複雜照護需要或是狀況較不穩定的個案。在完全整合模式中，建立新的組織，將原本來自各個不同體系的服務整合進來，也將原本屬於不同體系的財源整合在一起運用，因此可以完全掌控所有的照護資源，也可以重新整合收案條件資格和給付範圍，對於個案資訊也不僅限於資訊交換，而可建立共同的資訊平臺。

（資料來源：作者整理）

就其內涵具有如下說明：

一、服務連接模式（linkage）

是屬於最初階程度的整合。首先自群體中找到有照護需要者，可能是透過需要調查，也可分析現有資料庫，或在醫療院所或長照服務單位使用服務者中篩選需要整合服務的個案。各種不同專業的人員經過訓練可以敏銳的察覺個案各項服務需要，並提供所需服務的連接。例如醫療人員可以發現個案可能有知覺損傷問題，需要輔具等服務；或是非醫療人員發現個案有健康問題，則可聯繫醫療人員加以處理；對於有複雜需要的個案，各專業人員也會知道應該將個案轉介到什麼系統以獲得所需照護，在提供資訊和轉介服務後，再後續追蹤確保個案有獲得需要的服務。

在此層次的整合中，各專業人員必須受過訓練，熟悉掌握各個單位的服務資源以及對個案的適用性，也都清楚瞭解何種服務由何種單位給付和管理，以及哪些對象涵蓋在給付範圍內。但此類型的整合還沒有跨專業或跨服務單位的共同合作，也未涉及照護成本或權責的轉移。

二、協力合作模式（coordination）

可視為中等程度的整合，適用對像是需要橫跨健康與長照體系服務的個案。舉例來說，在此類型整合模式下，當照顧管理中心獲知個案住院時，就會通知居家服務暫時停止；而受過良好訓練的出院計畫管理師，可以很專業的篩選出出院後需要長期照顧及照顧管理的病人；出院後居家護理和居家服務單位則彼此間會有資訊聯

結並共同合作負責病人的長期照顧服務。相較於上述「服務連接模式」類型，此程度類型的整合更有高度結構性，但仍維持各原有的組織體系。

三、完全整合模式（full integration）

整體而言，此類型的整合重點在於建立結構性的機制，解決不同體系間可能產生的摩擦、模糊、或連續性不足等問題。美國的長期照護支援體系中提供長照保險的主要有醫療照顧（Medicare）、醫療救助（Medicaid）、社會服務補助金計劃及長期護理合作計劃等。這些社會保險解決不同問題，服務清單也不盡相同。

醫療照顧制度中與長照險相關的項目包括住院保險（Part A）和補充性醫療保險（Part B），住院保險（Part A）服務清單包括家庭健康護理、康復護理、住院護理、臨終關懷等服務項目，補充性醫療保險（Part B）服務清單包括家庭出診、家庭護理、醫療器具使用、預防保健等服務項目，促使資源可以合宜的運用。

表5-4：整合照護的類型

種類	內容
社會服務	補助金計劃提供多樣化的社區或居家護理服務，如社會服務補助金計劃的服務清單包括家庭基礎照護、送餐服務、日間照護、健康相關服務、轉診、法律服務等基礎性的養老服務項目。
醫療救助	服務清單主要集中於專業性醫療照護服務，包括醫院醫療、門診醫療、醫療化驗檢查、母嬰保健等，並明確說明不包括日常生活支持的內容。
長期護理	合作計劃服務清單提供了家庭護理、社區護理、養老院護理等多種服務形式的項目。

（資料來源：作者整理）

　　根據美國國家保險委員會對長期照護保險的服務項目規定，美國長期照護服務的內容主要有：專業機構的照護（專業護理與物理治療）、家庭生活輔助的照護（日常行為活動輔助與家庭衛生保健）、成人日間護理中心的照護（護理與保健、社會教育與個人監管）、保單中的其他照護服務。

　　美國老人真正進入養老機構的只有百分之二十左右，其他主要以家庭養老為主。目前，已經形成了較為全面的養老居住建築和服務設施類型，全面覆蓋身體狀況從健康到虛弱，生活自理程度從獨立居家生活到需要輔助生活的各階段老年人。根據個體情況，老人可以選擇活躍老人社區、獨立生活社區、協助生活機構／社區、專業療養老人院等。有的社區為老人提供了多種可參與的活動內容，形成上百個由社區居民自行運營的俱樂部和活動項目，使老人老有所養。

陸、長照品質規範

　　照護品質應符合使用者的需求，照護指標包括結構（structure）、過程（process）、結果（outcome）三個層面（Donabedia, 1980）；針對長期照護品質是否符合使用者需求。落實美國醫學研究所（Institute of Medicine, IOM）所建構的標準，IOM針對民眾的健康和醫療保健議題。提供人們可以依賴的證據來幫助政府和私營部門，經由組織專業人才貢獻他們的時間、知識和專業知識，通過組織的工作促進民眾的健康。醫學研究所提出的醫療照護品質目標有六大項，分別是：

表5-5：美國長照品質規範

原則	內容
安全（Safety）	確保受照顧者的人身安全，避免長者受傷。
以病人為中心 （Patient Centeredness）	尊重且提供符合病患喜好、需求與價值觀的服務，並確保所有臨床決策以病患價值觀為主。
有效（Effectiveness）	以科學知識為基礎提供健康照護的服務給所有可能受益的對象。
效率（Efficiency）	避免在設備、用品等醫療保健成本上浪費有限的資源。
及時（Timeliness）	減少等待時間與一些可能危急病患的延誤。
公平（Equity）	不因病患種族、國籍或社會地位的不同而有差別待遇。

（資料來源：作者整理）

　　美國IOM提出長期照護兩種模式：是顧客為導向或顧客直接服務模式；

表5-6：長期照護的模式

種類	內容
顧客為導向 （Patient center care）	主要提供的服務是與病人的需要（Need）、想要（Want）及喜好（Preference）一致的健康服務；另在失能、發展遲緩個案及慢性病非肢體障礙的老人，其要素為「個人化的照顧計畫及服務提供」、「被照顧者及其家人或其他親近照顧者的參與照顧計畫」、「考量被照顧者的價值文化、傳統、經驗、喜好來定義與評價其照顧品質」及「確認及支援被照顧者自我照顧的能力包括正式與非正式的整合力」。
住民直接服務模式 （Consumer-directed services model）	考量要素為「由消費者選擇、訓練及督導主要照顧者或服務提供者」、「個別的支援以維持消費者在社區中健康及生活品質」、「消費

種類	內容
	者參與發展及同意支持計畫及給付的授權」、「消費者監測照顧品質」。

（資料來源：作者整理）

　　在以上兩種模式皆強調受照顧者及家屬參與與選擇權是需要被重視的。

　　隨著人口老齡化的趨勢，滿足日益增長的老年人口照顧需求，強調整合服務的公共政策，為老年人提供全人照顧，提高服務的可及性和質量，降低照顧成本，這是成為美國醫療改革中對長期照顧的方向，美國IOM定義長期照護品質九大基本工作原則：

（一）長照必須是以消費者為中心而非以提供者為中心。

（二）以消費者為中心的長照系統必須建立在不同特質及喜好的服務。

（三）可信及現行可用的選擇訊息及提供者照顧品質必須很容易獲得，以供消費者作決定。

（四）取得合適的長照服務必須包括照顧品質與生活品質。

（五）長照服務品質的衡量必須包括多元的方向，尤其是生活品質，這些測量包括社會、心理、生理、及居家需要。

（六）提供者必須負責高照顧品質的提供，包括可達成的照顧結果。

（七）照顧者的動機、能力及足夠的工作力是長照品質的重點。

（八）提升長照品質需要政府對發展，實施有效的法規及給付政策的承諾。

（九）照顧品質的提升必須持續的客觀，透過提升可供民眾使
　　　用的照顧技能及政策知識建構高品質的長照。

　　美國IOM提出在評估長照品質時應考慮的多個重點，點出了長
期照護體系獨特之處，值得我們參考：

表5-7：美國長期照護的特色

種類	內容
住民中心	以住民為中心（consumer-centered）也是硬體設施設計時應考量，潛在或現在的長期照護接受者才是品質評估的核心，在選擇、主導及評估所接受的服務中扮演重要的角色。
服務內涵	長照體系是結合醫療服務及社會服務二個層面，在醫療照護層面著重醫療及照護的技術，通常藉由評估是否達到某種健康或身體功能狀態或者是提供正確的服務項目來定義良好的品質；反觀社會服務的部分通常是強調受照護者主觀的意見或滿意度來認定服務的品質。
尊重隱私	護理之家硬體設施及環境對於安全、可移動性及生活品質扮演重要的角色，保有隱私。
評估監測	研究指出疼痛、褥瘡、營養不良及尿失禁等問題是護理之家照護品質很重要的問題，因此如何降低這些問題的出現，必須建立這些照護問題的評估標準及持續的監測。

（資料來源：作者整理）

柒、長期照護借鏡

　　從長期照護服務的概念特質性和美國經驗出發，我們可得出以
下有益的價值啟示和發展思考。

　　第一，是長期照護服務費用的有效控制離不開精準識別和匹配
服務目標對象。

　　長期照護是以需求為導向的服務，由於老年人失能等級和自身

養老資源不同，其照護服務需求也存在很大差異。只有增強長期護理服務資源與老人需求之間的瞄準性和針對性，才能避免「福利反導向問題」——服務資源沒有對接到最需要的失能老人或貧困老人們，反而是被大多數的健康老人所享受。

立足於精準識別需求和匹配目標對象，政府應組織專業機構建立科學完整的評估機制，對老人的身體機能情況、個體收入水準、家庭結構和已有服務資源等進行統一評估，根據評估結果制訂合適的長期護理服務計劃。

針對那些收入狀況低下的孤寡等特殊老人申請者，要積極建立起由國家財政全額負擔的社會照護救助制度，發揮社會保障對於特殊貧困群體的安全網作用；針對大部分的老年申請者，要優先安排那些家庭照護資源匱乏的獨居空巢老人，發揮社會組織、社區等社會資源的互助支持角色。

第二，是長期照護服務供給能力的提升在於兼顧「公私領域」服務資源的投入。

受傳統「孝道文化」影響，我國長期照護服務一直主要以家庭自助養老為主，依靠家庭成員或老人自身來自主進行資源配置。伴隨著居家養老、社區養老及機構養老等多樣化養老方式的相繼出現，長期照護服務由家庭內部風險外溢成整個社會風險，需要全體社會共同參與來應對這種風險。

在公共領域，國家對社會福利制度的建設與發展發揮主導性作用，而這種主導角色的發揮都是依託於政府籌集服務資金、提供服務場地設施和配備服務專業人員來實現。總的來說，長期護理服務資金主要來源於長期護理保險資金的籌集，同時配以不同程度的個

人支付（個人養老金加上高齡津貼等）。國家要繼續加大公共財政對長期護理的資金支持，同時培育專業的服務團隊以持續推動照護服務能力的提升。

在私領域，家庭成員所能提供的親切感和個人所能發揮出的主體性都是國家（政府）所無法逾越的。鼓勵家庭責任的適度回歸已是當前需要大力提倡的，家庭成員需要承擔起對老人進行代際支持、精神慰藉和人文關懷的責任。同時，大力發展互助化養老也是增加私領域內服務資源的新途徑，失能老人群體可建立互助組合，相互分享服務資訊和提供心理支援。

第三，是整合醫療服務與老年照護資源將成為增強長期照護服務能力的著力點。

當前，我國在機構、居家和社區照護層面已經開始提倡進行醫養結合，但醫療機構與養老機構仍然作為單獨發展的個體，缺乏專業融合和業務輻射。

以社區為平臺，積極促進「專業醫療機構－社區衛生服務機構－養老機構」三方聯動，專業醫療機構要安排有專業權威的老年疾病專家，在社區定期開設健康講座並提供健康諮詢服務，更有義務承擔社區衛生服務機構的醫護人員專業能力培訓工作；社區衛生服務機構要為社區老人建立健康檔案、追蹤健康狀況並提供康復輔助訓練；而養老機構則融合了專業照護與醫學護理等內容，提供專業護理、老年康復等持續性綜合性照顧，可將那些輕度和中度失能的老人從醫療機構中分流出來，成為提供老年長期照護服務的堅實力量。

結語

　　從美國推動長照服務提供的設計，人力的發展，和管理策略，均可感受到對民眾服務的重視，以提供民眾適切服務為依歸，致力於多元化服務的發展，以滿足社區多元的需求。當高等教育面臨轉型，人力資源勢必也得做出相對應的改變。學歷的重要性將逐漸降低，依照技術徵才（skill-based recruiting）在未來反而會成為新的常態。舉例來說，美國白宮在二〇二一年發布了通知，請所有的公家機關重新檢視人才招募流程，並且在徵才時強調能力的重要性更勝於學位。雖然學歷依然有它的指標性，但美國人事管理局表示，檢視學歷並不是招募流程的必要環節，能夠完成手邊工作的能力才是最重要的事。

　　健康促進旨在使個人增強與掌控自身健康的能力，提升其生活品質，而介入的作法包括改變個人的健康行為，例如飲食與運動、創造健康的環境、以及改變對健康的文化態度與期望（林歐貴英，2003）。整合照顧成為醫療服務與照顧服務改革的優先事項，因為在分析老年人服務時發現，它促進老年人口的福祉和生活品質，並降低成本。臺灣今日處於長期照護起步的階段，我們雖已發展相當數量的護理之家和養護機構服務，但是社區照顧服務卻仍有相當成長空間，以促使讓民眾享有服務選擇的權利，也無怪乎今日外籍看護盛行，這是我們應該深入檢討的地方。亦可供我國借鏡之處，可引用到我國目前正在推展的照顧服務產業方案，以及未來服務體系與財務制度的建構。

第六章　社區長照人才培育

前言

　　我國將在二〇二五年成為「超高齡社會」（六十五歲以上人口佔總人口比率達到百分之二十），因應人口結構變化，高齡及長照產業是近年來國家政策重點之一。自臺灣邁入高齡化社會起，政府便不斷因應社會型態推出相關政策，自二〇一六年政府通過《長期照顧十年計畫2.0》，二〇一八年六十五歲以上老年人口比例百分之十四，踏入「高齡社會」的門檻，高齡趨勢迅猛，長照需求日益迫切。

　　根據統計，臺灣目前人口結構中，六十五歲以上老人被照顧的需求快速增加，因而導致照護服務人力之供給呈現不足情形，此為一值得關注的研究議題。如何在服務資源有限的情況下，讓長期照護的供給與需求服務輸送體系達到完善，使得需要服務的銀髮族能夠獲得妥善的照護。因此，本章以社區為單元對於照護服務人力與需接受照護服務的老人進行深入探討，以提升人力資源的有效率運用，並提供一個符合臺灣地區銀髮族服務供給、需求的居家照護服務系統化的解決方案。

壹、社區長照人才的機能

　　人口高齡化是全世界共同面臨的嚴峻考驗。據聯合國人口基金會（United Nations Population Fund，簡稱UNFPA）指出，二十一世紀最重要的趨勢便是人口高齡化。因應超高齡化社會的來臨，衛生福利部在二〇一五年政策白皮書中是以「建立讓老人可以依靠的社會」為中心。自二〇一九年起，以「支援高齡者實踐自立生活」為概念，以「專業照護」為主軸，特別是讓家中有高齡及長期照護需求者的「喘息服務」，更是重要的政策方針，因此專業長照人才的培訓就變得極為重要，以因應高齡者福利政策的推進。

　　人力不足是長照最大的窘境之一，不管是機構式、社區式、居家式的照顧服務，都需要大量人力。據OECD和歐盟等國際組織對歐美先進國家的評估，大體而言，各國的整合模式都有降低住院、降低護理之家的使用、節約照護費用、延緩功能衰退、並增加社區服務以及預防保健服務的使用的趨勢。長照服務應該是引導、輔助、支持家庭的力量，建立社區照護支持網，引導家庭整合自身與社會照護資源，依被照護者需求調整資源的運用。其落實的要件包括：

表6-1：落實社區長照的作為

機構	推展事項
專業導入	在照顧管理制度中配置跨專業團隊，並採用全方位老年評估技術，才能全面掌握個案多樣化的照護需求，再透過跨專業的整合力量，有效提供完整照護。

機構	推展事項
單一窗口	建立單一視窗，個案可在一個單位取得所有服務，因而方便個案獲得多元照護，讓個案容易進入整合照護模式，提升服務的可近性和連續性。
個案主體	以個案為主體，應對不同照護複雜程度的個案，給予不同程度的整合照護，才能避免資源浪費，並使個案得到最符合需要的服務。
整合服務	清楚界定整合照護的範圍，給予清楚定位後，才能進行服務輸送、管理、財務等制度的一系列配套措施，提供具體有效的整合服務。
自立利他	妥善運用社會資源，例如社區中的志願工作者，採取「自助人助，自立利他」。盡可能在社區中滿足個案的照護需求，以減少就診、急診、和護理之家的使用，同時提升照護品質與控制成本。

（資料來源：作者整理）

　　人口老化的現象已然是必定的趨勢。OECD經濟合作發展組織於二〇〇九年提出健康老化政策，建議各國及早因應高齡，建構符合老人需求的健康照護體系，世界衛生組織建議先進國家應積極建立全國普及式長期照護制度。但是，「徒善不足以為法，徒法不足以自行」，充裕的專業人力，才是正辦，尤其是發展「在地老化」，形成以社區為單元的安養照護，經由社區民眾與專業的合力而為，務實以進。照服人力培育管道有三，職訓單位辦理照顧服務員訓練班、學校養成，以及取得照服職類技術士證照，其中以第一項人數最多，目前政府核發出十餘萬張結業證明書，實際投入長照人力約為半數。

　　隨諸社會型態的變遷，在人口結構高齡趨勢日益明顯之際，有識之士結合實踐大學、彰化醫院、敏惠醫專，共同倡議在彰化二水

推展「社區長照示範中心」，自二〇一六年來，「社區長照示範中心」的各項規畫工作陸續開展。賡續推展：長青學苑、保健講座、健康加油站等創新性建設。當應對人口結構快速高齡趨勢，過往制度及作為尚無法全然滿足高齡者、家庭、社區的需求時，益顯二水鄉結合學校、醫院、志工、鄉公所、家政中心、社區協會及地方政府，眾志成城攜手共進的力量，進行了相關的探索及分工規畫如表6-2：

表6-2：社區長照示範中心

機構	推展事項
政府機構	照護系統，照護津貼，示範補助
彰化醫院	日照中心，照護系統，復健服務
家政中心	健康學苑，志工延攬，健康托老
敏惠醫專	專業培訓，青年參與，志願服務

（資料來源：作者整理）

　　為穩健朝向「社區長照示範中心」的目標，於既有基礎下，借鑒學理及先進國家實務經驗，爰提出《社區長照人才培育計畫》，以發揮社區、學校、醫院暨學會，共同培育「務實致用，深耕厚植」的長期照護專業人才。透過不同世代和族群彼此間的互助，發揮各自所長，以無私的精神為自己生活的社區共同努力，可使年輕人有在地就業的機會。

　　高齡社會中，照服員是必要的需求。但如果沒有顯現出照服員的專業、制定專業的工作標準，就難以說服大眾願意付出對等的薪資與尊重。老人的健康及社會照顧包含醫療癒後、個人照顧、與社會照顧等三個主要層面，服務需求範圍相當廣闊；需要來自醫

學、護理、社工、職能治療、物理治療等專業的服務，以及不同專業等級人力的投入，方能提供完整且連續的照護，滿足被照護者的需求。隨著各服務模式的推展，社會亦開始注重人力培訓及設置標準。人才培育需要計畫，更需要時間來長期培訓，沒有照護人力，就不可能有照護服務，沒有完整的課程規畫與培訓計畫，也不可能培育出有品質的照護人才，這是長照發展的真正關鍵所在。

貳、社區長照人才的培育

　　長照服務雖隨著長照十年的政策的推展而向前邁進，但長照服務目前面臨照顧服務人力不足的困境，如何充實照顧服務第一線的人力，以因應未來長照服務的需求，是臺灣照顧政策正面對的重要課題。以我國現行照顧服務員來源，主要根據衛生署二○○三年所提出之照顧服務員訓練實施計畫辦理，照顧服務員的訓練包括核心課程五十小時及實習課程四十小時（含回覆示教十小時，臨床實習三十小時），辦理縣市政府得依其業務需要增加照顧服務員分科訓練課程內容與時數，課程結束後經考評及格者，由訓練單位核發結業證明書即可從事照顧服務員工作，若有心的照顧服務員則可以另參與單一級照顧服務員技術士的考試。為加強及培訓人力來源，訓練對象納入新移民，考量我國已自一九六九年實施義務教育，且新移民返回母國取得學歷證明不易，為增加長期照顧服務潛在培訓人力資源，照顧服務員訓練實施計畫業於二○一二年修訂取消國小學歷限制，以擴大人力招募來源。

　　檢視長照專業除長期照護，健康促進專業外，並跨領域至職能

治療、護理、老人服務、社工、輔具設計等長照產業所需的各項專業技能。透過社區整體照顧服務體系的推動，將各項服務建立標準化服務，促進民間服務單位共同投入長照服務，落實在地老化的政策目標，建構以社區為基礎的整合式服務體系，增進長照服務提供單位元分佈的密度，讓民眾獲得近便、多元的服務，期能達到：

表6-3：整合式社區長照服務作為

項目	推展事項
參與 單位多元化	社區整體照顧服務體系讓長照、醫療單位共同參與，並廣結社區團體組織共同辦理。
發展 整合性資源	廣納社福、醫療、護理等資源，服務項目擴大，積極加速建置在地化長照資源，整合多樣性長照資源。
促進 服務彈性化	依照管中心擬定之照顧計畫，落實照顧服務，並依個案需求協調安排照顧資源，提供具彈性化及連續性的服務。
達成 專業性服務	鼓勵長照單位優先擴大居家服務供給量，並發展年輕世代、新移民女性、中高齡勞動人口投入照顧服務的機會。

（資料來源：作者整理）

　　未來勞動市場的職業教育需求將受到高度重視，就業者如何透過職訓或在職進修提升自身工作技能來因應未來科技趨勢變化，將是重要的一環。以提升照顧服務的職業價值，並增加照顧服務員職涯發展機會與多元發展管道，以充實長照各類人力。

　　行政院於二〇〇七年通過「我國長期照顧十年計畫」，藉由照顧管理者進行全面性的需求評量，結合相關照顧資源，使失能者得到更完整的照顧。並對照顧服務所需要的人力資源進行規畫與發展，尤其是將照顧服務員的訓練與發展納入計畫中（內政部，2007）。然而，根據衛福部的統計，二〇二二年接受「長照2.0」

服務者約有三十五萬人，然而國內有長照需求者約八十餘萬人，目前的服務涵蓋率約為四成，顯示仍高達百分之六十的人未接受、申請長照服務。其次申請長照服務須待照顧管理專員的評估及核可後，才具使用資格，也就是說並非人人都能享受長照服務，再說長照接手前的空窗期，同樣需要親人照料，因此民間團體才會疾呼「長照安排假」。

雖說有長照十年計畫及二十六萬的外籍看護工協助，不過從上述統計可知，眼前仍有上萬的失能、失智人口得靠家屬扶持。其實深受孝道觀念影響的國人，一直是社會最堅實的照顧人力，這點從勞動力參與率的變化亦能得證。根據勞動部統計指出，目前全臺一千一百五十三萬勞動人口中，平均每五人中就有一人因家屬照顧之需而影響工作，也就有二百三十一萬人因照顧的的參與，造成工作受到影響。

根據實況，日本二〇二〇年有超過六百萬的老人亟需長照支援，有五十二萬的老人正在排隊等待入住廉價的養護機構。一些獨居的老人、夫妻只好在提供臨時住宿的照顧中心間「流浪」，變成「介護難民」。但是標榜「在地老化」的居家服務與日照中心卻面臨了照護人力短缺的窘境，目前「介護離職」的人數更攀升至每年十萬人，對於企業經營與國家經濟都造成相當大的影響。再加上過去對於引進外籍看護的門檻設限過高，使得人力不足的問題更為嚴重，預估至二〇二五年達到「超高齡社會」時將達到三十八萬的人力缺口。

許多國家在推動長照所面臨的最大挑戰為：人力與財務，其中財物部分經政府以修法及配合公務預算，可以暫時得到緩解。然

而，若沒有人才，長照仍是無法推動，民眾還是看的到、用不到長照服務。每個人都會變老，每個人都需要長照服務，唯有建立完整的人才培育機制，有足夠的照顧人力建置才能讓照顧更加完整。現在人們對長照政策中關注最多的，就是長照人力與人才荒。

　　就臺灣社會觀察，照顧人力和品質成為「老有所安」的主要隱憂。因為沒人能預料長期照顧何時開始、何時結束，但根據衛福部統計，國人一生中長期需求時間約七點三年，其中男性為六點四年、女性為八點二年。據學者統計，二〇一五年平均一位八十歲以上的長者，有九點五位四十五到六十四歲的潛在照顧人力，但二十年後將快速下降到四位，如何吸引青年投入照顧行業成為關鍵；另一方面，居家照顧現場的觀察，許多家屬缺乏合適的場域學習照顧技巧，只能獨自摸索照料長輩的方法，成效往往事倍功半。

參、社區長照人才的實施

　　照顧服務體系規畫的任務，是政策回應個人價值與尊嚴的具體作為。由於長期照顧服務是種經過人為設計的社會事實，是社會結構變遷下的產物，考量到使用對象多為失能或是弱勢者，制度設計與社會文化等因素影響下，政策須與社會的需求產生鏈結。

　　在聯合國一九九一年提出的老人綱領與世界衛生組織（WHO, 2002）所提倡的積極老化（active ageing）政策架構中，基本需求的滿足已是高齡政策的要求，參與、尊嚴、自我實現與健康等價值更成為政策的內涵。於長照人才培育上須思考長照專業人才的內涵，根據我國《長期照顧服務法》中明定「長期照護：指對身心失

能持續已達成預期達六個月以上，且狀況穩定者，依其需要，所提供之生活照顧、醫事照護」。綜上長期照顧的服務要旨包含：

表6-4：長期照顧的服務要旨

項目	內容
對象	長期照顧的對象，旨在關心身心功能障礙者的生活能力，改善或維持其身心功能，使其盡可能達到某些獨立功能，且維持越久越好。
內容	長期照顧的內容，包括預防、診斷、治療、復健、支持性、維護性以致社會性的服務，因此其概念要比醫療模式廣泛複雜，因為醫療模式僅關注急性照顧。
服務	長期照顧的提供，基本上為生活照顧，對於慢性疾病的複雜，則需技術性的照顧。因此，倘長期照顧機構所不能提供的服務，則需送到急性照顧的醫院或診所。
特色	長期照顧仍應重視照顧者的需要，因此長期照顧服務與在宅服務在長期照顧政策與服務體系的發展中將更顯重要。

（資料來源：作者整理）

依據長期照顧的定義，可將長期照顧人力之定義用三軸線呈現，以服務人力而言，可分為直接服務人員、間接服務人員、給付評估人員、評估計畫督導等。以服務單位而言，包括社區型、居家型及機構型等；以服務人力專業性質而言，則可分為社工師、護理師、物理治療師、職能治療師、營養師、藥師、醫師、照顧服務員等。

推動長照所需人才培育計畫，所著眼為長照專業服務若沒有執行人力，再好的政策都是枉然。如何打造有品質的長照服務，必須優先解決關於人力不足和人才培育的問題。在長期照顧人力需求中，以實際從事照顧服務人力為大宗，故於長期照顧人才培育實施計畫中，針對長照人才進行「質量並重，標本兼具」的倡議及作

為，並著手以「社區長照」為示範點，建置「先行先試」，以期推展至各地區。「社區長照」是以社區養老為主，社區機構養老為輔，在為居家老人照料服務方面，又以上門服務為主，托老所服務為輔的整合社會各方力量的養老模式。這種模式的特點在於：讓老人住在自己家裡，在繼續得到家人照顧的同時，由社區的有關服務機構和人士為老人提供到宅服務或托老服務。

社區是指以一定地域為基礎的社會生活共同體，它包括一定的地理區域，該地域內的各種物質文化資源，以及通過血緣、地緣等關係聯繫起來的具有共同利益的人群及組織。社區涵蓋了各年齡層的居住人口，所以社區整體規畫就是一個非常重要的項目，從地點位置選址到社區功能規畫，到居住空間規畫等環節都須以人性及使用機能詳加設計。選社區長照不是家庭養老，而是社區中的在家養老，社區長照不是社會養老，而是將機構養老中的服務引入社區，實行社區的在家養老。它吸收了家庭養老和社會養老方式的優點和可操作性，把家庭養老和機構養老的最佳結合點集中在社區。長照2.0的計畫目標包括四大項：

表6-5：長照2.0的計畫目標

項目	內容
長照體系	建立優質、平價與普及的長照體系；提供失能者與其主要照顧者必要的服務，而非提供現金給付。
在地老化	建立家庭、居家、社區與機構多元服務以實現在地老化；培植以社區為基礎的健康照護團隊；提供整合性照顧服務。
健康促進	延伸前端初級預防功能以促進長者健康福祉；鼓勵因地制宜與創新並縮小城鄉差距。

項目	內容
社區服務	向後端提供多目標社區式服務以減輕家屬照顧壓力，發展社區整體照顧服務體系，以建構在地化的服務網。

（資料來源：作者整理）

　　當進入晚年退休生活，有尊嚴的養老，老有所養、老有所樂、老有所醫，成為長者心中最大的期盼，如何能從老人生理和心理方面家人兒女兼顧的養老政策，在高齡社會來臨時成為各國政府努力的課題。社區長照讓長者既享有家庭溫暖、又能體會同儕間的認同，一種共建策略。是基於社區具有為老年人服務的功能，同時整合社區資源、社區所在地政府或非政府機構資源，通過專業的工作模式與方法來為有需要的老年人提供人性化養老服務。另外，像社區長青學苑這樣的機構，還提供「老有所學，老有所為」的機會，讓長者彼此相扶持，以解決安養照護的難題。

　　為改善過往臺灣社會長照人力需求孔急及人才迫切提升的現況。《二水推展社區長照人才計畫》結合產、官、學、研攜手共建專業規畫，共同培育於未來可投入實務領域的技優生及專業健康促進與照護人才，期使能促成我國培育在長照體系的專業人才精進，以滿足產業人才之殷切需求。

表6-6：「二水推展社區長照人才計畫」

計畫項目	內涵	目標
「長照科系在學同學展翅計畫」	1.公費培育長照領域在學同學。 2.長照技優生銜接專業職場。	獎助長照技優青年培育，無縫接軌投入專業職場。
「長照現職工作人員培力計畫」	1.建置長照人才分級雛形。 2.長照現職進階培訓。	建置進階培訓計畫，並建置長照人才分級雛形。

計畫項目	內涵	目標
「長照專業師資精進培訓計畫」	1.引介先進國家長照培育模式。 2.長照專業教師增能培育。	達成臨床精進增能。
「現職外籍看護賦能培育計畫」	1.建置長照線上培育系統。 2.外籍看護專業培育。	建置專業職能培育。
「社區居民長照志工培育計畫」	1.社區民眾參與長照志工培訓。 2.建立服務時間存摺系統。	建置在地民眾自助人助的服務機能。

（資料來源：作者整理）

　　社區安養結合模式，既符合我國文化上對居家養老方式的認可，醫護人員定期到家服務能為老年人提供充分、有效的醫療幫助，改變傳統養老模式。這裡的居家養老，不是傳統意義上的在家裡養老，是在社區、社會支撐下的，以專業化養老醫療服務為依託，提升老年人健康的社會化養老的具體體現。

　　「社區長照」借鑒有日本「白金社區」（Continuing Care Retirement Community, CCRC）的運作。CCRC不僅是社區生活住宅，而且是一個綜合性的生活方式業務，包括醫療保健，餐飲，健身和終身教育，這將為當地創造就業機會。CCRC是一種善用社會資本的多贏的模式，社區居民，地方政府，民營公司，大學都可以享受其優點。CCRC的社區中老人積極地參加精心準備的計劃，例如：預防醫學，飲食，終身學習，輕鬆工作和健康大數據分析。長者與社區學生透過校園中相互學習與交流得到生活最大的成就愉悅感。傳統養老的核心功能是「家庭養老」和「安養照護」，而CCRC的基本功能卻健康社區，社會參與，多代共同創造和整體管理等多功能的養老服務體系。老幼複合型養老機構，將老年人和兒童看護設施鄰近或合併設置的複合型機構，因其對促進不同世代人

群間交流、理解的獨特社會效益而在世界受到矚目。

　　日本從二十世紀九〇年代起嘗試建設此類機構，而對其使用情況的追蹤調查也證實了設施對促進使用者身心健康以及社區人際交往的積極意義。老幼複合型設施的發展，基於對社會資本的運用，老幼複合設施根據設施的組合類型、建築物的形式以及運營方式的不同具有多種形態。其中，最多見的是將幼稚園、托兒所與老年人的日托服務或是居住型養老院合併設置的「老幼看護中心」，也有將作為福利設施的兒童活動中心與老年服務中心一同設置的老幼活動中心。

　　近年來，受到持續的少子化與日益加重的高齡化影響，將中小學中的教室改建為老年日托所的案例，以及將教育機構附屬的體育館、圖書館等公共設施與老年服務中心複合設置的案例也日漸增多。此外，面向老人的公租房或是老年社區中設置托兒所，或是將三種以上面向兒童或老年人的公共設施種類合併設置的例子也開始出現，老幼複合設施的形式日趨多樣化，日本的經驗對我國具有重要的參考價值，遂提出《社區長照人才培育計畫》，以發揮社區、學校、醫院暨非營利組織，共同培育「務實致用，深耕厚植」的長期照護專業人才；並提升長照產業的照顧技能，更新照顧模式，促進銀髮族生活自立，維護生命尊嚴。

肆、社區長照人才的願景

　　社區照顧（Community care）此一概念的興起，是在一九九七年英國出版的社會福利白皮書（NHS: The New National Health

Service Community Care）中描述，社區照顧是要提供適當的處遇與支援，使人們擁有較高的自主性，並能掌控自己的生活。主要來自於福利國家（Welfare State）的理想，要國家負起人生整個過程中「生、老、病、死」各種難關之責任，所謂「從搖籃到墳墓」（from cradle to grave）均由政府負責照顧的理想太高，引起有些國家於實驗中發現經濟上、管理上及人性上的多重危機，乃轉而將國家對人民提供福利的責任轉移到社區，發展福利工作小型化、在地化、去機構化，於是「社區照顧」之名乃於焉興起（賴兩陽，2006）。

　　「社區照顧」的主要精神，便是政府透過對於政府本身及非政府資源，包括家庭、照顧者的親友、鄰里、非營利組織、企業等的運用，來達到為需求者提供照顧的目的。是動員社區資源，運用非正式支援網絡，聯合正式服務，所提供的支援服務與設施，讓有需要人士在家裡或在社區內的家居環境得到照顧，過著正常的生活，加強在社區內生活的能力，達到與社區的融洽，並建立一個具關懷性的社區。

　　社區照顧包括「在社區照顧（care in the community）」、「由社區照顧（care by the community）」及「與社區一起照顧（care with the community）」三種概念。其落實分別為：

　　第一、「在社區照顧」是指運用社會資源，讓案主在家裡或社區為基礎的中心接受服務，並取代大規模之非人性的機構照顧。是將照顧者遷回熟悉的社區中的家庭生活，並輔以社區支援性服務的配合，如家務助理、照護人員及社區中心等。其次是將社區內的大型院舍改為接近社區

的小型家屋，如老人宿舍、老人庇護房屋等。當收容所（homes）的照顧成為「社區照顧」的普遍形式，代表公部門的服務在社區照顧上仍扮演著相當重要的角色，主要的服務供給者為社區的衛生或社會服務，非正式部門的家庭、鄰居和朋友則扮演著輔助性的角色。

第二、「由社區照顧」是動員社區內的資源，提供需要照顧老人的服務，例如：志願組織、非正式照顧者（朋友、鄰里及親屬），這意味著照顧的責任主要來自於社區，而政府部門的服務僅有特殊的情境下才被使用，就是去鼓吹加強在照顧連續體內的非正式照顧。

第三、「與社區一起照顧」即是將正式照顧與非正式照顧聯合起來，一起去提供照顧，達到多者的互補。

人口結構的高齡化是二十世紀中葉以來世界已發展中國家所面臨的共同課題。西方國家從二十世紀初已就面臨人口老化問題，並逐漸採取因應之道。反觀我國自一九八〇年代達到高度經濟成長，但伴隨人口結構急速老化，卻對於長期照顧議題關注起步甚慢，對於其人力培育規畫之投入更顯不足。這使我國在建置長照體系時，除借鑒先進外積極融入社會實況益顯重要。

以社區為單元的長照建設，將長照人才培育著眼於以「社區營造」、「志願服務」，以達成「在地老化」，不僅是世界潮流，也是社會資本的體現，更是衡量國家進步的指標，參與社會活動正是促進人與社會互動的最好機會。二十一世紀是志願服務發展的重要世紀，志工是世界最富足的社會資產。讓志願服務成為日常生活中的一部分、不分時間、不分對象、時時存著一顆助人的心，落實互

助的理念，讓人間處處有溫馨，進而實踐公民社會的理想。

　　OECD（2011）指出，長期照顧乃是「一個人伴隨身體或認知功能能力的程度減低所需要的一系列服務，因此較長的時間在於協助其基本日常生活活動依賴，例如洗澡、穿衣、吃飯、上下床（或椅子）、走動和使用浴廁等」。長照人才培育計畫透過優質化、實用化、專業化的課程發展機制，以達成在長照體系人才的培育目標，並且對焦衛生福利部發展《長期照顧十年計畫2.0版》提升長照品質，在人才培育及技術研發上藉由合作夥伴機構的回饋運用「計畫（Plan）、執行（Do）、查核（Check）、行動（Act）」循環，創造永續經營優勢。

　　社區安養的養老服務是長者於安養、醫療、照護的緊密結合，是養老、健康保障體系架構不可或缺的重要組成部分，也是結合醫療與養老互相獨立、自成體系格局的整合。具有自身的特點和內涵，表現在實際醫療保健服務和老年照護服務工作中，對醫療保健服務能力、水準要求高，特別是對行動不便和失智老人的照護更為專業化、人文關懷照護更為細緻。

　　「社區長照」呈現的是社會資本的專業運營模式，將帶來社區居民，資本方，及政府三贏的好處。典型的政府結合社會資本的模式是PPP（Public-private partnership）政府和社會資本合作、社區參與公共建設、公私合作夥伴關係、公用事業市場化、公用事業民營化等；或公用事業市場化，公共基礎設施項目的一種資助模式。由政府提供基礎設施和公共服務的服務者轉變為專案的監督者、支持者，職能的轉變使工作量減少，從而可以把更多的精力放到社區建設上。透過對社區進行支持措施，同時可以利用先進的技術和社

區參與減少成本，增進可達成長者的服務需求。

　　「社區長照」從養生、保健、生活照料護理、疾病醫療，預防保健等各方面都能充分滿足老年人的身心健康要求。如：提供美味、健康、合理的營養膳食；定期為老人進行健康教育、健康諮詢和醫療服務；定期檢查身體，建立健康數據資料；宣導精神愉悅的保持，進行心理輔導，透過各種活動讓長者通過不斷交流，保持心情舒暢，提高長者身心健康的幸福指數。

結語

　　高齡化是目前各國社會普遍面臨的重要議題，亦是影響未來各個國家社會政策的關注焦點。為了降低前述問題對我國社會的衝擊，長期照護服務是政府積極發展的重點項目之一。隨著臺灣地區人口快速老化、疾病型態變遷及長期照護需求日益嚴重的情況下，如何有效的落實長期照護政策，使得老人安養問題能夠妥善解決，成為一重要且迫切的課題。

　　世界衛生組織（WHO）在二〇〇二年提出「活躍老化」（active ageing）政策架構，主張從健康、參與以及安全三大面向。繼而，二〇〇七年提出了高齡友善的概念和做法，是扣緊整個世界潮流並彼此呼應。二〇一五年發表《全球老化與健康報告》，重新定義面對人口老化的全新策略，在面對高齡老化社會發展的情況下，要落實和推動友善環境的思維，強調讓老人生活能夠在地老化。二〇二〇年訂為《全球健康老化十年行動計畫》的起點，以「生命歷程觀點」處理健康議題的準則。當民眾逐漸老化時，應鼓

勵個人依照其能力、偏好及其需求，積極的投入經濟發展相關的活
動與志願服務等工作，以提昇高齡者的生活品質。

第七章　社區長照志願服務

前言

　　臺灣近年來的老化速度已超過法國、瑞典等高齡化國家。衛福部統計顯示，到了二〇二五年，臺灣六十五歲老年人口將達四百七十三萬人，占總人口百分之二十，進入「超高齡社會」（六十五歲以上人口佔總人口比率達到百分之二十）。因應人口結構變化，高齡及長照產業是近年來國家政策重點之一。自臺灣邁入高齡化社會起，政府便不斷因應社會型態推出相關政策，自二〇一六年政府通過《長期照顧十年計畫2.0》，二〇一八年六十五歲以上老年人口比例百分之十四，踏入「高齡社會」的門檻，高齡趨勢迅猛，長照需求日益迫切。

　　有鑑於志願服務已成為全球化發展的世界潮流，它因應社會變遷，滿足民眾需求，強化社會關係，促進社會和諧與發展。高齡社會如何運用社會資本觀點以發展老人人力資源，是達成「活躍老化」的重要途徑，志工為秉持貢獻付出的精神，不以酬勞為目的，從事增進公共利益事務的人，高齡者從事志願服務活動，不但可以促進其健康狀態，也可提升其自尊感及促進其健康維護，是建構高齡社會的重要資源所在。

壹、長照志願服務與在地老化

　　一九八〇年公佈實施的《老人福利法》，長期照顧服務對象的選定標準相當有限，國家責任的界定範疇顯然係依據選擇主義（selectivism）價值，照顧老人被視為是家庭的責任，政府只有在老人面臨經濟貧困或家庭照護資源缺乏的情況下，才經由資產調查以社會救助系統提供照護資源；如《老人福利法》中列有：扶養機構的服務對象即侷限於「無扶養義務之親屬或扶養義務之親屬無扶養能力之老人。」

　　根據衛福部的統計，二〇二二年《長期照顧十年計畫2.0》有長照需求者約八十餘萬人，但是仍有高達百分之六十的人未接受或申請長照服務。其次申請長照服務須待照顧管理專員的評估及核可後，才具使用資格，也就是說並非人人都能享受長照服務，再說長照接手前的空窗期，同樣需要親人照料，因此民間團體才會疾呼「長照安排假」。雖說有長照十年計畫及二十六萬的外籍看護工協助，不過從上述統計可知，目前仍有許許多多的失能、失智人口得靠家屬扶持，平均每五人中就有一人因家屬照顧之需而影響工作。

　　家庭照護力有未逮，以及外籍看護的能力提升與引進，另一個強化高齡照護能力可能出路，就是透過「社區」的的集體力量彼此協助，讓社區必須提供多樣化的服務，使得高齡者能在其熟悉人、事、物的生活空間中「在地老化」。推動長照所需人才培育，所著眼為長照專業服務若沒有執行人力，再好的政策都是枉然。如何打造有品質的長照服務，必須優先解決關於人力不足和人才培育的問

題。在長期照顧人力需求中，以實際從事照顧服務人力為大宗，故於長期照顧人才培育實施計畫中，針對長照人才進行「質量並重，標本兼具」的倡議及作為，並著手「在地老化」，結合社區、醫院、學校、志願團體，充分結合相關機構的特質，著重「發揮特長，攜手合作」的原則，以期推展。

「在地老化」的概念最早起源於北歐國家，例如：挪威、丹麥、芬蘭的住宅政策，就強調「原居住宅」；英國則推動「終生住宅」的在地老化。瑞典、澳洲的「老人住宅」則強調可「在宅臨終」。「在地老化」不可能只靠「在（自）宅老化」，更需要透過「社區」的的集體力量彼此協助，才能尊嚴的老去。因此，社區必須提供多樣化的服務，讓高齡者能在其熟悉人、事、物的生活空間中「在地老化」。

日本於一九九四年推動「新黃金計畫（New Gold Plan）」，希望任何需要照護服務的人都能就近獲得服務以營自立生活，以實現一位高齡者如患有身心障礙的時候，也能保有尊嚴、自立地渡過。爰此，提出四大基本理念如表7-1：

表7-1：日本新黃金計畫基本理念

基本理念	內容
使用者為本位	服務提供能尊重高齡者個人意思及選擇權，亦即以使用者為本位的高品質服務，並提供促使高齡者持續地經營自立的生活支持。
實施普遍主義	當高齡者的福利易被認為只是針對生活困難者或獨居者等需要特別援助者所提供的制度，但此計畫涵蓋所有待援助的高齡者，提供普遍性的服務。

基本理念	內容
提供綜合服務	為促使身體功能障礙之高齡者盡可能地在自己家中持續地生活，該計畫以居家服務為基礎，提供有效率、綜合性的服務，以因應高齡者在保健、醫療及福利各方面的需求。
採取社區主義	採行以市町村為中心的體制建構，以提供居民就近在社區使用所必要的服務。

（資料來源：作者整理）

其中採取「社區主義」即是「在地老化」的實踐，「社區」是指在一定人口和一定範圍內可以提供在地健康老化服務連結的行動熱點，可以是一個里，也可以是一個里內的一個區域，也可以是幾個個里，以「家庭」、「社區」為單元，藉由社會教育方式，自助人助、自立自強，提升生活品質。從國外長期照護需求增加的經驗來看，各國所採取的重大政策方向，多強調於照護資源比例的調整配置：從偏重機構式服務的照護，轉向鼓勵居家式及社區式服務的發展（吳淑瓊，2003）。

臺灣人口老化是近年重要的社會議題，政府於二〇一六年通過《長期照顧十年計畫2.0》，除延續過去提供的長期照顧服務外，更希望建立以社區為基礎的長照體系，透過醫療與支持家庭照顧能力，建立照顧管理制度。促進社區成員間的互動活絡、增長長者的見聞，一方面以「健康促進」為核心理念，促使長輩主動走入社區，增加生活樂趣、延長健康年數、減少失能人口。如此，為年輕人找出路、為老年人找依靠、為企業找機會，也為弱勢者提供有尊嚴的生存環境。高齡者從事志願服務活動，不但可以促進其健康狀態，也可提升其自尊感及促進其健康維護，是建構高齡社會的重要資源所在。讓高齡者繼續有工作，對社區有貢獻，或是做他們喜

歡、擅長的事，這不只是對健康延長有幫助，更是促進動機、增強自立能力的照顧指引與方向，他們是與社區共同生活、生存的一般人。這時候，高齡人口比率高的意義，不會只被視為商機或是社會負擔，而是一個因人口結構轉變的社會進化，新生活型態於焉而生。

　　在地老化照顧模式的基本理念，發揮社區營造的功能，係期望能在失能長者住家的活動範圍內，建構「結合醫療、照護、住宅、預防、以及生活支援」等各項服務一體化的照顧體系，藉此達到保障失能長者在其熟悉之生活圈內，維護應有生活尊嚴權利的目的，讓即使成為重度需照護的人，也能在自己住慣的地方過自己想要的生活，一直到生命的最後。其中提供的服務如下表：

表7-2：社區長照服務簡表

服務	內容
衰老預防	致力推動各項預防工作，防止或減輕老人發生失能。
生活支援	由於老人失智、獨居之情形日益嚴重，為確保其日常生活及財產之安全與安定，除應提供送餐、陪伴等生活支援服務外，更應推動保障其基本權益之相關措施。
安養照顧	擴大或改善現有照顧服務內容，例如增設照護機構、開辦全天候定期巡迴，以改善現有居家照顧服務品質。
醫療服務	結合照顧與醫療資源共同提供服務，例如提供全天候居家醫療（如：抽痰）、訪問看護，以及復健等相關服務。
機構照護	設置老人專用租賃住宅，避免獨居老人因失能程度嚴重，而需入住離家遠的照護機構。

（資料來源：作者整理）

　　世界衛生組織（WHO）則在二〇〇二年提出「活躍老化」（active ageing）政策架構，主張從健康、參與以及安全三大面

向，提昇高齡者之生活品質，並為先進國家所運用。志願服務已成為全球化發展的世界潮流，它因應社會變遷，滿足民眾需求，強化社會關係，促進社會和諧與發展。老年人在居住社區內受到好的照顧，社區則能穩定地朝向永續發展邁進。以自利利他，落實「多用保健，少用健保」，「人人平安，家家安康」的目標，達到實質的「高齡友善社區」的臺灣社會；並提升長照產業的照顧技能，更新照顧模式，促進銀髮族生活自立，維護生命尊嚴。

貳、以長照志工展現服務創新

隨醫療完善與科技的進步，老年人口的增加雖然是一種更健康與醫療進步的表徵，但同時也會對政治、經濟及社會帶來挑戰。人口老化是世界各國共同面臨的變遷經驗，高齡化社會的來臨，人口結構的改變勢必對經濟及社會福利制度產生衝擊，並面臨新的社會問題。各國的老化速度與經驗不盡相同，相較於歐美國家有五十至一〇〇年的時間因應準備，我國由高齡化社會邁入高齡社會僅約二十四年左右；再者，由高齡社會轉變為超高齡社會更縮短為七年，顯示我國人口老化的歷程將愈來愈快，預作準備的時間十分有限。

隨著人類壽命的延長，導致退休後的人生也隨之延長。傳統退休觀念已經發生質變。傳統的退休觀點，認為退休是工作生涯的結束，是養老生涯的開始。然而，當前退休觀點卻認為，退休不是工作生涯的終止，而是轉換另一工作生涯的開始。伴隨著越來越多的中高齡族群希望退休後繼續工作或貢獻服務，指凡退休後所從事任何職場工作、個人成長、家人照顧、志願服務等有意義的活動，

圖7-1：二水日間照顧中心發揮社區自助人助的力量嘉惠社區民眾。

皆可被視為活躍老化的活動。當人們逐漸老化時，仍然能夠繼續參與正式的勞動市場，以及投入無給職的活動（如家人照顧和志願服務），並且能夠健康、自主、安全地生活，此一轉變與躍進，將為高齡社會帶來一股生機。因此，高齡者志願服務的觀念在國際上逐漸成為一股新興的潮流。

　　未來的退休觀點已經完全不同，日本稱為「生涯現役」，是指「終生工作，永不退休」之意，意思是只要活著，每一天皆需要工作。二〇〇二年時，世界衛生組織（WHO）提出活躍老化的策略，其將活躍老化界定為：當人們年老時，為了加強他們的生活品質，擴大其健康、參與及安全機會的過程（WHO, 2002）。高齡志工的服務不僅提供了社會所需的人力，而且可以帶來相當正面的價值。如果終生工作，永不退休的理想能夠實現，將為未來超高齡社會注入一股龐大的人力資源，而這股人力資源主要來自於中高齡志

願者。

　　高齡社會如何運用社會資本觀點以發展老人人力資源，是達成活躍老化（active aging）的重要途徑，志工為秉持貢獻付出的精神，不以酬勞為目的，從事增進公共利益事務的人。高齡者從事志願服務活動，不但可以促進其健康狀態，也可提升其自尊感及促進其健康維護，是建構高齡社會的重要資源之所在。他山之石可以攻錯，北歐的瑞典長照，強調的是「照護預防及社區相互扶持服務」，提供具有預防意義的公共長照服務，包含志願進行服務居家照顧、送餐、共餐、老人聚會點及交通接送等，除廣受老人歡迎外，對延長老人自立生活、延緩失能惡化是有效預防的政策。著眼的是「志願參與」「健康促進」，所需資源相對少，如能於高齡比例尚未急遽攀升之際，以少許的資源，而能產生預防失能的效果。

　　人口老化伴隨的健康照護問題已被許多已發展國家列為重大政策議題，這些國家積極發展長期照護體系以滿足身心障礙人口的照護需求。英國人類學家貝特森（Gregory Bateson）鼓勵大家將「施受合一」，因為人類一生不可能完全沒有脆弱、失能和依賴。現在幫助老人，也是學習未來我們對別人的依賴。舉國協力照顧老人，包含政府、家庭和市場。照顧不能光靠家庭或政府，須整合家庭義務、市場供給。老人社區或是安養中心對許多人來說，就是一個提供銀髮朋友安全住宿的地方。但銀髮生活除了安全之外，還有健康的考量。生理的健康是每個人多年的積累，而心理健康如何透過社區來提升則是銀髮機構近年在思考的一個課題。「世代共生」（Intergeneration）是瑞士近年許多安養機構的口號，每個地區有著不同的人文和社會條件，各式不同的實驗性計畫在各地進行著。

而讓老人留在社區中逐漸老化被認為是可維持老人獨立、自尊、隱私及照顧品質的關鍵，「在地老化」（aging in place）政策目標被許多先進國家列為長期照護政策遵循的指標。

表7-3：在地老化的國際實例

國家	年代	機構	內涵
芬蘭	二〇〇三年	「高齡研究機構」（Age Institute）	推動「高齡運動促進計畫」（Strength in Old Age），統籌規畫全國性七十五歲以上老人的運動計畫，透過結合當地政府、社區及各大學共同執行，辦理地區老人運動，促進高齡人口從事運動，透過老人健康促進來整體降低未來失能所需投入的成本。
荷蘭	二〇〇三年	個案為中心（Client-Centered）	為延長老人居住在社區中的時間，有必要建立能滿足身心障礙老人的住宅環境，強調維持老人獨立及自我照顧環境的重要性，並積極整合當地社區資源來延長老人留在自己家中的時間。
日本	二〇〇五年	「地區綜合支援中心」	其目的在於促進社區居民的身心健康及維持生活安定並給予必要協助，藉此對保健醫療的提昇與福利增進進行全面性支援。「地區綜合支援中心」是以地區為單位，提供老年人的醫療、護理、護理預防、生活支援等諮商的單一窗口。
德國	二〇〇六年	「多代中心」	一個讓年老中青齊聚一堂的交流場所，由福利機構無償提供社區服務。這些多代中心強調「在地」，試圖將眾多元素，包括：照顧長者、教育、家庭服務，以及義工的參與等作一連結。

（資料來源：作者整理）

　　由於我國高齡人口有百分之八十以上屬於非失能長輩，因此在二〇〇五年推動「臺灣健康社區六星計畫」，為落實在地老化及社區營造精神，同步推動「建立社區照顧關懷據點實施計畫」。其目標在於促進社區健康，發揮初級預防照顧功能，建立連續性照顧體系。結合團體參與設置，由當地民眾擔任志工，發揮社區自助互助照顧功能，建立社區自主運作模式。二〇〇九年就以「活力老化」、「友善老人」、「世代融合」等大核心理念，核定《友善關懷老人服務方案》，積極推動各項策略，建立悅齡親老社會。二〇一三年參考聯合國千禧年目標「活力老化」模式，以「健康老化」、「活力老化」、「在地老化」、「智慧老化」及「樂學老化」。

　　二〇一七年，世界衛生組織發表《高齡者整合照護》，延續健康老化觀點，清楚地提出執行方針，由早期的長壽轉移到不失能與不失智的健康老化，健康老化跳脫個別疾病觀點，以老化的活動能力作為健康主軸。因此，慢性病管理的長期目標，是老後的生活功能。要有效降低國民的失能與失智，需要做預防保健與醫療體系的改革，必須透過整合照護來運作的核心理念。強化社區整體照顧模式，發展符合社區需求的小規模、多元化社區照顧服務模式，增進照顧服務人力多元就業場域，參照日本推動經驗，以日間照顧服務為基礎，擴充辦理居家服務以及臨時住宿服務，發展可彈性並充分運用在地社區照顧資源的連續性服務模式。

　　全球人口結構老化，各國都正在面臨不同程度人口老化的挑戰。面對人口老化浪潮，傳統社會福利結構面臨的挑戰，無論在政策規畫、方案推展、人力充實、品質提升、服務整合面等，皆需要

社會支援體系具備更多彈性創意的能量，由政府與民間共同合作，融入社區中，承擔社會公民責任，人都需要歸屬感，成就感，不管年齡多長；人會不斷的想前進，不論是老中青，人會不斷的想要實現自我。以此來證明自我、成就自我。在滿足了基本生理需求，不缺安全感，情感有歸屬，同時受到社會尊重，進一步經由志願服務達成人生價值的自我實現，藉由社區整合多元照顧與服務創新模式，促使長者相互扶持，使「老有所安、老有所尊」。

對於銀髮族群的需求，以往多從弱勢和危機的角度看待，以社會福利的角度提供解決方案。近年來已經逐漸扭轉銀髮族是「依賴者」的形象，而轉變為正向積極的做法，除了提供照護醫療等社會福利外，更進一步規畫協助老人自立、自尊的生活，使不致成為社會負擔，甚至得以發揮銀髮族的智慧與貢獻，讓他們成為社區建設的力量。高齡志工應致力於維護社會公益，藉由發揮自己之餘力，以彌補社會之不足，力求發揮一己力量，發揮社區參與讓社會更和諧有愛。

參、志願服務以裨益寬闊人生

高齡社會所衍生的問題已經深切影響國內社會結構並將牽動經濟發展的脈動。高齡社會帶來的不僅是人口結構的變遷，更會改變人們未來的生活模式。鼓勵社會大眾從事志願服務，實施全民志工，建立「志工參與，公民社會」，是現代社會發展的目標。推動長照要讓長者實現價值，不只是每天唱跳、玩桌遊，國外長照的發展也強調「有意義的活動」，而不僅讓長者被動全盤接受各項活

動。長者參與有意義的活動可以有效強化照顧的效果，更能提升長者的參與動機，也發揮個人的生命意義。

關於長照，我們能換個角度，多想想如何有效運用銀髮人力，不僅消除人們對老人的偏見和刻板印象，更能改擅長照人力不足的問題。世界衛生組織（WHO）則在二〇〇二年提出「活躍老化」（active aging）架構，主張從健康、參與以及安全三大面向，提昇高齡者的生活品質，並為先進國家所運用。自我國推動《長期照顧十年計畫2.0》以來，居家、社區照顧體系倍數成長，但在資源與人力往一邊傾斜的情況下，住宿式機構面臨停滯的困境，尤其是人力的進場困境更是明顯。面對長照人力嚴重缺工的情況下，加上整體的財務負擔愈來愈重，困擾著快速老化的社會。無疑的，人力與

圖7-2：敏惠醫專長照專業同學參與社區自助人助的活動服務社區長者。

財務的雙缺，是長照所面臨的最大挑戰；其中財物部分經政府以修法及配合公務預算，可以暫時得到緩解。然而，若沒有人才，長照仍是無法推動，民眾還是看的到、用不到長照服務。借鏡日本介護的發展，倡導長期照顧的新思維：「透過社區整體照顧的方法，達成社區共生的目標，讓每個人有繼續自立生活的機會。」將照顧從「他助」，發展成「互助」，進而「自助」，社會、社區整體一起投入能量，來共同面對這險峻局勢。

社區化長期照顧概念，係充分結合社區現有資源，實行「在地老化（aging in place）」，發展社區健康照護與健康促進；並須依個案疾病嚴重度不同而分級，以家庭照護為基礎，按逐漸增加的障礙程度，轉介個案接受喘息照護、社區居家服務、居家護理、社區日間照護等。二〇一四年政府推動《臺灣三六八照顧服務計畫》，規畫「一鄉鎮一日照」，在全臺各個鄉鎮區建立多元日間照顧服務，讓失能長輩在白天就近於社區得到妥適的照顧服務。該計畫規畫提升現有社區照顧關懷據點服務量能，擴大服務項目與時段及規畫財務自主運作機制，針對健康與亞健康老人，設計社區日間托老服務模式，培養在地日間照顧服務提供單位的能量，進而銜接發展失能老人社區日間照顧服務。並由政府經費補助日托中心專業人士，結合社區自身不同特色與地方產業，建立屬於在地的日托中心。

社區長照的推展正如同英國「Age UK」，該組織是英國最著稱的高齡服務慈善單位，其前身是Age Concern以及Help the Aged，創立於二〇〇九年，建構的願景是「服務長者可以享受老後的生活」，強調健康的改善和生活的獨立，每一項服務都是針對長輩的需求，無論是醫療、財稅、環境還是生活。由政府與民間共同合

作，思考多元、跨域的老人社區整合多元照顧與服務創新模式，成為英國高齡照顧最大的機構。

Age UK的服務宗旨：是「熱愛晚年生活（Love Later Life）」，強調「提升幸福感」，並進行「個人化整合照顧服務（Personalized Integrated care）」的目標。是以，老年人口快速增加已成不可逆轉的趨勢，但老年人只要保養得當，未必都是需要照顧的依賴人口；相反地，有越來越多的中高齡人力，願意投入老人照顧老人的行列，如果善加培養運用，將可解決老人長期照顧人力不足的問題。需要社會支援體系具備更多彈性創意的能量，方能予以因應。檢視英國地方政府協會（The Local Government Association）認為孤獨被視為「重大健康問題」，嚴重影響老人的生活。爰此，鼓勵老人社會參與及提升其社會互動。推動參與志願服務，不僅「活力老化」的策進作為，也是裨益高齡者的生活品質。

隨著老人人口數的增加以及平均壽命的延長，高齡者已逐漸成為社會資本的生力軍。人口老化是一種複雜與多面向的議題，面對高齡社會的來臨，國際社會逐漸走向以「在地老化」的老人照護與安寧模式。由於我國高齡化轉變速度較快，未來我國勞動力相對應短缺且高齡化，但高齡勞動力教育程度提升。面對此一變化，有效運用與活化高齡勞動力，以減緩我國勞動力減少的衝擊，並維持國家經濟永續發展，以妥善發揮人力資源的宏效。高齡者在參與志願服務過程中，建立新的人際關係，增進老年人的社會歸屬，自我價值與自尊心，志願服務通常在行動時不會想到由助人而得到任何報償，其中含著大量的道德成分，藉以提升自我尊嚴，並可鼓勵社會參與，提升長者的生活品質。

積極推動長者志願服務及社會參與，讓老人對於社會做到退而不休，繼續貢獻己力的精神。如同馬克·吐溫（Mark Twain）所說的：「年紀只是心態問題，如果你不掛心，那就沒問題。」（Age is an issue of mind over matter. If you don't mind, it doesn't matter.）讓健康老人融入社區整體照顧模式幫助其他老人，是以自己的生命經驗做別人的生命貴人。對長輩而言，長照有效運用銀髮族的人力創造其歸屬感，除了增加長照人力外，更可使老人活得開心，並為其生命意義加值。參研日本「新黃金計畫」調整政策取向從「醫療」邁向「福祉」，推展「成功老化」創新概念，除了積極回應健康及照護需求外，為確保高齡者尊嚴與自立援助，建構互助的地域社會及建立服務使用者信賴的照顧服務等，強調老人及一般民眾的

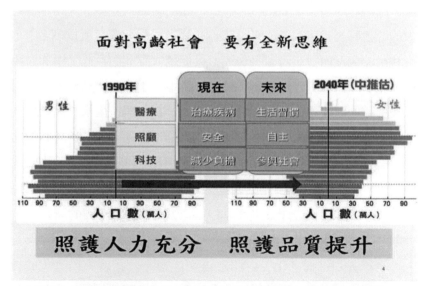

圖7-3：因應高齡趨勢，須有新思維，落實新作為，達到老有所安。

171

社會參與，鼓勵高齡者社會參與及就業方案，並推動各項高齡者培養生命意義與維護健康的作為。

　　每個人都會變老，每個人都需要長照服務，唯有建立完整的人才培育機制，有足夠的照顧人力建置才能讓照顧更加完整。現在人們對長照政策中關注最多的，就是長照人力與人才荒。就臺灣社會觀察，照顧人力和品質成為「老有所安」的主要隱憂。因為沒人能預料長期照顧何時開始、何時結束，但根據衛福部統計，國人一生中長期需求時間約七點三年，其中男性為六點四年、女性為八點二年。據學者統計，二〇一五年平均一位八十歲以上的長者，有九點五位四十五至六十四歲的潛在照顧人力，但二十年後將快速下降到四位，如何吸引青年投入照顧行業及鼓勵健康長者投身志願服務相互扶持，將成為應對高齡社會的關鍵。

　　高齡者在參與志願服務過程中，建立新的人際關係，增進老年人的社會歸屬，自我價值與自尊心，除了可對社會有所貢獻之外，從利己的角度而言，志願服務工作可促進人際間的互動、增加自我肯定，以及自我的成長。在高齡化社會中，不但要使高齡者能享受快樂生活，還要想激活長者長年的知識、經驗與技術來貢獻社會，讓他們感受生命的可貴，過著健康活力充滿的生活。各國的老化速度與經驗不盡相同，相較於歐美國家有五十至一〇〇年的時間因應準備，我國由高齡化社會邁入超高齡社會預估約三十二年左右，顯示我國人口老化的歷程將愈來愈快，預作準備的時間十分有限。

　　全球人口結構老化，各國都正在面臨不同程度人口老化的挑戰。面對人口老化浪潮，傳統社會福利結構面臨的挑戰，無論在政

策規畫、方案推展、人力充實、品質提升、服務整合面等，皆需要社會支持體系具備更多彈性創意的能量，由政府與民間共同合作，思考多元跨域的老人社區整合多元照顧與服務創新模式，方能予以因應。高齡志工應致力於維護社會公益，藉由發揮自己的餘力，以彌補社會的不足，力求發揮一己力量，發揮社區參與讓社會更和諧有愛。

肆、以長照志工促進健康人生

　　高齡社會所衍生的問題已經深切影響社會結構並將牽動經濟發展的脈動。高齡社會帶來的不僅是人口結構的變遷，更會改變人們未來的生活模式。鼓勵社會大眾從事志願服務，實施全民志工，建立「志工參與，公民社會」，是現代社會發展的目標。積極推動長者志願服務及社會參與，讓老人對於社會真正做到退而不休，繼續貢獻己力的精神。鼓勵老人社會參與不僅提供老人活動及發揮的空間、消磨空閒的時間，更增加社會上可茲借重的人力資源，讓老人不再是刻板印象中的依賴人口及社會的負擔。

　　臺灣社會由於老化速度過快、壽命明顯增加、家庭養老功能弱化、現有老年經濟安全保障不足，因此亟需借鏡各國應對人口老化的治理經驗，針對高齡社會政策進行全面性整合規畫。打破過往對長者的負面、消極的刻板印象，因為人在走過歲月的風霜後，凝聚出的許多智慧結晶，值得成為年輕人的榜樣或借鏡。因此，「社區健康促進志願服務隊伍」的建設，在「攜手共進」服務時，其中飽含著大量的道德、公義、良善之舉，並可改善老人的生活品質，是

圖7-4：實踐大學二水家政中心結合敏惠醫專辦理「健康促進專題講座」深受社區民眾肯定，發揮「多用保健，少用健保」。

將「弱勢」的老人轉化為「積極能動性」的資源，更使公民社會的展現。

　　高齡社會如何運用社會資本觀點以發展老人人力資源，是達成活躍老化（active aging）的重要途徑，志工為秉持貢獻付出的精神，不以酬勞為目的，從事增進公共利益事務的人，高齡者從事志願服務活動，不但可以促進其健康狀態，也可提升其自尊感及促進其健康維護，是建構高齡社會的重要資源之所在。

　　借鑑日本的社區健康推廣員是由志工組成，是老人社區照護非常有用的資源。老人服務老人，可以透過志願服務的過程，讓老人志工人力可以導入長期照顧，或者透過照顧服務員的專業訓練，成為長期照顧的專業人力。中高齡者有許多有育兒或扶老的經驗，只要加以培訓，將可成為長期照顧的重要人力資源。鼓勵老人社會參

與不僅提供老人活動及發揮的空間、消磨空閒的時間，更增加社會上可茲借重的人力資源，讓老人不再是刻板印象中的依賴人口及社會的負擔，把健康促進觀念融入高齡生活照顧中，建構出創新且多元的整合照顧模式，以期協助高齡者提升自主生活的能力，達到延緩老化的效益。

　　人口結構的高齡化是二十世紀中葉以來世界已發展中國家所面臨的共同課題。西方國家從二十世紀初已就面臨人口老化問題，並逐漸採取因應之道。反觀我國自一九八〇年代達到高度經濟成長，但伴隨人口結構急速老化，卻對於長期照顧議題關注起步甚慢，對於其人力培育規畫的投入更顯不足。照服員人力短缺的問題在偏鄉地區更是嚴重，直接影響長照服務推行的阻礙。偏鄉地區一般經濟與就業較差，多數人經濟能力僅能維持基本的生活需要，若要結合社會企業的經營模式，除了要檢視現有資源外，尚需輔以社區自助的方式，並結合在地照顧服務能量，發展因地制宜的居家醫療照顧模式，例如：送餐服務、居家服務、居家復健、居家醫療、居家護理等。藉由實踐在地老化的理念，同時增加社會資本來源，以達到永續發展的目標。

　　臺灣隨著人口快速老化與少子女化，將面臨疾病負擔與失能風險增加、國民醫療保健體系負擔沉重、勞動力銳減、以及老人經濟安全體系財務負擔沉重之挑戰。世界衛生組織提出「活躍老化（active ageing）」、歐盟發展「活躍老化指數（active ageing index）」作為政策制定者擬定老化策略之依據。受到國際上活躍老化趨勢的影響，我國高齡政策也趨向活躍老化，而高齡志願服務的養成為活躍老化的關鍵之一。經由建構長者志願服務團隊，將

保健的專業知能帶進各社區，使得長輩在健康保健能與時俱進，不單單能以所知所能啟迪彼此，藉由新知所能貢獻於所居社區，推展「健康長輩照顧亞健康及不健康的長輩」，發揮社區民眾相互扶持，在照護人力明顯不足的現況中善盡人力資源，強調以老人全人全照顧概念為出發點，提供民眾醫療照顧與生活照顧的服務，展現長者「自利利他，推己及人」的優質社會風氣。

根據《經濟社會文化權利國際公約》第七條，人均有享受平等與良好之工作條件。高齡者退而不休，或是想創事業另一高峰，隨著高齡社會來臨，這會是許多高齡社會需積極謀劃思考的議題，如何將其人力資源成功轉化為社會有貢獻的人力能源。新加坡、日本與荷蘭最近的修法皆朝向推動延後退休年齡，日本政府甚至設立「銀髮人類資源中心」，由政府主導設計，增加退休老人部分工時選擇。未來隨著人口老化，老人照顧老人的現象只會更加普遍。鼓勵社會大眾從事志願服務，實施全民志工，建立「志工參與，公民社會」，是現代社會發展的目標。

佛洛德說：「愛與工作，就是一切快樂所在。」先進國家的老年人最常從事的兩種活動，是擔任志工及參與學習。志願工作是一種發自內心，出自個人意願結合而成的服務，發揮長者的社會參與的實施，在社會的各個角落，常能看到默默付出的高齡身影，身體力行「活躍老化」的概念，持續讓老年生涯發光發熱。積極推動長者志願服務及社會參與，讓老人對於社會真正做到退而不休，繼續貢獻己力的精神。鼓勵老人社會參與不僅提供老人活動及發揮的空間、消磨空閒的時間，更增加社會上可茲借重的人力資源，讓老人不再是刻板印象中的依賴人口及社會的負擔。

　　對於銀髮族群的需求，以往多從弱勢和危機的角度看待，以社會福利的角度提供解決方案。近年來已經逐漸扭轉銀髮族是「依賴者」的形象，而轉變為正向積極的做法，除了提供照護醫療等社會福利外，更進一步規畫協助老人自立、自尊的生活，使不致成為社會負擔，甚至得以發揮銀髮族的智慧與貢獻，讓他們成為社會建設的力量。高齡者在參與志願服務過程中，建立新的人際關係，增進老年人的社會歸屬，自我價值與自尊心，除了可對社會有所貢獻之外，從利己的角度而言，志願服務工作可促進人際間的互動、增加自我肯定，以及自我的成長。在高齡化社會中，不但要使高齡者能享受快樂生活，還要想啟動長者長年的知識、經驗與技術來貢獻社會，讓他們感受生命的可貴，過著健康活力充滿的生活。

　　隨醫療完善與科技的進步，老年人口的增加雖然是一種更健康與醫療進步的表徵，但同時也會對政治、經濟及社會帶來挑戰。人口老化是世界各國共同面臨的變遷經驗，高齡化社會的來臨，人口結構的改變勢必對經濟及社會福利制度產生衝擊，並面臨新的社會問題。OECD（2011）指出，長期照顧乃是「一個人伴隨身體或認知功能能力的程度減低所需要的一系列服務，因此較長的時間在於協助其基本日常生活活動依賴，例如洗澡、穿衣、吃飯、上下床（或椅子）、走動和使用浴廁等」。長照專業除長期照護，健康促進專業外，並跨領域至職能治療、護理、老人服務、社工、輔具設計等長照產業所需的各項專業技能。

　　二十一世紀是志願服務發展的重要世紀，志工是世界最富足的社會資產。因應超高齡化社會的來臨，衛福部在二○一五年政策白皮書中是以「建立讓老人可以依靠的社會」為中心。自二○一九年

**圖7-5：實踐大學二水家政中心與敏惠醫專共同成立「二水健康促進志願
服務隊」服務社區民眾。**

起，以「支援高齡者實踐自立生活」為概念，以「專業照護」為主
軸，特別是讓家中有高齡及長期照護需求者的「喘息服務」，更是
重要的政策方針，因此量足質精的專業長照人才就變得極為重要，
以因應高齡者福利政策的推進。

在長期照護的預防部分，如何避免合併症及減少功能退化的發
生率，對個人和社會都有更積極的意義，而在這類方案的推動中一
樣需要醫療與社工的合作，社工人員可以強化民眾的社會網絡系統
及社會互助，醫護人員可以指導如何強化健康促進、慢性病控制、
功能維持及改善的部分。讓志願服務成為日常生活中的一部分、不
分時間、不分對象、時時存著一顆助人的心，落實互助的理念，讓
人間處處有溫馨，進而實踐公民社會的理想。是以，長照人才培育
著眼於以「社區營造」、「志願服務」，以達成「在地老化」，不

圖7-6：「二水社區長照人才培育」工作落實「社區營造」、「在地老
　　　　化」、「活躍老化」、「志願服務」精神。

僅是世界潮流，也是社會資本的體現，更是衡量國家進步的指標，
參與社會活動正是促進人與社會互動的最好機會。

結語

　　當全球人口結構快速邁向高齡趨勢時，二〇二〇年世界衛生
組織（WHO）在提出《健康老化十年行動計畫》強調以「生命歷
程」的觀點看待健康議題，鼓勵長者積極投身志願服務，以提昇生
活品質。

　　志願工作是一種發自內心，出自個人意願結合而成的服務，
發揮長者的社會參與的實施，敏惠醫護專科學校積極倡議，善盡學
校教育的社會責任，將「醫療、安養、教育」三者合一，成為社區

長期照顧的軸心，將學習的資源挹注社區長輩，讓長者在「青銀共學」裡「健康促進，安身立命」。同時，於推動「社區健康促進志願服務隊伍」的建設，正是長者實踐：應付需求、表現需求、貢獻需求、影響需求、超越需求等五種人生的需求，以促使長者自我實現，改善生活的品質，意義深長。

第八章　長照人員培力規畫

前言

　　高齡浪潮席捲而來，已然是全球共同面臨的問題，臺灣高齡趨勢明顯驚人，急速攀升的高齡人口比例，佔社會比重越來越高，二〇一九年已跨入「高齡社會」。根據國發會預估，臺灣扶老比將從二〇二〇年的四點四比一，降低到二〇三〇年的二點七比一，二〇四〇年更降至二點〇比一，意味「現在是每四點四人扶養一位老人，在二十年後，每兩位工作年齡人口要扶養一位老人。」不僅改變了人口結構，更對社會經濟等產生直接影響，迫使社會必須提早面對及做準備。

　　隨著高齡社會來臨，長照員的專業性是不可忽視的關鍵，同時也應當給予相對的待遇，才能夠提升國人從業的比率，與此更有機會填補長照人力的缺口。就養老健康照護服務單位的特性而言，服務頻度與複雜度既無法縮減，亦無從取代；因此，人力成本相當吃重，讓人員具有共同理念與認知，提供標準優質的服務，是不可忽視的課題，提供更為適切有效的行動方案，使長照從業人員的服務更加迅速有效，為社會政策、機構組織、長者與家屬之間創造共好成果。

壹、專業人員培育的意義

　　面對臺灣高齡人口快速成長，長照照護人力嚴重不足，為跨出積極的腳步，落實「培育具專業素養的社會公民」的使命，敏惠醫專自一〇六學年度起設置「長期照顧與健康促進管理科」五專部，一〇九學年度起設置二專在職班，以社會缺口為出發，結合醫療院所和長照機構，培育專業、優質、能務實致用的長照專業人才。

　　每個人都會變老，每個人都需要長照服務，根據研究二〇〇八年到二〇一九年的財稅資料發現，聘有看護工的家庭中，已婚女兒的勞參率比已婚兒子低一成五，研究推估少子化、高齡化情勢下，照顧父母是拉低女性勞參率主因。勞動部統計，二〇二〇年臺灣女性勞參率在廿五歲到廿九歲為高峰，達百分之九十點四七，此後在女性婚育年齡降到八成多，四十歲到四十四歲時再降至七成六，五十五歲到五十九歲時更只剩下四成四。其中，一個家庭即便聘請看護照顧長者，仍有已婚女兒為照顧爸媽或公婆而中離職場，中離率明顯高於已婚兒子，以致勞參率比已婚兒子低一成五。而女兒離職後，後續重返職場的比率也比男性少一成八，二度就業之路也比男性艱辛。

　　長照推動所面臨的最大挑戰為：人力，若沒有人才，即便有好的政策與方案，長照仍是無法推動，民眾還是看的到、用不到長照服務。唯有建立完整的人才培育機制，有足夠的照顧人力建置，才能讓照顧更加完整。現在人們對長照政策中關注最多的，就是長照人力與人才荒。建立職工的全方位發展。是以，論述長照

人員的職業生涯（career）必須涵蓋員工角度的「職涯規畫（career planning）」、機構角度的「職涯管理」career management）」，以及整合雙方的「職涯發展（career development）」，才足以描述職業生涯的全貌。

表8-1：臺灣住宿型長照機構的分類

類型	服務對象	人數配置	
長期照護型機構	有插管、具慢性病、需要長期醫療照護服務者。	白班	1:5
		夜班	1:15
養護型機構	有插管、具慢性病、不需專門長期醫療照護服務者。	白班	1:8
		夜班	1:25
失智型照顧機構	失智中度以上、具行動能力需照顧者。	白班	1:3
		夜班	1:15
安養機構	自費、生活自理、無插管、無失智者。	白班	1:15
		夜班	1:35
護理之家	有插管、具慢性病需要長期醫療照護服務者、或出院後有照護之需者。	1:5	

（資料來源：作者整理。人數配置是指照顧員與住民人數之比）

人事管理的實質就是人才管理，其目的在於發現人才、培養人才和合理地使用人才。檢視我國長照人員的永續發展，由於勞動條件（薪資水準低、福利差、缺乏職涯發展、升遷與成就感）、專業形象、訓用不合一、工作辛苦、缺乏成就感等，因此培訓的人力並未完全投入長照服務，或寧可到醫院擔任看護工，形成照顧服務人力供給嚴重不足的現象。再加上政府預算限制，補助時數有限，服務內容限縮、服務模式僵化，無法滿足家庭基本需求。因此除由親屬退出職場照顧、將失能者送機構照顧外，多數人選擇聘用外籍看護來照顧親人。（李玉春，2016）因此，充分開發利用一切人才資

源就成為在專業發展中立於不敗之地的根本保證。

引導人才的投入是克服人力荒的重要因素，然而，依據目前的實況，卻存在著青年學子於學校接受專業養成教育，然而，不足一成五的畢業生投入長照專業服務。期間因素，其中面臨長照人才養成的主要挑戰為（李玉春，2016）

第一、照顧現場大量缺工，缺乏活血。

第二、照顧服務專業不足，無法信賴。

第三、外籍照顧人員眾多，品質不一。

第四、機構服務參差不齊，無法安心。

第五、員工家庭照顧壓力，人才出走。

第六、教育體制急需翻轉，培育專才。

因應人口老化，家庭結構改變，疾病慢性化，長期照護成為社會重要需求，好的照顧需要同理，而同理需要深入理解才能設身處地，進而找出個人生活的價值，也需要審視長者依然擁有的功能，強化發揮其仍擁有的能力，並以各種方式協助改善其已受損的能力，而非反覆強調其所喪失的功能，僅將之視為無能力照顧自己的老人，照顧主軸需要協助長者在此人生階段發揮生命價值。

人力資源基礎理論為組織的長遠發展指明了方向，即專業人才培育、獲取能給組織帶來競爭優勢的特殊資源。人力資源發展（HRD）的定義是「一種策略方法來系統化的發展和人與工作有關的能力，並且強調成組織和個人的目標。」現今因社會的快速發展，使社會服務組織是面臨著諸多不確定性和複雜性，這時更需要重視人力資源的工作以為開創。為期積極推動長照人才培育，衛生福利部二〇一〇年起分階段展開培訓，以強化長期照護專業人員照

護能力，滿足長期照護需求者動態與多元化的需求。

　　人才培育，一般可以分為訓練、教育、發展三種方式。

表8-2：長期照護醫事人才培育的方式

類型	內容
訓練	強調的是現在學立即用，學習與目前職業及擔任工作直接相關的知識、技能和工作方法，其對受訓人員的影響是立竿見影馬上就看得到的。
教育	講求的現在學未來用，學習與目前職業、工作無相關，但對未來成長有影響的知識和技能，主要是在激發學習者的潛在能力，其成效在短期並無法看出，但長期而言則對機構會有幫助。
發展	期待的是人才培育理念的實現，學習的內容與現有的業務無直接關聯，不過對學員的人格行為的成長、氣質的變化、智慧的成熟、個性的穩定等有連帶關係，其對員工個人生涯規畫及機構未來經營會產生影響。

（資料來源：作者整理）

　　教育訓練的目的，在為組織培育能自我啟發、行動積極、行為自主且對專業具有強烈歸屬感及責任意識的人才，透過個人的學習成長以提高工作績效並達成組織目標。長照工作需與時俱進，長期照護醫事人力課程分為三個階段：

表8-3：長期照護醫事人力課程規畫分為階段

類型	內容
Level I 共同課程	使長照領域的人員能先具備長照基本知能，發展設計以基礎、廣泛的長照理念為主。
Level II 專業課程	因應各專業課程需求不同且列入服務場域考量，各專業領域各自訂出應訓練時數，再依大方向規畫原則，分別訂定細項課程，發展個別專業領域的長照課程，強調專業照護能力。

類型	內容
Level Ⅲ 整合性課程	在重視團隊工作及服務品質增進的前提下，如何與其他專業人員適時合作溝通相當重要，課程設計以強化跨專業及整合能力為主。

（資料來源：作者整理）

　　隨著時事推移，各專業發展所需軟硬整合人才類型各異，難以透過現有學校教育體系進行全面性培養，將透過教育體系產學合作方式培養學生各領域基礎專業知識，再由職訓體系擴大職能導向課程類型與規模，以強化實務所需軟硬整合人才類型的培訓。

　　第一、擴大視野，能了解比以前更多及更廣的事物。

　　第二、融會貫通，對原本不太清楚的事進一步理解。

　　第三、技能精進，將學會的技術能更加純熟的運用。

　　第四、克服困難，任何問題都以習得的知識來解決。

　　第五、創見前瞻，對事情持有更創新的看法和見解。

　　有關教育訓練的種類，須有完整嚴密的制度和體系，一般可歸納為以下幾種：

表8-4：長期照護醫事人力教育訓練的主要內涵

類型	內容
新進人員 職前訓練	新進人員為組織內最不穩定，然又最深具學習意願的一群，故訓練的目的在使其充分了解機構的沿革、組織文化、組織概況、規章制度、工作環境等，並能熟悉本身的權利義務，具備基本工作技能，以期對機構增進認同感與向心力，進而發揮工作績效。
職能前程 發展培訓	針對各項專業施以工作所需的專業知識及技能的訓練，期以提高在專業領域的工作成果。包括：專業技巧、成功與失敗案例研討、資訊管理的運用、專業養成教育（OJT）、法務常識、表單作業……等。

類型	內容
管理發展 教育培訓	依一般職、監督職、管理職、經營職等不同階層，規畫不同的能力開發課程，例如主管升格研修、問題解決、能力提昇、Leadership、Management School、品質管理（Total Quality Control）、Vision等。
個人自我 啟發教育	以提高個人本職學能為標的，讓員工得以選修提昇學力，或補助費用給員工利用工作餘暇取得專業學能，或舉辦英日語研習，以增進員工工作語言能力；此外，另有派赴機構外的專業研修，其目的都是希望員工不斷的成長，積極的提高工作能力，因為這對機構發展有相當助益。

（資料來源：作者整理）

　　訓練的目的在於培育並充實各層級人員之經營管理能力，使其了解長期照顧政策及營運方向，能增進執行力、領導力、前瞻力、判斷力、決策力、應變力、凝聚力等管理技能，以提昇機構經營管理效率，促進專業的發展成長。

貳、專業人員培育的重要

　　從過去的人資管理（HRM）到人力發展（HRD）以及現今所重視的人力效益（HRC），機構從經營策略的角度來思考，對於人力的訴求日益精實化，紛紛投入資源進行教育訓練，同時也體悟到「良好的學習型組織是未來成功的關鍵」。從中長期發展來看，員工的教育訓練是一種計畫性的安排，透過教育訓練課程來達成未來所需的人力素質，而產生的職涯發展訓練。

　　在高齡社會裡，健康與福祉被聯合國認定為老人最關切的議題，而實證調查也顯示：健康醫療總是名列前茅。由於長期健康危

害因數的累積，老年人是所有年齡層中，健康狀況最複雜者；且對健康促進和社會照顧服務的需求是最迫切的。在先進國家中，除了提供醫療服務和長期照顧外，還包括預防保健和健康促進。是以，照顧一位需要長期被照顧的長者，需要由不同的角度與不同的團隊所提供的服務堆砌而成，不外乎來自醫師、護理師、藥師、復健師、社工師、營養師、心理師、職能治療師、照護人員等專業背景分工合作。要能順利達成目標，必須有賴各種資源的妥善配置及整合；而在各種組織賴以成功完成其目標的資源當中，「人力資源」無疑是組織最重要的資產。

因照顧服務人力係照護單位的基石，為機構服務良窳的最前線人員，為慎謀務實作為，除需招募階段應以態度評估，尋求適性人員為主。到職後，於職前訓練階段以核心職能與基礎服務專業職能為主，採取由流程導入實作方式，使其學習後得以獲得所負職務責任感，增進服務長者的動機與正確認知。此外，輔以資深人員的陪伴參與，實施導師制提攜教育，將經驗與知識社會化為分享，並藉實際操作內化的過程，透過活動規畫安排，鼓勵循序在職培訓，依循知識、技能藍圖發展，方能收立竿見影之效。

圖8-1：敏惠醫專結合專業機構辦理長照專業人才培育提升服務品質作為。

教育培訓著眼於選拔人才、培養人才、合理使用人才，造就高素質的專業服務隊伍，並能充分發揮人員的積極性、主動性與創造性，從而能最有效地提高服務品質，實現組織的服務目標。奇異公司總裁Jack Welch強調：「能快速學習，並迅速運用所學的組織，才具有最大的競爭優勢」。長照規畫需要有百年大計，而不是追求毫無實際效益的數字呈現，訓練可以維持基本工作能力於不墜，教育才能真正厚實知識創造能力。考量長期照護需求多元化的特質，在人力資源的發展上，應擴大專業人員參與的層面，包含醫療、護理、復健、營養、藥事等。同時在人力資源規畫運用上，為強調多元整合團隊模式的重要性與功能，亦須擴大各類照護人力的培訓，提升人員服務專業度，以健全長期照護人力制度。

經過職前教育後，從教育訓練的層面來談又分為幾個面向：

表8-5：長期照護人力培訓的主要階段

類型	內容
在位訓練／OST（On Site Training）	是讓在職人員強化執行該任務所需要的關鍵技能，OST偏重於技能訓練，多半是各單位的主管要對部門人員做的常態技能訓練。
在職訓練／OJT（On Job Training）	是任職者對於該單位的認知學習。一位照護人員要學習所有相關的應用知識，相關的管理與操作知識和方法。OJT的目的是讓每個人學習如何更稱職的扮演好自己的角色。學習如何運用各種更先進的方法，改善自己的工作模式。
儲備訓練／DT（Development Training）	是內部升遷用的一套儲訓認證機制，重視的是經驗歷練，通常是用在儲訓專業經理人。想要擔任機構的專業經理人，絕對不會是靠年資升遷而擔任者，而是要完成一系列的歷練，並且證明具備各種管理專業，證明有處理問題的能力，證明有帶人的能力，證明有運用複雜管理模式的能力。DT是針對儲備幹部所設計的一套經驗值認證資格系統，很適合升遷對應使用。

類型	內容
講師訓練／TT（Train The Trainer）	內部講師的養成是經常用來傳承內部知識，內部經驗的重要模式，具有知識／經驗的組織成員，透過自身的與時俱進來協助內部員工的職能提升，不過許多有能力的人，不一定能進行傳授與教導，因此將有能力的人才訓練成為內部講師，是有效降低訓練成本的一個方式之一。

（資料來源：作者整理）

　　長照專業想要擴大，人力是必要的競爭條件。畢竟策略執行都仰賴人力，如果的人力多配置於低階的勞動力，而忽略的中高階層級幹部的培養，長照專業若想要擴大服務規模就會遭遇挫折。因此，做好人才培訓，專業的發展才能夠有計劃性的規畫與落實。

　　第四次工業革命正在持續影響未來工作變革，技能在不斷變化，職能在不斷轉變，團隊在不斷重組，這些變革使得技能培訓成為了當前人力資源管理的一項重大挑戰。以一個照顧服務員在一個被照顧者的身上所能提供的合理服務應該有哪些？現有存在的服務項目中有哪些是可以由志工團隊取代？有哪些目前歸納在不同團隊的服務，因為現實條件必須移撥給照服員來執行？這些現實而迫切的議題的解答，勢將關乎長照人力的培育與長照事業的持衡發展。也是矢志「健康促進，醫療照護」專業學府於教育培育時須周延規畫。參酌社會重建理論主張，高齡健康促進及照護作為可在不同階段介入以協助老人去適應老化過程；此三階段之介入內容為：

第一、讓老人瞭解到社會上現在對老人偏見、誤信及不正確的觀念。

第二、改善老人客觀環境，例如健康、飲食、衣著、住宅、交通方面。

第三、鼓勵老人主動參與決策，學習自主與自助，以嘗試解決
　　　問題等。

為謀求長照人才的培育機制，需建置工作價值觀是引領人們
對於工作本身或某一特定工作的實質意義，如經濟報酬、勤勞、忠
誠、人際關係、社會地位、自我實現等形成偏好的認知或意向。專
業培訓使社會觀感低落的職業認知逐步改善。強化在職訓練係以強
化教育，協助達成各項績效指標，創造專業的品牌形象，為社會、
家戶、機構與長者創造多贏局面。專業評價是個人衡量本身能力、
個人特質進而對工作特性偏好程度及反應個人需求，形成持久性信
念與標準，用以評斷工作相關事物、行為或目標的準則，其可引導
個人工作行為與追求工作目標的方向，並做為選擇專業的指標。

為提升照護人員在專業上的投入，參酌在日本所建置的，「照
護管理師」（Care Manager）制度，該制度是二〇〇〇年介護保險
實施後才有的「專門職」，正式名稱為「介護支援專門員」，簡稱
「照管師」。照管師是由日本都道府縣（第一級行政單位）簽署認
證的資格，不是國家資格，但角色的重要性和本身學養經驗備受民
眾肯定及推崇。都道府縣每年固定在十月份舉辦照管師「會考」，
考試會場與申請應試手續都在自己的居住地完成。應試者必須是擁
有國家資格的醫療、保健、福利等相關領域的工作人員，至少五年
資歷及九百日以上照護現場的經驗，始能參加「介護支援專門員實
務研修受訓考試」。

照管師的主要職責之一，為依據照護對象擬定照護計畫，這是
一份複雜、細緻的工作，有必要隨個人的身心狀況變化或家庭內、
外可利用資源變動而調整或更換。由具備社工、醫學、護理、職能

治療、物理治療、藥學、營養或公共衛生與相關專業背景執行個案
照顧管理工作，包括個案的資格篩選、需求評估，擬定服務計畫，
連結服務、追蹤服務品質。照管師的業務一般是獨立作業。由於每
一位服務利用者的生活方式不同、經常看病的醫院也不同，業務上
必要的面談或需求評估等作業必須親自前往訪問，始能及時且正確
地掌握問題及需要，經由家訪追蹤與記錄照護服務業者是否依照護
計畫達成目標等。

組織想要擴大，人力是必要的競爭條件。畢竟策略執行都仰賴
人力，如果機構的人力多配置於低階的勞動力，而忽略的中高階層
級幹部的培養，機構若想要擴大規模就會遭遇挫折。因此，做好人
力布局，機構的發展才能夠有計劃性的規畫與落實。隨著社會結構
與科技的快速變遷，人力資本（human capital）成為組織創新與突
破的主要關鍵。「專業人才培育」是採取人力資本的觀點，人力資
本是社會科學一個重要概念，舒爾茨（Thodore W.Schults）認為，
人力資本相對於物質資本，是指體現在人身上、可以被用來提供未
來收入的一種資本，是個人具備的才幹、知識、技能與資歷，能幫
助個人在社會生活中獲得收益。

參、專業人員培育的構思

老化的過程中，可能出現功能的衰退，但也可能出現改善或
延緩衰退的軌跡。長期照顧體系必須可以使因功能衰退所造成的損
失降到最小，使無論在何種發展軌跡上的人都能最理想的發揮其能
力。要把照顧服務員變成「照顧教練」，教被照顧者生活自立、教

家屬有效的照顧方式，工作的價值感才會體現。另外年輕人還需要職業發展遠景，中高齡者會希望有穩定的收入。爰此，借鑑先進國度，參酌專業學理，專業人員培育的構思及作為有：

一、進階制度的確立

員工留職是未來人力資源面臨的最緊迫的挑戰之一。能力進階制度是一有系統建立長照人員臨床專業能力成長的制度，人員可依循此制度獲得求知需求及自我成長；另外在機構方面，則可穩定專業人力，使長照人員適才適所，並保障住民權益。在既有的技術士執照的規範下進行多元分級及職能基準的建立，在進階制度的議題上，編定「長照人員臨床專業能力進階制度實施指引」，使專業人員依其能力分階並給予分階的訓練，逐年隨其能力予以進階；因每一階段有其訓練、目標及晉升，可增加個人成就感及工作動機，如

圖8-2：敏惠醫專結合專業機構辦理長照現職人員提升服務品質作為。

此一來可將專業成長導入良性循環。規畫思維是將照服員的工作項目分成三大部分：第一，非核心工作。第二，核心工作。第三，進階工作。其內涵為：

表8-6：照服員的工作進階簡表

類別	內容	實例
非核心工作	不需要特殊訓練、教育、知識技術就能執行的工作劃分為非核心工作；在不同團隊的較低階的服務，容許志工取代非核心工作。	如陪伴就醫、家務清掃等
核心工作	將現有照顧服務員執行的工作項目中需要基本訓練與知識技術，或一定程度的專業知識技術才能執行的工作劃分為核心工作。	如日常身體生活照顧
進階工作	具有特殊、困難的照顧項目的培訓與認證，例如。同時依照不同的場域的現況如在居家或日照中心或C據點因為現場沒有其他的團隊人員，勢必委付給照服員執行如護理（打胰島素）或復健（床邊被動運動復健）或營養（營養狀況評估或特殊飲食）……等，需要具備相當專業知識技術才能執行的工作劃分為進階工作。	如懸壅垂、失智、身障、足部護理等

（資料來源：作者整理）

經此明確的規範，讓專業同仁能在公平、公開制度中，促進護理人員專業成長及留住專業人才。亦步亦趨邁向美好的生涯規畫；並在服務團隊中，必可贏得專業尊嚴，進而努力提升全人照護品質。

二、社區照護的推動

為實現在地老化，提供從支援家庭、居家、社區到住宿式照顧的多元連續服務，普及照顧服務體系，建立以社區為基礎的照

顧型社區（caring community），期能提升具長期照顧需求者（care receiver）與照顧者（care giver）的生活品質，構思如下：

表8-7：社區照護的推動原則

機構	推展事項
發揮社區精神	建立優質、平價、普及的長期照顧服務體系，發揮社區主義精神，讓有長照需求的國民可以獲得基本服務，在自己熟悉的環境安心享受老年生活，減輕家庭照顧負擔。
實現在地老化	實現在地老化，提供從支援家庭、居家、社區到機構式照顧的多元連續服務，普及照顧服務體系，建立照顧型社區，期能提升具長期照顧需求者與照顧者的生活品質。
建構初級預防	建構初級預防功能，預防保健、活力老化、減緩失能，促進長者健康福祉，提升老人生活品質。
多元目標服務	提供多目標社區式支援服務，銜接在宅臨終安寧照顧，減輕家屬照顧壓力，減少長期照顧負擔。

（資料來源：作者整理）

　　照護是建立在人與人的信賴關係上，是關於生命的事務，是屬人的，是溫暖的，是融通的，目的是為了讓人活得有尊嚴。爰此，照護能依受照護者的需求，而產生照護上的循環流動與攜手合作，這正是社區共照真正的意義，社區安養照護是為醫療照護機構與社會整體參與照護的模式。如同美國於二十世紀七〇年代開始推動的「全責式照護（PDCA）」。社區與機構本是根植於土地上的一體，隨時協助案家解決照護上的需求，同時做到照護人力實質培力，這才是全責式照護的本意。

　　強化社區整體照顧模式，發展符合社區需求的小規模、多元化社區照顧服務模式，增進照顧服務人力多元就業場域，參照日本推動經驗，以日間照顧服務為基礎，擴充辦理居家服務以及臨時住

宿服務，發展可彈性並充分運用在地社區照顧資源之連續性服務模式，小規模多機能服務單位。

三、專業教育的對接

　　每個專業希望被看到，但走向專業化是一條漫長的路，照顧服務人員若要走向專業認同，須建構自己的專業教育教導，有系統的知識理論與專業技術，有其專業倫理自律的守則。長期照顧人員除分級制度、職能基準的制訂外。教育是培養員工未來發展所需的知識與能力，含有引發其潛能的意味，也就是說，教育是個人一般知識、能力的培養，包括專門知識、技能及生活環境適應力的培養，為較長期、廣泛且客觀之能力發展。

　　想為機構人才管理模式加入有效留住員工的策略，可以考慮提供靈活的工作選擇、培訓與職業發展，鼓勵年輕世代投入，儲備長照人力，以提供服務提供單位用人及培育人才參據，業結合產、官、學界發展居家照顧服務員職能基準；另引導教育體系培育第一線實務人力，強化長照服務提供單位與學校的實習與產學合作。同時，配合職能課程的規畫與設計，職能基準或職能模型的應用即為人才之培訓，期能提昇專業能力，以符合該職務人力的需求，培訓規畫的參考。

　　長期照護已是走入跨領域知識與技能，人才培育得教材應主動規畫出跨領域整合知識與技能，為精進長照專業人員時需精進專業教師素養，依據二〇一五年「技職教育法」精神，同步培育專業師資，以裨益精進專業知能，提升教學成效盱衡先進社會為迎向高齡照護需求，分別推展如：自立支援，口腔保健，咀嚼吞嚥，延緩

失能，園藝療癒，團體家屋等多項照護方案，同時，配合長照2.0「預防及延緩失能或失智」照顧模式，包括認知促進、膳食營養、社會參與、口腔保健、生活功能、肌力強化，等，建構優質化實作擬真教學。並開設有視訊系統，與夥伴學校即時連線，提供師生建立即時性教學、學習、實作課程等，可精進教師及學生實務訓練，讓學習在設備精良的環境中逐步建立高齡長期照護知識及技能。

四、繼續教育的延伸

　　長照工作係屬專業，殆無疑義，為提升服務品質，長照人員的職業資格，突破既有勞動部所辦理的「照顧服務員」單一證照外，為鼓勵青年學子的專業認同，進而長期加入照護行列，強化繼續教育，使臨床與學理能與時俱進。對於保持員工工作積極性，培訓及激勵政策的作用極大，但正確的領導方式同樣也能夠帶來積極的效果。建設性的批評、經常的表揚、明確的目標以及內部晉升，這些都是人力資源管理中的良好政策。

　　如同「美國訓練及發展協會」（ASTD）所強調的是人力資源發展（HRD）未來發展的趨勢，訓練專業人員將深入著眼於績效的提升訓練，更貼近組織的目標，也就是績效的達成及提升。因此專業人員的將由課程的時數，轉變成個人、組織的績效提升。建置高齡長照學分學程、建置高齡長照數位化教材、優化高齡長照實作環境、高齡長照種子師資培訓及提供業界高齡長照人才培訓方案。以為提升專業照護及健康促進，照服員訓練一直缺少實境操作，也無進階課程及證照的規畫，為符合本地高齡者需求的教材，創造正向發展的職涯環境及跨域學習平臺，方能有效提升長照專業能力。

五、國家考試的研議

　　隨著人口的老化，長期照顧的需求急遽攀升，照顧管理將成為整個長照體系運作的核心，「照顧管理師」（Care Manager）將成為服務輸送的靈魂人物，其需求量與專業性也將隨著體系的推廣而增加，為建構健全的照顧管理體系，為能更積極規畫長照人才培育及養成，以建構的照護體系的人力資源，整合了醫療、護理、復健、長照及預防保健等資源在內，更提供創新服務內容，為發展經濟實惠且普及化的長照體系，以積極回應長者的需求。應仿效社會工作師及護理師等專業，讓照顧管理體系專業，籌措公務部門的

圖8-3：敏惠醫專培育「跨領域、全方位、多功能」的長照專業人才。

「照顧管理師」專業證照的建置。參照日本「介護支援專門員」的專業屬性，依據「專門職業及技術人員考試法」第二條所述：

「本法所稱專門職業及技術人員，係指具備經由現代教育或訓練之培養過程獲得特殊學識或技能，且其所從事之業務，與公共利益或人民之生命、身心健康、財產等權利有密切關係，並依法律應經考試及格領有證書之人員；其考試種類，由考選部報請考試院定之。」

「前項專門職業及技術人員考試種類之認定基準、認定程式、認定成員組成等有關事項之辦法，由考選部報請考試院定之。」

增設「照顧管理師」，將長期照護的管理階層規畫未來發展成專業技術人員的國家考試，為將來的長照管理人才奠定專業的地位。

六、以人為本的服務

「以人為本，以技為長」的整合服務，借鑑的是英國Age UK以及荷蘭Buurtzorg這兩大長者服務組織強調的核心概念，賦予一線人員投入工作的責任感與尊榮感，透過實地的參與，轉化照顧服務模式，扭轉對長照產業「低成就感」或「低職涯發展」的觀念，讓更多人瞭解，其實只要透過良好的制度規畫，一樣可以培育出優秀傑出的照顧服務人員，進而創造出更好的服務效能與價值，也看見長照人才不斷向上提升的機會。打破對於照顧人力培育的固有想像，讓快速老化的社會能加速提升人才及服務質量，進而翻轉臺灣長照產業，打造落實在地安老的社會。

七、展翅計畫的推展

專科學校以教授及養成實用基礎專業人才，培育就業導向為宗旨，為協助五專生適才適性，學以致用，並引導五專畢業生投入就業職場，提供產業發展所需優質務實致用的技術人力，使專科教育成為臺灣經濟活力的重要動力。教育部自一〇六學年度起推動專科學校「展翅計畫」與十二年國教相銜接使五專學制能達成「五年公費，就業保證，專業深耕」。

「展翅計畫」為鼓勵學校積極引進社會資源，與企業共同培養產業需求人才，縮短學用落差，畢業即成為認養企業可用人才，以促進經濟弱勢學生翻轉未來，落實社會正義。協助學校建立完善就業輔導與媒合機制，以提升學生投入職場比率。期盼透過助學金、學雜費全免、保證就業的機制，鼓勵想早點就業的學生讀五專，不要盲目升學，也幫業者找到合用人力，是青年、機構、學校、社會多贏政策。

經學校甄選通過專四或專五學生且已獲得企業承諾給予在校期間（非實習期間）每月提撥六仟元生活獎學金及第二年實習期間（例如專五）給予基本工資以上的實習津貼，教育部則補助二年就業獎學金，及畢業後原獎助機構的正式職缺，展翅飛翔、翻轉人生。

敏惠醫專長健科學生參與教育部五專展翅計畫，以學以致用及提高就業率，並引導學校建立完善就業輔導與媒合機制，又為鼓勵學校積極引進社會資源，與企業共同培養產業所需人才，縮短學用落差，畢業即成為認養企業可用人才，以促進經濟弱勢學生翻轉

未來，與大林慈濟醫院住宿型長照中心、高雄市立民生醫院護理之家、麻豆新樓醫院護理之家、臺南營新醫院等，聯合培育專業的長照人才，以「五年公費，優質就業，專業深耕」為理念，全力推動展翅計畫，鼓勵學校積極引進社會資源，建立與機構合作培育產業所需人才。

展翅計畫的推展不僅公費培育青年，同時促成接受專業培訓的青年學子跨足長照專業，能提供失能、失智長輩更優質的照護與服務，讓身心都能得到所需的支持與照顧，建立生命或長輩的尊嚴；二來提高長照產業的經營效率，再搭配在地人才培育的整體規畫，促進青年返鄉投入社區長照產業，解決照服員嚴重短缺及流動率高的問題，重新賦予照服員的工作價值及意義。

為能發揮展翅計畫精神，敏惠醫專為長期照顧同學於專二升專三的暑期經由勞動部技檢中心授權，在學校舉行的照顧服務員證照考試，以利同學取得專業證照後，進行為期一年的有酬實習，並納入展翅計畫，於實習期間強化學理與臨床實務，以精鍊所學。五專畢業後，於履行展翅計畫時可同步以在職進修方式接受與長期照護有關的二技專業教育，裨益長照專業人才的培育。

長照青年學子參與「展翅計畫」除了延續原本的五專前三年免學費，特別也針對經濟不利的學生，又加入後兩年免學雜費措施；且不只於此，很多學校更因為專業的支持，讓這些在五專就讀的學生從計畫也能夠獲得機構的獎助學金、實習津貼，甚至畢業後可以轉任專業的正職工作，順利銜接職場工作，縮短學用落差，同時也為機構提供立即可用的人才。有政府、企業與學校攜手合作，就學有公費，就業有保障，未來有希望。

肆、專業人員培育的落實

　　人口老化與長期照顧人員的人力需求缺乏是近年各國關注的議題之一。以提升照顧人力勞動條件及職涯發展，增進專業形象及人力分級，提高投入長照服務意願，促進留任及就業機會。人口老化將伴隨疾病型態慢性化、健康問題障礙化、照護內容複雜化、照護時間長期化等問題，導致長期照護需求與日俱增。為因應我國未來成長快速的長期照護需求，持續發展長期照護制度為重要努力方向。

　　OECD在二〇一一年出版了一項計畫「需要幫忙嗎？如何提供與支付長期照顧（Help Wanted? Providing and Paying for Long-term Care）」，計畫中詳細的檢討世界各國的長期照顧政策、面臨的問題與可行的解決之道。各國期待解決長期照顧人力的招募與留任問題，倒是有一致的看法，需發展一些改擅長照人力資源與品質的措施，以穩定長照基礎人力。

　　從積極老化的觀點而言，在老人尚未達到失能之前，提供即時的預防處遇將可延後其臥床與失能的時程，經檢視當障礙者、失能者有足夠的生活支援系統時，就能生活自理、融入社會、貢獻生產力，減少社會投入照護的人力與經費。在友善服務的架構下，若打造讓老人照顧老人的「友善在地老化」環境，便能減少照護帶來的社會負擔。歐洲國家比臺灣更早邁入高齡社會，除了提供優質的高齡者照顧服務外，也努力提高老人的自我照顧能力：先讓他們減少依賴；再減少老年人的罹病率、延後疾病的發生；終極目標是讓更

圖8-4：敏惠醫專辦理長照現職人員繼續教育。

多老人更健康，保持更久，減少國家的醫療支出。例如丹麥的「自
助人助方案」（help-to-self-help）及「預防性訪視」（preventive
visits）、英國的「強化自我照顧能力」（reablment）。芬蘭則將
從事體育活動視為基本人權，加強對社區老人運動健身的訓練，提
升高齡人士身心健康和獨立自主。長照十年計畫亦指出：「積極發
展預防保健與復健服務，避免長期照顧需求人口的擴大」，日本則
自二〇〇六年起，以日托服務的型式，擴大對部分生活需要協助或
輕失能的老人，由照服員提供預防照顧服務，類似設施的普及性，
也相對來得較高。

　　從事照顧服務員、居家服務員、督導員，或是教保員、生活
服務員，都是屬於長照人員。為期提升長期照護專業人員素養及能
力，衛生福利部於二〇一七年實施「長期照顧服務人員訓練認證繼
續教育及登錄辦法」規定，領有證明得提供長期照顧服務的長照服

務人員，其範圍如下：一、照顧服務人員：照顧服務員、教保員、生活服務員或家庭托顧服務員。二、居家服務督導員。三、社會工作師、社會工作人員及醫事人員。四、照顧管理專員及照顧管理督導。五、中央主管機關公告長照服務相關計畫之個案評估、個案管理及提供服務人員。應自認證證明文件生效日起，每六年接受下列課程，使長照人員能持續獲得專業知識，以及提升專業技能的水準，積分合計達一百二十點以上：一、專業課程。二、專業品質。三、專業倫理。四、專業法規。其中應包括消防安全、緊急應變、傳染病防治、性別敏感度及多元族群文化的課程。

一、專業課程：失智症訓練、足部照護……等等。

二、專業品質：緊急應變、傳染病防治……等等。

三、專業倫理：性別敏感度、多元族群文化……等等。

四、專業法規：消防安全……等等。

至於，外籍看護工其繼續教育，每年應完成至少二十小時之繼續教育課程，其中應包括消防安全、緊急應變課程至少四小時，傳染病防治、性別敏感度及多元族群文化之課程至少二小時。

透過導入兩個國際標竿模式——荷蘭Buurtzorg以及英國Age UK，鏈結長者及社區的資源，打造「以長者為本」的服務，同時是社區整合照顧中最重要的一環。透過跨專業的合作、自立利他、團隊自主管理的精神，未來的長照人才必須能夠更靈活的運用資源，以提升幸福感與自主能力為目標，突破現有的長照困境。結合臺灣一線工作人員的經驗和熱情，轉化產出真正可以落地執行、造福社區民眾的整合照顧模式，同時培訓出可以在二十一世紀成為產業主幹的新型照顧人才。

　　同時，適時提供老人服務，提高服務效能，並建立整合性的服務網絡及其他輔助方案等。臺灣社會家庭結構功能改變，由以往以家庭為主的照顧，轉變為尋求外界專業照顧，對長期照顧資源及長期照顧專業人力之需求，與日俱增。這個觀點放到臺灣長照人才的發展與培育上，正需要重塑高齡社會價值和可長可久的長照體系，而打造更合時宜的照顧觀念和專業化人才的培育是其中不可或缺的部分。

　　依據《縣市長期照顧管理中心照顧管理專員及督導進用資格》規範，照顧管理人力來自於社工師、護理師、職能治療師、物理治療師、醫師、營養師、藥師等「師級」專業人力，惟渠等在養成期間未必對於長期照顧具有完整且清楚的認知，故不僅彼此間甚至對於照顧服務人員等，恐在認知上均有所不足，故培育與繼續教育尤顯重要。尤其是長期照顧過程中有關個案評估、全人照顧及支援系統探討等，更是不可缺乏，以凝聚長期照顧管理人力對於工作型態、處遇內容及個案評估的共識。

　　現有長期照顧服務雖已納入居家護理與復健，但介於急性照顧與長期照顧之間的亞急性照護（subacute care）尚有精實，從醫院回到社區需要轉銜或過渡性服務（transitional care）的急性後期照護（post-acute）病人能獲致完整的照顧作為。是以，「全責式照護中心」適合醫療需求高，病情複雜、照護計畫需要多項專業整合的長期照護個案與其家庭，不論是剛出院的、功能急劇下降的、或是期盼有功能回復機會的個案，都可作進一步的評估與擬定照顧計畫，長者除可以接受醫療、安養、照護、復健合一的全責式照護，亦可於穩定後返家享天倫之樂。爰此，讓機構、學校和培訓機構以

及個人能有效參考與落實應用職能基準，以期培育端的學校和培訓機構與應用端之長照機構能夠在同一標準下校準產業需求，縮短學訓用落差，達成學訓用合一的目標。

因服務人力是建置完整長期照護服務輸送體系的關鍵因素，專業人力不足將會造成有需求無人服務的現象。相較於許多長照科系多隸屬社會福利領域或護理學院，亦有大學則結合醫學、護理、職能治療、企管、資工、社工、景觀等師資加入，以「跨專業」方式，讓醫療界看到更多第一手的長照實務發展，打破過往的刻板印象。而長照端也開拓更多與醫療院所經營者互動的機會，等同為醫療與照顧間搭建一座橋梁，讓醫養銜接更為順暢。

在推動長照專業的學科建設，著眼藉由長照人員職能級別的落實，促使長照專業能力的具體展現，為達成績效可觀察要項，當個人職能、工作要求、以及工作環境等關鍵因素相互配合時，以產生務實的工作績效。為鼓勵並輔導建立職能體系，持續精進人才培育以提昇人力資本，進而強化國家競爭力。

考量「長期照顧工作很重專業，但老化現象是多樣化，不只是照顧問題。」把照顧服務專業化，提升整體照顧服務員的素質，並且拉開跟一般未受相關訓練民眾的差距，才有辦法去提升民眾對於照顧是專業的這件事情的認同，將健康福祉產業納入長照專業人才培育，以拓展專業服務職能，包括：資訊軟體、機械工程、生技醫工、生產管理、組織經營、人力資源、專案管理、認知行銷、業務銷售、旅遊休閒、醫療專業、醫療保健等領域。同時，隨著數位化的產品技術與服務發展愈來愈成熟。經由穿戴裝置來感測相關生理數據，並透過數據集成與傳輸、數據加值運算分析，再結合後端的

專業健康管理服務建議，形成以使用者為中心，串聯起硬體裝置、紀錄平臺、數據分析與健康照護服務的生態鏈。因此長照人力資源的推動，在未來將對長照專業產生重大的意義。

　　過往的培訓、升遷是按責任、努力、忠誠與年資的論資排輩作為；現今則是強調專業管理的能力與績效貢獻、講究對人的尊重與信賴。管理已往是按制度、規章為之，現在要的是對人的信賴與尊重；強調做事的理念與方法，強調專業、自我管理，使其有本事將工作做好，此即「賦權（empowerment）」的觀念；故對環境應作彈性、創新與快速的因應。過去只有資金的資源在流動，今日則人的資源更為重要。

　　長照人才透過優質化、實用化、專業化的發展機制，以達成在長照體系人才的培育目標，並且對焦衛生福利部發展《長期照顧十年計畫2.0版》提升長照品質，在人才培育及技術研發上藉由合作夥伴機構的回饋運用「計畫（Plan）、執行（Do）、查核（Check）、行動（Act）」循環，創造永續經營優勢。

表8-8：人才培育及技術研發回饋原則

類別	推展事項
計畫 （Plan）	制訂計畫，選擇最佳方案，週延的規畫各項標準程序（SOP）、製程規格、負責單位以及檢驗方式……等。
執行 （Do）	依據計畫，落實執行方案。依據先前制定的規畫，準確的執行各項工作。
查核 （Check）	檢討計畫，即時檢討反饋。若發現計劃（Plan）和實際執行（Do）發生落差時，就該隨時提出改善的辦法。
行動 （Act）	針對落差，即時修正調整，重新修正做法，正確執行矯正措施，以利未來的工作方向越來越進步。

（資料來源：作者整理）

人才培育需要計畫，更需要時間來長期培訓，沒有照護人力，就不可能有照護服務，沒有完整的課程規畫與培訓計畫，也不可能培育出有品質的照護人才，這是長照發展的真正關鍵所在。

結語

無論是已開發國家或發展中國家，都需要建立全面性的長期照顧體系，提供居家式、社區式、機構式等不同類型的長期照顧服務。一個完整的長期照顧體系不僅可以滿足老人的照顧需要，更可以減少對急性醫療資源的不當使用、幫助家庭免於因為照顧所需費用而落入貧窮。此外，透過代間共同分擔長期照顧的風險與成本，可以促進社會凝聚。

面對高齡化、少子女化及疾病型態轉變的趨勢，未來長期照護的需求只會增加不會減少，為建構完善的長期照護服務體系，提升長照人才培育，持續積極推展長期照護，讓長者享有更具可近性及有品質的長期照護服務。建立永續、公平的長期照顧體系的基礎，以確保長期照顧服務的可近性，並且在群體健康議題上具有優先性。持續加以促進，集合相關利害關係人，包括老年人與照顧者，共同規畫永續公平的長期照顧體系，落實長期照顧資源提供的永續性機制。包括服務提供、財務及人力資源、規範與監管，以及界定各方的角色與責任。

圖8-5：敏惠醫專辦理長照現職人員繼續教育。

第九章　精進照護提升品質

前言

　　人口老化，長照屬於全球議題，所含括領域橫跨許多專業，市場需求量大，包括機構、社區及居家等單位，工作機會多，充滿可能性。老人照護已是走入跨領域知識與技能，人才培育的教材應主動規畫出跨領域整合知識與技能，面對眾多挑戰，高齡照顧解方，打造長照人才培育計畫，對象涵蓋青年學子、照顧服務員、家庭照顧者、一般大眾等，設計多元課程滿足各種需求。以精進長照專業人員時需精進專業教師素養，依據二〇一五年技職教育法精神，同步培育專業師資，以裨益精進專業知能，提升教學成效。

　　人力資本觀點主張員工是組織所有價值的主要轉換機制，是組織最重要的因素。「人力資本」是人們以某種代價獲得並能在勞動力市場上具有一種價格的能力或技能。人力資本是通過有計劃的投資活動，以凝聚在人體中的可以帶來收益的一種「無形」資產，人力資本強調投資收益關係。透過工作設計、工作豐富化等，增加工作內容在報酬的方式，重新調整組織成員工作內容及界定新角色。如同美國訓練及發展協會（ASTD）所強調的是人力資源發展（HRD）未來發展的趨勢，建立學習型的組織的概念將會成為趨勢，未來愈來愈多專業將會朝此發展。許多組織將以知識為基礎，

因此，學習將會被推廣至不同的層級，如個人、團隊、部門等。

壹、以健康產業促進健康品質

　　檢視臺灣的人口轉型（population transformation）所呈現的人口老化（population aging），形成了異於其他國家的老化速度，以及更為嚴峻的社會衝擊，例如：勞動力比例減少、社會安全制度的財務平衡、以及長期照護體系建立的迫切性。我國持續以建構符合本土化、居家及社區化的長期照顧模式，落實在地老化，達到高齡者能夠有尊嚴地在社區生活、照護、醫療、終老為目標，此需要政府、專業團體、各界共同來努力。

　　根據多年來，我國所公佈國人預期壽命及健康壽命所呈現的差距，增建民眾健康「多用保健，少用健保」，成為努力的方向。正是呼應「我國長期照顧十年計畫」，基本目標為「建構完整之我國長期照顧體系，保障身心功能障礙者能獲得適切的服務，增進獨立生活能力，提升生活品質，以維持尊嚴與自主」以促進民眾健康。其中，凡是以增進人體健康為目標的產品或服務，都稱之為健康產業，範圍含蓋了食、衣、住、行、育、樂以及醫療、照護等層面，在人們追求健康、重視生活品質，進而期許延年益壽，健康產業充滿了無限可能，也儼然是長照人才培育時同步須關注的議題。

　　現有長照服務不能只侷限於滿足失能者需求，更亟需開發新型態服務，以健康長者為主的生活、居住等服務，積極發掘長者需求，「創新」是掌握趨勢的關鍵，不健康餘命意味著更重的照顧負擔、對長輩的生心理負荷，除了倚賴醫療技術的發展，更必須翻轉

過往等到「不健康」再了解補救的想法，改以「健康促進」的新思
維積極作為。而要達成健康促進的目標，即便因生病或年老而衰
弱、退化，也可藉由復能設備恢復生活能力。健康促進最終目的是
要提升人們健康，讓生活更美好，當人類壽命延長，要健康更好、
抗老化，也需要健康生活，以便實踐和推展健康人生。醫療照護產
業與健康產業關係深遠，尤其二十一世紀臺灣已進入老人社會，借
鑒高齡程度高的日本仙臺，當地健康產業據點，積極研發設計的產
品主要是提供老年人或慢性病人的照顧服務，包括環境、儀器、家
具及生活起居用品等；其中長期照護，對象並非只受限於躺在床上
的生病老人，高齡行動自如者也是服務對象。

　　落實預防醫學的行動，預防勝於治療，以提倡運動的腳踏車為
例，運動要能消耗熱量、體適能提升，且不要引起運動傷害，這種
運動如果能依據個人的身體評估結合復健師、骨科醫師、心臟科醫
師的醫療團隊參與，有醫療專業的指導和護理當能有效確保健康。
歐洲國家比臺灣更早邁入高齡社會，除了提供優質的高齡者照顧服
務外，也努力提高老人的自我照顧能力：先讓他們減少依賴；再減
少老年人的罹病率、延後疾病的發生；終極目標是讓更多老人更健
康，保持更久，減少國家的醫療支出。例如丹麥的自助人助方案
（help-to-self-help）及預防性訪視（preventive visits）、英國的強
化自我照顧能力。芬蘭則將從事體育活動視為基本人權，加強對社
區老人運動健身的訓練，提升高齡人士身心健康和獨立自主。

　　近年來因為老年人口增長，產生了許多新興銀髮產業，例如：
各類型長青學苑、運動中心、銀髮住宅、休閒養生、銀髮資通科技
等，這些產業都需要包含高齡照護在內，各種各樣領域之人才的投

入。因此，高齡長照這條路不僅商機多，發展的方向也相當多元、寬廣。長期照護的永續經營，如果與醫療相互結合，將可創出更大的服務動能，而深一層結合醫療資訊，醫療科技、醫療儀器、輔具研發，這都是拓展長照領域的極重要的作為，參酌美國將長期照顧定義為「針對慢性病或精神病患所提供，包括診斷、治療、復健、預防、支持與維護等一系列的服務，其服務措施包含機構式與非機構式的照護，目的在提升或維持受照顧者最佳的身、心、社會功能狀態。」長期照護相關跨領域專業在培育方面，藉教師增能，帶領學生至業界見、實習的機會，增進實務經驗，瞭解長照業界的需求，可協助教師精進教學內容與方法，以培育業界所需之人才。

　　近年以來，由於科技不斷的革新，造成廣及政治、經濟、文化、教育、社會……許多的層面，同時它也帶動著人力運用的型態的改變，因此對人員的專業繼續教育將成為對人力發展的重點。面對不可遏抑的高齡趨勢，亟待在探索健康促進時，應該是借助預防醫學生物、科技、醫療、資訊產業的結合，從分子與細胞生物學、醫療科技到預防醫學等相關知能融入生活，所延伸出來的是健康增進，經由科技整合，彼此互為成長，互相精進，才有更廣大的發展空間與可提升的生活品質，才是廣大民眾之福，因為所有以健康促進為名的作為，目的就是要讓人健康、樂活。

　　健康福祉產業範疇包含健康促進、養生福祉等兩大次領域，依據特性，分為健康促進／養生福祉產品、健康促進服務、養生福祉服務等三大次產業。健康福祉產業屬行業標準分類中的「膳食及菜餚製造業」、「非金屬家具製造業」、「體育用品製造業」、「藥品、醫療用品及化妝品零售業」、「旅行及相關服務業」、「保全

及偵探業」、「複合支援服務業」、「清潔服務業」、「醫療保健業」、「居住型照顧服務業」、「其他社會工作服務業」、「運動場館」、「家事服務業」。

表9-1：健康福祉產業的內容

類型	內容
養生福祉產品	能提供更完整的健康促進服務與養生福址服務，所需相關的產品項目，如運動健身器材、運動健身穿戴裝置、心靈紓壓用品、健康餐食與輔具器材等。
健康促進服務	凡藉由提供健康相關產品與服務，滿足使用者對於飲食健康、運動健身、心靈健康、健康管理等需求，以期達到最佳狀態，其中包含預防、支援、維持、強化等面向，均屬健康促進產業的範疇。
養生福祉服務	滿足高齡族群的樂活休閒、生理支援、生活支援及整合服務等需求的產業，透過場域設施的供應，結合相關產品與服務，提供高齡者便利優質的生活。

（資料來源：作者整理）

　　過去，一般大眾對照顧服務員的印象，就是停留在「骯髒」、「辛苦」、「危險」的「3D」標籤裡（Dirty, Difficult, Dangerous）的負面刻板形象。為增強長照服務品質，必須扭轉社會大眾對照服員工作的偏狹觀念，才有機會引入年輕的照顧工作者投入長照領域才能吸引更多年輕人力進入這個產業。否則現在四十五～五十五歲這階段的照服員主力人口，不消幾年也變成需要照顧的人了。有鑑於臺灣社會未來人口結構的發展趨勢，我們需要更積極而全面地將長照人才培育視為健全運作的重點，因為沒有人力，即使有再完善的長照政策規畫，財政的支援，一切也會變成空談。長照政策推展以來，對照護專業人員來說，整合照護指的是跨越傳統的專業間的

藩籬，可以和各種不同專業人員進行協調，並共同合作提供服務。

　　長照專業人才需要與時俱進，更需要時間來長期培訓，繼續教育不可或缺，沒有照護人力，就不可能有照護服務，沒有完整的課程規畫與培訓計畫，也不可能培育出有品質的照護人才，這是長照發展的真正關鍵所在。長照專業除長期照護，健康促進專業外，並跨領域至職能治療、護理、老人服務、社工、輔具設計等長照產業所需的各項專業技能。

　　這些發展趨勢對產品與服務產生多元化服務創新、跨領域服務整合、附加價值擴大以及個人化服務型塑等需求，相同影響著健康福祉產業對人才需求，也使得健康福祉更容易實現。相關健康福祉對高齡生活需求，將提供更多延伸的服務，以創新思維發展相關服務與產品，包括：

表9-2：健康福祉創新服務的內容

類型	內容
跨業跨域人才需求增加	由於企業需以人為中心提供多元產品與服務加值，對於人才類別則涉及醫療專業、經營管理、資通訊系統應用、專案管理、服務能力等，顯現對跨域整合與新市場拓展能力的人才需求。
溝通整合能力需求增加	面對企業服務廣度與深度加值的需求，專業人才除了需要具備可自行開發服務能力外，向外能夠進行串聯合作資源與管理的人才需求亦增加。
人工智慧產業需求增加	透過數位化技術導入，提供產品與服務的多樣性的趨勢，使得IT相關專業人員需求增加，以協助提供不同型態的運作與管理。然而長照面臨傳遞服務時，長照人員專業能力亦須增加，例如輔具開發運用人員、專案管理等。

（資料來源：作者整理）

　　當今世界，科學技術突飛猛進，全球化趨勢加快發展，民眾

對專業服務的期待隨之日益複雜化，服務面臨著許多新情況和新挑戰，對專業人員各方面的要求也越來越高。隨著未來軟硬體技術的成熟，預期未來會有數位化的分析來串聯個人化的行為改善建議，加上專業健康服務凝聚使用者需求，提高民眾對於健康的重視，帶動健康照護產業發展。在這種社會環境下，為確保長照專業系統的有效運作，就更需要有高素質的專業成員，而這一事關組織及專業成長，需要經過強化專業化的人力資源才能達成。

貳、全責照護以守護長者健康

隨著長照服務持續發展、新興服務模式（如小規模多機能及失智症老人團體家屋等）正式入法，在長照人力缺口的檢討，教育部及衛福部正積極推動產學合作，提倡畢業即就業，讓學生在學期間能實際進入產業中學習，實習期間除了有支付薪給外，如果工作表現亮眼，業者也會積極爭取留下優秀人才。同時透過賦權、賦能現有長照人才，創造正向發展的職涯環境及跨域交流平臺，長照人力資源的培育及發展，強調專業性、整合性及前瞻性等原則為基礎，結合政府機關及民間單位共同推動。

人口老化是世界趨勢，二〇一八年，臺灣老年人口占總人口比率已超過分之十四，成為高齡社會，長期照顧成為不可忽視的社會議題。當今醫療技術不斷進步，雖然造就越來越健康的老年生活，但能否享受長壽帶來的美好，實現「健康長壽」的願景，端看各國長照制度如何因應。二〇一七年，世界衛生組織發表《高齡者整合照護》，延續健康老化觀點，清楚地提出執行方針，由早期的長壽

圖9-1：敏惠醫專辦理長照現職人員繼續教育以達成專業賦能提升服務品質。

轉移到不失能與不失智的健康老化，健康老化跳脫個別疾病觀點，以老化的活動能力作為健康主軸。因此，慢性病管理的長期目標，是老後的生活功能。要有效降低國民的失能與失智，需要做預防保健與醫療體系的改革，必須透過整合照護來運作的核心理念。

　　由於醫療科技的進步，老人的壽命不但延長，更使過去可能致命的疾病，因得以治療而保留性命。但老年人雖然從疾病侵襲中存活下來，卻有不少比例的老人在日常生活活動上需要他人協助。

　　在跨越二十一世紀，當老人失能比例隨人口老化速度攀升，加上婦女勞動參與率的攀升、父母與子女同住比例下降因素之影響，長期照顧政策開始朝向普遍主義（universalism）向移動，服務對象逐漸擴及一般戶老人。一九九七年修訂的老人福利法的「福利服務」專章將身心受損致日常生活功能需他人協助之居家老人納為服務對象，不再侷限於低收入戶或中低收入老人。綜言之，我國長期照顧服務對象乃是依據「經濟需求」與「照顧需求」原則為服務選

取標準。是以二○○七年政府頒布的提出的「長期照顧十年計畫」的特質為：

表9-3：「長期照顧十年計畫」揭示的特質

類別	內容
對象	長期照顧的對象，旨在關心身心功能障礙者之生活能力，改善或維持其身心功能，使其盡可能達到某些獨立功能，且維持越久越好。
內容	長期照顧的內容，包括預防、診斷、治療、復健、支持性、維護性以致社會性的服務，因此其概念要比醫療模式廣泛複雜，因為醫療模式僅關注急性照顧。
服務	長期照顧的提供，基本上為低技術照顧，少數慢性疾病會很複雜，則需技術性的照顧。因此，倘長期照顧機構所不能提供的服務，則需送到急性照顧的醫院或診所。
需求	長期照顧仍應重視照顧者的需要，因此長期照顧服務與住宅服務（Housing Service）在長期照顧政策與服務體系的發展中將更顯重要。

（資料來源：劉金山）

政府訂頒的「長期照顧十年計畫」涵蓋的照顧服務項目最為廣泛，包括：居家服務、日間照顧、失智症日間照顧、家庭托顧、老人營養餐飲、交通接送、輔具購買及居家無障礙環境改善、長期照顧機構、居家護理、社區及居家復健，與喘息服務等，顯示「服務提供」為主要照顧資源提供形式。

為因應嚴峻的老化趨勢，又於二○一五年發行「高齡社會白皮書」，即以「健康促進」為核心理念，以「增加健康年數」、「減少失能人口」為政策目標。長照2.0強調以老人全人全責照顧概念為出發點，提供民眾醫療照顧與生活照顧的服務。利用社區互助利他的服務精神，鼓勵長輩走入社區互動，一方面預防失智的發生，

另一方面推動長輩健康促進，落實初級預防功能，減緩失能與降低長照負擔，提升生活品質。也就是前端銜接體弱長輩的照護預防服務，後端則銜接在宅醫療，甚至在宅臨終的安寧服務。如此結合醫療、長照、照護預防、生活支援等，由跨專業領域的團隊合作，共同營造使長輩安心、家屬放心的社區整體照護。

「全責式老年照護計畫（Program of All-Inclusive Care for the Elderly, PACE）」，著眼的是「完整照護」，包含了急性醫療、急性後期照護（Post acute care, PAC）、全責性日照中心（Day care center）、養護之家（Assisted living）、護理之家（Nursing home, NH）、居家照護（Home care）。醫院開設全責式老人日間照護中心，結合醫療、照護、復健和教育功能，PACE計畫透過科際整合團隊評估老人的需要，擬定計畫並提供照護，包括預防照護，跨專業的團隊合作照護、周全性的老年醫學評估、功能為導向的復健治療、連續性的醫療照護服務，希望能減少老年病患功能的退化、減少醫療的發生與醫療資源的耗費，增進老年病患的滿意度，改善住院的預後，建構無縫式的健康照護服務鏈，並支援家庭的照顧能力。其特色為：

表9-4：全責式老年照護計畫呈現特色

類型	內容
多元性	建立優質、平價、普及的長期照顧服務體系，在地老化，提供從支援家庭、居家、社區到機構式照顧的多元連續服務，建立關懷社區，期能提升失能者與照顧者的生活品質。
預防性	向前端優化初級預防功能，銜接預防保健、活力老化、減緩失能，促進老人健康福祉，提升健康品質。

類型	內容
延續性	向後端提供多目標社區式支援服務，轉銜在宅臨終安寧照顧，減輕家屬照顧壓力，減少長期照顧負擔。

（資料來源：Naleppa, 2004）

　　全責式老人照護接受的個案是以容易出現活動能力差、認知功能退化、社交功能退縮等情形，因此照護活動環境需備有舒適、安全、寬敞空間，且具有復健功能及簡易醫療護理處置的設施。因此，選定環境以兼具功能性空間及營造「家」的氛圍為目標，包含：建構舒適的午休室，建立居家設備及多功能無障礙空間，無障礙浴廁、多功能復健及生活起居廳、無障礙護理櫃臺、多樣輔具、深具復健室展延至居家生活空間的整體規畫與巧妙安排等。提供多項復健輔具器材及健身設備、及周全的醫療照護儀器設備、減少阻礙活動，打造人性化無障礙空間……等，以維護長者舒適、安全及協助個案功能恢復，以回歸家庭及社區，延緩機構化為目標。

　　借鑒美國「全責式日照中心（PACE）」強調長輩從「居家、社區、門診、住院到出院後」完整的抗衰弱服務，上游銜接醫學中心、下游更串連衛生所、社區醫療、居家醫療。對於急性後照護或失智失能，醫療適時介入照護，能讓復健效果更好，辦理有醫療功能日照中心，以研究、教學和建立創新模式為主，不同於一般醫療院所。著眼提前到前段的健康提升與健康篩檢，找出衰弱的潛在人群，轉介至抗衰弱整合門診，並根據其原因給予介入處理措施，才能真正預防及延緩老人後續失智與失能的問題。在門診有抗衰弱中心及整合門診服務，在社區提供民眾衛生教育、長照及居家醫療服務，在住院部分有急性後期照顧病房、住院共照團隊及出院準備服

務計畫；出院後有出院準備銜接長照社區整體服務計畫及居家醫療照顧等服務。長照不只在醫院，也能走進社區日照駐點或巡迴醫療，讓長輩在日照中心健康樂活。

　　日間照顧中心運用PACE概念，結合醫院跨團隊職類規畫服務模式，以提供全責式服務。為了服務在地社區民眾，長期照護及健康促進專業人才，透過醫療支援、妥善照顧、前瞻保健，提供完整個案健康管理充分照護在地長輩。醫療院所推展全責式照顧中心是依「全方位老年照護」的模式，提供了家醫科及復健科醫療服務、護理、照顧服務、營養、特殊飲食、認知課程、生活自立計畫、社會福利評估與轉介及體適能等服務。長者至日照中心參與身體、腦力活化活動課程，不僅能促進長者的社會參與，也讓長者獲得更舒適安全的照顧，以提供其他家人的喘息機會，幫助重度失能老人留住社區的照護模式。強調：妥善照顧、醫療支援、前瞻保健！透過完整的個案健康管理，讓收住的老人在日間照護中心可以：「患病治療、復健調理；無病養生、健康促進！」

　　「全責式老年照護」，為有效延緩長輩失能，並減輕家屬負擔，依照深耕長期照護發展方向建置日照中心，其特色為「一條龍服務」模式，規畫長輩從「居家－社區－門診－住院－出院」銜接長照的完整服務，透過個案健康管理，讓長輩在日間照顧中心可以有健康促進、預防保健活動，為高風險長輩提供醫療照護；運用「全責式」的概念，結合醫院跨團隊職類，提供全人照護與關懷，設計多元活動與復健計畫，活化長輩身心機能，減緩退化速度，透過完整的個案健康管理服務讓長者在日照中心可以健康與樂活。

　　長期照顧十年計畫圍繞「社區照顧」概念為核心，積極布建社

區照顧服務資源以滿足長照需求。二○一六年衛生福利部推出「長期照顧十年計畫2.0」，首創向前預防和向後延伸的整合性規畫，並將照顧體系的建構列為核心重點，解決高齡化可能帶來的問題如衰弱、失能、失智，提供一條龍式服務，也期望社會各界共同努力下，讓長輩得到最好的照顧，讓年輕人無後顧之憂。

參、口腔咀嚼吞嚥與保健人才

在精進長期照護工作，於培育具「跨領域、全方位、多功能」的「健康促進，醫療照護」專業人才，結合「長期照護」及「口腔醫學」，以因應老人醫學發展趨勢，聚焦銀髮族群口腔咀嚼照護，將護理科、牙體技術科及長期照顧專業領域學生，培養跨領域人才，讓學生在專業領域上獲得提升服務品質。

長輩口腔保健與咀嚼吞嚥安全很重要，李前總統就是因為「嗆咳」造成吸入性肺炎住院，最後因併發症離世，衛福部統計資料顯示，全臺六十五歲以上長輩有百分之十三吞嚥困難，長者因退化需依賴鼻胃管灌食，復健期腦中風病患咀嚼吞嚥障礙盛行率為百分之五十三點六一，中風個案合併吞嚥障礙者之五年死亡率為無吞嚥障礙者的一點八四倍。

隨著老年人口比例增加，長照保健、老人醫學的重要性愈發重要，為因應社會發展的需求，敏惠醫專積極致力於長照人才的培育作為，有非常完整周延辦學計畫，包含：五年公費、就業保證、深耕厚植，以培育社會及專業急需的長期照顧的專業人才，為職場所需，為社會所用。本於「人文關懷，專業前瞻，國際視野」的核心

圖9-2：衛福部嘉義醫院推動全責式日間照顧中心發揮醫養合一。

辦學精神，結合牙體技術、護理、長照科系，成立「高齡者咀嚼吞嚥暨保健中心」，要訓練學生、照服員相關技術，在實作部分，則與社區、醫院、長照單位合作，讓更多在地長輩享受服務，也學習相關技術，也讓社區長輩學習自我保健。到中心來進行一日學堂，透過這些活動及教學，讓長輩對咀嚼吞嚥及口腔保健有充分知能，以提升口腔保健，嘉惠長者。主要因應高齡發展趨勢，老人醫學越來越強調由預防醫學、健康促進，以提升長者健康素質。

　　依據中華民國顎咬合學會的調查，臺灣現狀欠缺口腔衛生專業人力，包含從事預防口腔疾病、牙科醫療輔助和口腔衛生教育與指導。因此敏惠醫專推動牙體技術、長期照顧、護理科學生除了具備既有的專長技能，透過專業培訓跨領域課程，達成在長期照顧場域中評估高齡者需求，給予所需之生理評估、衛生建議、義齒清理、義齒重建轉介等照護。學校推動過程借鏡日本國際先進經驗，

如竹內孝仁醫師、河原英雄醫師等專業臨床成果，且結合臨床實務單位，如「高雄市立小港醫院（委託高雄醫學大學經營）」共同合作，對於正從事長期照顧專業者提供相關培訓。

高雄市立小港醫院關注到口腔咀嚼吞嚥際保健問題，率先組團至日本取經學習，二〇一八年成立全臺首座「咀嚼吞嚥機能重建中心」，由跨專業團隊組成，成立專屬檢查室並配置先進的醫療設備，並建立個案相關評估、診療等標準，制定客製化診療計畫，成功移除了百分之三十個案的鼻胃管，擺脫「象鼻人生」。積極於培育咀嚼吞嚥醫療人才，並接受高雄市政府委託，創建咀嚼吞嚥障礙照護標準認證課程並辦理人才培育課程，足跡從南到北，深獲好評反應熱絡。

小港醫院在咀嚼吞嚥障礙病人整合性照護上，二〇一九年獲得SNQ國家認證最高品質的榮耀，醫院與學校共同合作別具意義，除可協助學校培育跨領域、創新能力，畢業即就業精準健康照護人才，更是透過合力作為將長照服務推廣至全國各個角落，建立典範，共同培育咀嚼吞嚥障礙醫療專才，持續深化社區照顧網絡，打造全國首選咀嚼吞嚥訓練中心，雙方並以提升國內咀嚼吞嚥和口腔衛生保健專業知能，成為產學合作的榜樣，善盡機構的社會責任。

第一，防止吸入性肺炎

臺灣由人口老化邁入高齡社會，隨著人口結構的改變，高齡人口逐年增加，高齡者之口腔組織的老化、牙齒的磨耗、牙周病的惡化、牙根齲齒的增加、唾液分泌減少而導致口臭等問題逐漸衍生，甚至隨著年齡的增長、罹患慢性病的情況增加，高齡者最常見的慢性病，包括惡性腫瘤、心臟病、高血壓、糖尿病、中風、肺炎、神

圖9-3：敏惠醫專「高齡者咀嚼吞嚥暨保健中心」培訓內涵。

經系統疾病、腎病、慢性肝病、失智等。齲齒（蛀牙）、牙周病是最常見的口腔疾病，實證醫學發現口腔疾病是慢性病的幫兇，牙周疾病會影響糖尿病患者血糖的控制，也會增加心臟病、中風、吸入性肺炎等的罹患風險。

　　口腔與牙齒是人體的重要器官，隨著年齡的增加，口腔機能也會逐漸下降，若高齡者無法順利的咀嚼、吞嚥，容易導致營養不良，甚至增加罹患慢性病的風險，對健康和生命有嚴重的威脅。因此，高齡者若口腔中的牙齒缺失過多，必須要考慮製作活動或固定假牙，以增加咀嚼效能。在日常生活裡，就必須加強口腔衛生保健與定期檢查，早期發現、早期治療，就可以降低罹患口腔疾病的機率。日本米山武義（Takeyoshi Yoneyama）等人於一九九九年刊登在《刺胳針》的研究就曾提到，只要讓長輩做好口腔清潔，將可以

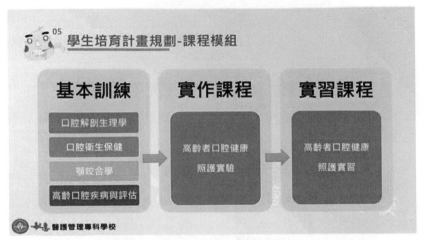

圖9-4：敏惠醫專「高齡者咀嚼吞嚥暨保健中心」培訓課程。

有效降低六成罹患肺炎機率。

　　文獻證實，挾取食物以口唇進食，運用下顎運動讓牙齒舌頭和口腔肌群的協調來咀嚼，以及吞嚥的動作均會刺激腦部血液循環與反射，同時鍛鍊顏面頸部肌肉，可預防失智症；且心臟疾患、吸入性肺炎、類風濕性症候群、自體免疫的疾病、糖尿病等，都與口腔衛生不良及牙周病病原菌有絕對的關聯，因此執行長期照顧的服務中就包含提供口腔肌肉的機能及咀嚼訓練。而實務工作上要幫助老人維持及提升咀嚼力，不只是靠牙醫師幫忙，也要其他醫師、護理師、牙體技術師、長期照顧專業人員及其他口腔照護人員幫忙，高齡社會需要的是口腔照護團隊，絕對沒辦法由單一科別專業來負責。

　　衛生福利部的「國民口腔健康促進計畫」（二〇二一年）報告書中明確指出，口腔衛生服務應與長期照顧及醫療照護結合，方可

實踐提升國民整體健康的目標。回應世界衛生組織於所倡議的「長者口腔保健計畫」，希望長者能夠正常咀嚼、保證生理需要的功能牙，以維持最基本的口腔功能狀態，或通過最低限度的修復，盡可能維護口腔功能，將有助提高老年人的生活品質。

第二，防止失智症風險

瑞典卡羅林斯卡學院老年研究中心研究員汀媞卡（Christina Dintica）發表於期刊《老化（Aging）》的研究，分析五五四名超過五十歲的中老年人二十二年，發現咀嚼能力與年齡漸長所造成的智力衰退有關，咀嚼能力越差，空間感、學習新知和處理問題的能力也隨之降低。咀嚼能力較差的人，往往認知功能也較低，甚至較容易出現沮喪等情緒問題，進而增加失智的風險。

日本在二〇一三年公佈關於咀嚼能力與認知能力關聯性的研究結果，研究顯示咀嚼能力差者，巴氏量表得分也較低，且較容易出現沮喪等相關問題，進而增加失智風險；牙醫教授山本龍生（Tatsuo Yamamoto）提出，牙齒不滿二十顆的人，罹患失智症的機率比咀嚼能力正常的人高出近兩倍，但有裝假牙或植牙並定期維護的人，則與有二十顆以上自然牙的長者機率差不多。因為發現健康長壽的祕方就藏在咀嚼力，因此在醫療照護上出現極大的變革。日本於一九八九年就提出「八十／二十」口號，希望民眾到了八十歲還保有二十顆牙齒；往後更有「健康二十一」計劃，提高各年齡層的口腔保健目標，從寶寶還在媽媽的肚子裡就要加入終身保衛牙齒的計劃之中，從寶寶剛出生就觀察吸吮、對咬、口腔肌肉發育、齒列排列等，到學校還有校牙醫、口腔衛生師協助照顧學童口腔健康，讓口腔照顧觀念從小紮根。

牙齒健康對咀嚼力很重要，韓國針對平均年齡為八十歲的老年人，進行智能狀態測驗（MMSE-DS），結果發現咀嚼能力中等或較低的老年人比咀嚼能力較高的老年人，認知障礙風險更高，證實咀嚼能力差與老年人的認知障礙或失智有關。許多銀髮族覺得治療牙齒問題昂貴費事而放任病情惡化，最後只能拔牙。但現代人壽命長，更應該延長牙齒的使用年限，才能好好吃東西。除了平時牙齒保健，出現口腔問題如蛀牙、牙周病就應該治療，光是初步治療，老人家就有大改變，因為疼痛減輕，吃東西就較順暢、精神也變好了。

第三，減少鼻胃管使用

在國人十大死因第四名的肺炎，也與口腔照護好壞有關。比如許多照顧者認為，臥床長輩因插著鼻胃管未經口進食，並不需要清潔口腔，但口腔細菌因此累積、孳生，易隨著含菌量很高的痰液和腐敗的有機物經由氣管來到肺部，便造成吸入性肺炎。

二〇一二年發表於《美國老人醫學學會期刊》的瑞典研究也有類似發現，做好口腔照護、恢復咀嚼的功能，身心狀況就可以獲得改善。長輩只要缺齒數多、無法咀嚼較硬的食物如蘋果，將可能影響認知功能，包括記憶、決定事情以及解決問題的能力。因為保護牙齒的牙周膜（牙周韌帶）與三叉神經相連，咀嚼時，經由三叉神經的傳導，可刺激到大腦的海馬迴、感覺區、運動區、額前區、紋狀體。一旦失去咀嚼能力，腦部血流量減少，大腦失去刺激，就容易產生退化。

咀嚼吞嚥障礙是指因機能上、構造上或心理的原因造成進食時食物不易咀嚼、吞嚥，造成嗆咳、誤吸或吸入到氣管、肺部。長

期置放鼻胃管有產生吸入性肺炎的風險。因此，藉由進食姿勢的調整，食材質地的改善、吞嚥復健與訓練及口腔照護，則可以有效預防咀嚼吞嚥障礙及吸入性肺炎的發生。

在臨床上，有咀嚼吞嚥障礙的病人常因喝水或刷牙時容易嗆咳，或因刷牙時會咬牙刷、或容易牙齦流血而減少刷牙的次數或不敢刷牙，以致牙周病、齲齒蔓延，甚至口腔咽喉部位堆積許多口咽分泌汙染物，造成大量細菌在口咽部位的繁衍。當個案發生嗆咳或吸入時，這些細菌就會隨著嗆咳物吸入到氣管、肺部而造成吸入性肺炎。

沒有牙齒，咬合不良、咀嚼效果變差，將妨礙營養攝取，影響身體健康；此外嗆咳的病人常被留置鼻胃管，以利營養、水分的供給。結果造成講話口齒不清，影響人際溝通，加上牙齒缺陷，影響外觀，長輩因而降低參與社會活動的動機，不願出門、缺乏外界刺激，就更容易退化。「吃是最好的復健」從拿起筷子，看著食物、感覺氣味、張口、攝食、咀嚼、吞嚥等這一連串的動作，可以不斷刺激大腦。

有愈來愈多研究發現，牙齒不好與心血管疾病、血糖控制有關，甚至影響未來是否失智與失能。先進國家許多研究發現，牙周病與全身疾病有密切關係。牙周病若不加以治療，細菌將隨著血液循環蔓延全身，可能加重心血管疾病、影響糖尿病血糖控制、導致孕婦早產或胎兒體重偏輕等狀況。日本發現，健康長壽的祕密就藏在「咀嚼力」。顧好牙齒，能攝取真食物、刺激大腦，讓人開懷大笑、身心滿足。其實，想要有一口好牙並不難，就是能落實口腔保健，必能嚼出幸福人生。

圖9-5：敏惠醫專「高齡者咀嚼吞嚥暨保健中心」培訓課程受到同學歡迎。

　　「高齡者咀嚼吞嚥暨口腔保健計畫」透過連貫性的課程設計，幫助學習者由基本口腔衛生保健理論結合實務上的操作，實踐運用在照護場域，以標準化的培訓課程訓練，同學可取得「口腔照護相關證照」資格。因應目前人口老化、平均餘命延長的社會現況，預防照護需求逐漸增多，且為提升照顧者生活品質，共同發展及推動高齡者咀嚼吞嚥及口腔保健能力之健康促進，共同將實證照護轉譯並落實應用至照護場域（長照機構、社區），讓學生在技優培育過程中就與產業接軌，並使學生在畢業前就能具備獨立操作的專業能力，達成畢業即就業，實現「為產業找人才，為人才找未來」的目標。

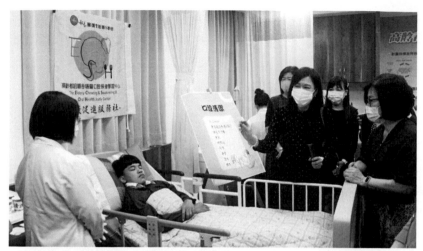

圖9-6：敏惠醫專「高齡者咀嚼吞嚥暨保健中心」推廣培訓課程。

肆、引介智慧照護以深耕厚植

　　由於疾病的困擾再加上年齡增長引起的自然老化，促使長期照顧成為社會關注的議題，長期照顧需求問題不容小覷。一九九四年訂頒的「社會福利政策綱領」，明訂以「居家式服務和社區式服務作為照顧老人及身心障礙者的主要方式，再輔以機構式服務；當老人及身心障礙者居住於家內時，政府應結合民間力量支持其家庭照顧者，以維護生活品質」。

　　透過智慧照護系統整合分析生理數據，讓醫療精準有效率、降低醫療負擔。現今智慧醫療系統、物聯網（IOT）、資訊及通訊科技（ICT）、大數據、穿戴裝置的應用已不斷精進，人工智慧的深度學習功能也日益增強，對現有長照與醫療領域困境，是一項重要

的解決方案，也能達成整合與全人照護目標。將長照產業結合，引進智慧化照顧模式，不僅可以緩解人力資源不足的問題、減輕照護員的工作壓力，且可透過高科技智慧應用，改善社會對於長照工作者的刻板印象，進而提升他們的社經地位。

　　根據世界經濟論壇（WEF）分析，數位創新未來影響的範圍不僅侷限於資訊網路的單一業別，在未來各應用行業領域皆可能運用數位科技進而實現不同類型創新商業或營運模式，稱之為「數位轉型（Digital Transformation）」，包括專業服務、電信、汽車、醫療保健、製造業等。而服務產業興起新的科技應用議題如數位學習、數位照護等，皆因數位科技而改變其原來產業樣貌，未來需要具備的工作技能將面臨轉變與升級。數位科技除了改變生活型態也不斷的顛覆產業模式，同時也改變目前的人力運用方式。例如於建置高齡整合病房時，特別結合資訊科技，如床邊智慧系統與浴室洗手間的跌倒偵測。床邊照護系統，提供各式衛教與用藥資訊提醒與檢驗檢查結果說明等。另每位照護人員配戴智慧型手機，即時提供照護服務需求。此外高齡病房設有病情惡化預警系統，讓醫護與照顧人員優先照護出現警示的病患。

　　高齡化的浪潮湧起、少子化的推波助瀾，帶來照顧需求的遽增；而照顧人力短缺、照顧品質的追求，也開啟科技界與長照界跨領域的合作契機。在不同專業的思維交流與攜手合作下，雖開展了創新的服務模式，但也碰撞出對長照服務智慧化的挑戰與深度意義的省思。由身處科技革命洪流裡，除天災人禍等系統性風險，也不能迴避科技發展正以前所未有的強勢主導文明演進，從生活方式、工作型態、教育傳承、人際關係，甚至國家治理，每段文明面向都

在萬物趨向互聯的數位科技裡日新月異，加速全球數位元化節奏。

在美國紐約成立居家服務公司Hometeam，照服員透過APP，媒合到最適合的家庭。以APP蒐集並追蹤長輩的日常資料，當狀況異常時便能提供最即時的協助，照服員都會看到清單，說明有哪些家庭需要協助、工作內容為何、老人家的狀況如何等資訊，照服員就能依自身能力與偏好挑選。這當中的媒合指標包括距離、語言、宗教，以及飼養的寵物等細節。當照服員獲得支持，被照顧者也能擁有更好的居家醫療服務。

借鑒美國布朗大學公共衛生學院社會政策與老人醫學中心的量化研究，其中許多研究是從Minimum data Set（MDS）資料庫進行統計分析。MDS是主辦Medicare及Medicaid的機構，發展一套用於護理之家評估工具以決定給付基礎。MDS分別針對新住民及住民定期做客觀評估的記錄表，從照護的角度瞭解住民的能力與限制，機構透過線上回傳評估的計錄及資料，它成為一個長期照護的重要平臺，去進行決定給付的條件、擬定照顧計畫、開發個案分類原則、形成長照的給付、設定長照品質管理衡量指標。

世界經濟論壇（World Economic Forum, WEF）在其〈未來工作報告〉（The Future of Jobs Report）中指出，預估至二○二五年，十六種新科技將在不同產業中被大量運用，分別是：雲端計算、大數據分析、物聯網、加密和網路安全以及大數據。由於養老健康照護服務所需人力的多元，執行照顧服務階層包含了專業人力如（護理、職能治療、社工）與照顧服務員，目前所需照顧人力缺口甚大，若能藉由智慧照護予以補足，透過完整標準化評估以瞭解住民狀況的記錄，勢將裨益照護品質。

　　智慧照護管理解決方案（Long-term Healthcare Management Solutions）旨在以分層式管理的方式使照護機構團隊能掌握整個照護集團，以及各設施機構的營運狀況、資源管理，且符合法規評鑑要求、提供完善的教育訓練以及有效率地執行日常實務、照護住民安全。透過雲端化系統彙整各設施的資訊，整合轉化為集團所需要的指標報表，可提供長照中心即時、精確地了解各個設施的經營狀況、住民資訊、設備使用與妥善率等各種資訊，以便主動協助各設施經營並預測問題。例如鋪放在床上的監測器可透過味道偵測排泄物的狀況，即時更換受照護者的尿布，降低尿失禁帶來的不適感。透過檢測累積的數據，主動分析並自動創建排泄型態表，照護者能輕鬆了解受照護者的排泄規律，以有效減少清理排泄物的時間，進而減輕照護人員的照護壓力，創造更貼近人性、更有效率的照護。

　　高齡化的浪潮湧起，帶來醫療照護需求的遽增；也開啟醫療界、長照界與科技界跨領域的合作契機。在不同專業的思維交流與攜手合作下，開展了創新的服務模式。

表9-5：智慧醫療照護實例

類別		內容
A	AI	人工智慧的輔助診斷，包括：自美國引進AI人工智慧輔助肺癌判讀系統、AI人工智慧腦波輔助憂鬱症判讀。
B	Block chain	區塊鏈，藉由密碼學串接並保護內容的串連文字記錄。每一個區塊包含了前一個區塊的加密雜湊、相應時間戳記以及交易資料，這樣的設計使得區塊內容具有難以篡改的特性。以用於病患保險的快速理賠。
C	Cloud	雲端，進入雲端時代後，IT從過去的自給自足轉為規模化的營運模式，小規模的資料中心將被淘汰，取而代之的是龐大規模的資料中心；將資源充份的應用與分置。

	類別	內容
D	Data	大數據的運用，將Data Center的效能提高，把過去分散性、高耗能的部份轉化為集中式與資源整合模式的發展潮流。
E	Electronic	智慧病房導入離床警示系統防止病人跌倒提升病人安全，在病房設置AR療癒牆，以提升病患心靈健康，在心情低落時可以藉由擴增實境看到森林、海洋、天空、星星……等療癒的景色，提升身心靈的健康。
F	Financial technology	金融科技，導入行動支付。是將人類至此執行的工作內容換成以科技來執行。自動化所帶來的優點，不僅成本變低，而且也將方便的工具擴及給一般民眾。
G	5G	結合AR智慧眼鏡用於緊急救護、遠距醫療以及國際會診、教學及手術指導……等，在救護車上緊急搶救病患時，救護人員不需手持攝像頭，可以持續施作CPR，而在醫院急診端的醫師可以同步於救護人員的第一視角察看病患並遠程協做，指導救護人員緊急搶救。 在國際會診與手術指導，成功運用於千公里外的醫院會診，在當地醫院藉由結合5G的智慧眼鏡，將手術中的第一視角同步傳輸回，由專業團隊即時遠程手術指導。

（資料來源：作者整理）

　　在邁入超高齡社會，失智症預防與照顧面臨嚴峻挑戰，科技不僅減輕照顧人力負擔，亦增進失智者的生活品質及人性尊嚴，促成友善照顧新風貌。目前失智症的檢測方式，主要有失智症狀檢測量表、核磁共振或斷層影像等多種主要方式，但這些方法不僅昂貴、耗費時間成本，難以進入居家或社區執行早期認知障礙的普篩。長輩通常至醫院檢查時，已是中、重度失智症狀，僅能緩解相關症狀，無法採取更積極的治療方法。因此，如何從日常生活的表現與數據，篩檢出高風險的失智症族群，引導潛在患者進一步至醫院檢測，是人工智慧可以著力之處。由於輕度認知障礙（MCI）的表達能

力與邏輯記憶不及一般人，開發語音及語意分析系統，收集長者的對話聲訊與內容，做人工智慧分析，MCI的篩檢準確率日益增強。同時，運用三D攝影機與多媒體互動技術，將失智症的重要評量項目融入體感活動中，讓長者在體驗影音互動時，同時進行無形的失智症狀篩檢。同時，結合智慧研發，帶動長照醫療科技發展。如運用迷你手持式超音波，即時提供長照長輩所需緊急醫療服務。另如透過擬真娃娃，改善被照護者的認知能力，減輕照顧人員負擔。

長照與物聯網（IOT）、AI智慧整合方案（Integration of IOT and AI Solutions）IOT技術將廠商單個產品進行整合，讓不同設備之間能夠彼此溝通。透過聯網連通後臺服務中心的大數據，再藉助AI技術去做比對、分析、配對、比對，最後傳輸出需要的數據資料，善用虛擬實境、人工智慧和區塊鏈等科技，科技能將多種不同設備的控制介接方式整合於單一設備中，既能提供使者方便及提升使用意願，同時介護人員減少了平日照護負擔，將一座完整的照護機構進階建構成充滿智慧的照護園地。例如，長者就寢時如何去監測且取得其生理資訊。相較於只記錄單項生理數據來說，複雜且技術含量高的智慧資訊工程，讓IOT設備使用的被照護者與照護人員能使用高端裝置進行智慧化及自動化設備控制及實時監控，面對大量資料，在雲端的資料庫，進行有效的整合，以確保照護安全的同時，又能進行照護日常管理。

世界各國面對高齡化社會的策略，都已開始善用成熟的數位技術，開發智慧資訊管理系統，協助分析使用者的健康數據，打造客製化的照護與醫療，希望老年人盡可能維持身體的功能，延緩退化的速度，保持晚年的生活品質。智慧化創新運用是未來趨勢，運

用創新科技產品，加強照顧服務模式的連結，滿足年長者的社會支持、安養服務、醫療服務需求，藉此提升照顧服務品質及照護產業發展。透過科技，智慧長照可以做得更多，不僅體貼被照護者，更悉心關照到照護者的需求，讓智慧長照協助更多長者，保有尊嚴與生活品質，安心終老。

結語

　　地球上人口急遽增加的現象約發生於十七世紀歐洲工業革命後，乃因人類在工業科技上突飛猛進，使生活品質顯著改善，也連帶延長人類存命、使死亡率隨之下降。高出生率與低死亡率是工業革命以來人口增加的最為主要的因素，也代表人類的適應能力持續提升。盱衡先進社會為迎向高齡照護需求，分別推展如：自立支援，口腔保健，咀嚼吞嚥，延緩失能，園藝療癒，團體家屋等多項照護方案，同時，配合長照2.0「預防及延緩失能或失智」照顧模式，包括認知促進、膳食營養、社會參與、口腔保健、生活功能、肌力強化等，建構優質化實作擬真教學。

　　借鑒美國推行有年的整合照護制度，該功能包括：在個案健康狀況改變時，可以即時回應照護需求的改變；為重度失能或具有複雜照護需求的個案，提供整合性的照護；提高服務可近性，改善照護品質並達成照護連續性；以及有效率的運用健康與長照體系的資源，避免因兩者缺乏聯繫而產生的資源浪費。就老人照護的需要，可以瞭解照護專業人力的重要性，才能有效利用有限的照護資源，以個案為中心，提供全人且連續的照護服務。整合照護可以使傳統

照護模式中因為健康與長期照顧體系分立而產生的諸多問題獲得改善，又能以個案為中心的模式來取代傳統提供者導向的模式，達到健康與長期照顧體系整合的專業化以及預防性的照護。

第十章　外籍看護培育作為

前言

　　臺灣老年人口比率在二〇一八年時，就已經超過超過百分之十四，使我們正式從高齡化社會邁向高齡社會，推估在二〇二五年臺灣就會邁入超高齡社會，高齡化、少子化的問題正威脅著社會，但其中相繼而來的問題更是棘手，對經濟、社會、產業各層面恐怕會產生重大衝擊。在長照道路上，政府除了增加供給，也應提出完善的配套措施，才能確保被照護者能受到更完善的照顧，一旦長照資源與品質跟不上人口老化的速度，將面臨一個「老不起」的未來。

　　由於老年人口比率居高不下，長期照顧需求人數相對增加，導致外籍看護工角色由以往的「補充性人力」，變成「主要照顧者」。服務人力是建置完整長照服務輸送體系的關鍵因素，臺灣目前有二十六萬家庭聘僱外籍家庭看護工，外籍看護的大數據，牽動我國「醫療保健及社會工作服務業」這一行業裡的國人就業機會，尤其是居家領域的照顧工作，讓社會看見長照「缺工」的實況。作為全球高齡趨勢最快的區域，臺灣不僅需要借鑑其他地區的經驗，同時必須積極尋找屬於自己的長期照顧未來出路。此外，我們更應正視此領域中最重要的第一線人力——外籍看護，應積極將其納入政策規畫中，以充分發揮照護成效。

壹、外籍看護服務實況

人口老化（population aging）是人口轉型（population transformation）的必然結果，人口老化的過程，首當其衝的是老年人口的照護需求，由此延伸出照護勞動力不足的問題。隨著人口老化速度日趨加速，將提升臺灣於照護勞動人力的需求。

面臨高齡化、少子化等人口問題，為了滿足日益增加的照護需求，臺灣已自一九九二年公告「因應家庭照顧殘障者人力短缺暫行措施」，引進外籍家庭看護工作為長期照顧服務的補充人力。開始引進大量外籍看護進行各種照護照顧服務。而人口結構的影響使長期照顧服務一直高度依賴外籍看護工，外籍看護工得以自外於產業

台灣外籍移工人口數（2005-2020.9）

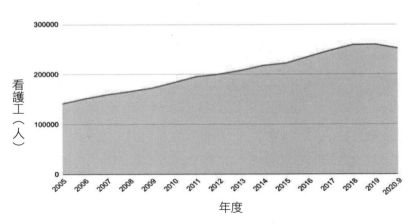

圖10-1：臺灣外籍看護人數的成長

外勞政策的反覆調整，在臺人數快速成長，迄二〇二一年已經高達二十七萬人，國人對於外籍看護工的依賴仍有增無減。爰此，政府曾試圖投入大量資源扶持機構式照顧服務，與逐步充實社區式與居家式照顧服務，期望能夠藉此鼓勵民眾改聘本國的服務員，並逐步的將外籍看護與臺灣的照顧體系接軌，並且納入管理。

　　隨著社會經濟的發展，臺灣女性的受教育水準與社會地位不斷提升，越來越多女性走出家門投入勞動力市場。同時，人口結構快速變化造成仰賴國際移工以維持生產力，自一九八九年開放引進移工後，歷經三十餘年的增長，移工總人數已從二〇〇二年的三十萬人倍增至二〇一八年的七十萬人，亦即約每三十人便有一人為外籍勞工，佔臺灣總人口數的百分之三，而其中社福外籍勞工人數則接近二十七萬人，平均年成長率為百分之四點三六。回顧外籍勞工開放伊始，即定位為「補充性人力」；但多年來的實踐顯示，在看護領域，外籍勞工不僅不是「補充性人力」，反而是「主力」，如：

表10-1：我國照護人力實況簡表

年度	照護人力配置		
	家屬照顧	外籍看護	小計
二〇一二年	61%	28%	89%
二〇一九年	42%	30%	72%

（資料來源：作者整理）

　　數據顯示在家照護人數遞減。若家庭發生需要聘請照護工作者時，第一時間通常是「聘外勞」。社福移工又分為看護工（機構看護、外展看護）和家庭看護，而從勞動部的數據顯示，不論何種長

照計劃，對於家庭看護的需求還是大幅地上升。外籍看護來臺工作前，須依照內政部衛生署公告的「照顧服務員訓練實施計畫」，於國外先接受九十小時的照顧服務訓練，經訓練合格後，經過來源國勞工部門驗證，並取得專長證明書，始得申請入國簽證來臺工作。

高齡少子化的現象越趨嚴重，人口結構的重大變化不僅影響勞動力結構，同時人數日益眾多的老年人口，高齡失能者的照顧需求也日益增加。二十世紀九〇年代中期，臺灣政府開放引進外籍勞工以來，在勞動成本低廉的誘因下，聘僱外籍看護工以因應安養護機構照顧人力、或在家庭中提供全時照顧服務的發展，逐步成為臺灣現階段高齡者照顧的重要勞動力來源。

在管理活動中，人力資源管理部門過去普遍存在的那種對員工「重管理、輕開發」的思想也已經得到了根本改變，逐步變為以人力資源能力建設為中心的開發層面上。即圍繞開發員工能力、調動員工積極性、提高員工滿意度來開展好各項工作，實現人力資本的最大增值。依此檢視二〇二〇年居家照服員的缺口有九千六百人，政府雖然投注不少資源培力，結訓後實際投入照服員工作的比例仍有相當落差。

為了因應臺灣經濟快速成長，產業結構轉型，教育及生活水準提升，與國人的工作價值觀念轉變的結果，使得照護老人或重大疾病患者的工作面臨找不到人的窘境，政府自一九九二年開始引進外籍監護工進入機構，擔任起照護工作。從二〇〇八年政府推動「長照十年計畫」至今，外籍看護工人數不僅未如原先規畫地逐年遞減，反而從十六萬人暴增至現今的二十七萬人，據衛福部統計，截至二〇二〇年，對比其他長照相關機構照顧人力，臺灣長照服務人

力仰賴外籍社福看護工高達九成。臺灣有四分之一長照家庭依賴著國際移工，增長速度遠大於政府其餘照護服務增長幅度，外籍看護工儼然已成為臺灣社會家庭照顧者之外的長照主力，唯有儘速培育長照服務人力，納入家庭照護者為長照人力，才是建立臺灣長照體系的關鍵所在。

外籍看護係為照顧服務體系及資源尚未建置完成前，我國照顧服務的補充性人力，以解決重症患者的照顧需求，並非長期穩定可依賴的勞動力，不應完全取代本國照顧服務產業及人力，然實質上由於在人力成本低廉且工時長的誘因下，臺灣目前仍相當依賴外籍看護工的人力資源，以支撐我國老人照顧相關政策與服務供給不足的現況。參酌人力資源管理的價值創造還體現在人力資源的價值增值上。人力資源管理不僅重視透過對全體員工進行系統開發來提升員工的價值，進而實現組織的價值，而且還講究人力資源的投入產出，進而提升組織的市場效益。

高齡人口快速增加，加上預期壽命與健康壽命存在的明顯落差，長者健康實況並未明顯增進，失能、失智、失調人數的積累，須賴長期照顧者日益迫切。隨著女性勞動參與率的增加，女性承擔照顧老人責任的傳統家庭模式不斷瓦解，同時越來越多的年輕夫婦選擇獨立居住，平均家戶規模持續下降，老年人口照護需求的「社會化與市場化」成為必然要求。然而，由於照護工作需要耗費大量的精力與時間，而且此行業的薪資水準無法吸引本地勞動市場的看護，聘請臺籍看護一天就要二千多元，一般家庭實在負擔不起；至於臺籍臨時看護，難以配合全家作息，週末與晚上都很難找，經濟負擔也成家庭考量關鍵。

　　據勞動部二〇一九年外籍勞工以及運用調查報告統計，家庭雇主僱用外籍家庭看護前，有聘僱本國的經驗者占了百分之三十三，不繼續雇用原因就是「經濟負擔考量」，占百分之八十三。所以雇請東南亞國家的看護工已成為解決臺灣老年人口照護需求的普遍選擇。

　　現行長照措施，當無法使長者能在家安心終老，則寧可請外籍看護，負擔相對較低、還能配合全家生活，致民眾偏好使用外籍看護。臺灣目前外籍看護在照顧老人與身心障礙者，且聘僱門檻一再降低，目前八十五歲以上的長者只要輕度失能即可聘僱家庭外勞。這導致過去二〇〇三至二〇一五年外籍看護在「居家」領域職場，以每年增加四千至一萬二千人的速度成長，在「機構」照顧領域（包括養護與護理之家）則以每年增加四百至一千二百人的速度成長。

　　由於政府長照服務項目限制、長照服務涵蓋率低、本國人力不足，以及聘請本國看護費用較高等因素，有越來越多人，選擇聘請一個外籍看護來解決自身的需求。我國對於外籍看護的定位，也漸從「補充性」人力轉為「替代性」勞力，外籍看護已經成為臺灣老年人口照護的「主力軍」。在臺外籍看護的數量迅速膨脹，目前臺灣二十七萬名的外籍家庭看護工，他們的身心狀況以及專業素養，影響所及已經不是幾十萬人的家庭。外籍看護由工作性質來看，在私人家庭中擔任看護工的占百分之九十九，而在機構擔任看護工的僅為百分之一。所面臨的困境大致如下：

表10-2：外籍看護所面臨的問題及困擾

問題	困擾事項
專業訓練不足	外籍看護來臺前依規定雖曾接受職前訓練。但很多在第一線照顧現場上如褥瘡照顧的問題或失智者照顧，連專業醫療人員都感吃力，外籍看護實在需要更多照顧上的培訓。
社交管道互動	許多外籍家庭看護工的生活範圍被侷限在僱主家中，與外界幾乎沒有互動。不僅對其語言溝通與身心健康無益，更連帶影響照護品質。
專業繼續教育	政府雖有提供外籍家庭看護作補充訓練，然而在已有的集中訓練中，報名人數卻相當有限，到宅訓練也寥寥可數，集中訓練班亦少有參與，究其原因與外籍家庭看護參與訓練課程後，缺乏照顧人力有關。
落實喘息服務	目前法規上雖訂有每週休假一天，但是有外籍家庭看護尚難獲得確實休息時數。目前推動的「擴大外籍看護工家庭使用喘息服務」，也僅能由僱主申請，並有諸多限制。
保障身心健康	照顧者的身心健康，與失能者再住院率有密切關聯。長期照顧不只聚焦於失能者本身，更應關注照顧者，提供足夠資源與支援。因為保障外籍家庭看護的身心健康，攸關長期照顧品質。

（資料來源：作者整理）

　　透過適當的教育訓練措施與工作輔導，提升外籍看護的工作技能與專業知識，減少工作錯誤的發生，強化專業的服務品質，有利於長期照顧的長遠發展。政府雖推動了「擴大外籍看護工家庭使用喘息服務」，但不論是報名補充訓練課程，或申請喘息服務，都需要由聘僱家庭額外支付費用，在雙重負擔的情況下，實難引起申請動機。因此在政策的修訂上，應思考的是如何整合喘息服務與補充訓練，並規畫相關補助，減少聘僱家庭的支出。

　　高齡化的現象已經衝擊到現有的社會安全體系及社會福利制度：譬如說，愈來愈多高齡人口的照護、扶養需求究竟如何能滿足

呢？而相關社會安全、長照人才培育該如何進行？目前二十七萬多外籍看護中，分別在一般家庭及長照機構工作，這些照護人力一旦離開，臺灣不只有長照會出現問題，許多家庭必須自行照護，無法上班上學所引起的經濟與社會問題，值得重視。

外籍看護過去多被認為是「補充人力」，許多相對條件就不會被重視。監察院於二○一九年糾正衛福部與勞動部，現階段長照主管機關，不能解決居家照顧人力資源不足問題，長久以來坐視外籍看護工持續增加，其中有三成、二十七萬家庭有聘僱外籍家庭看護工，「但卻看不到政府對這塊有中長期的政策規畫」。而國內長照資源佈建作為時，外籍看護人力到底要「融入或退場」？別讓有重度失能者的家庭，被排除在我國長照體系之外，長照政策應納入社福外籍勞工，積極整合外籍看護納入照顧服務體系的繼續教育中。

貳、外籍看護培育需求

臺灣因醫療衛生進步，平均壽命延長及出生率下降，人口老化問題日益嚴重。隨著高齡人口的增加，核心、雙薪、單親家庭比例增加，婦女投入職場遞增，少子女化趨勢明顯，老人長期照顧的需求也隨之成長，而人口結構高齡化衍生的問題，包括疾病型態慢性化、健康問題障礙化、照護內容複雜化、照護時間長期化、照護需求由「治療」轉為「預防治療與照護並重」。聯合國的定義，為了維持一個社會是可持續性運作的，一個六十五歲老年人至少需要三位十六－六十四歲的工作人口來支持，也就是一個社會的「潛在支持比」（potential support rate, PSR）必須大於三以上。由於臺灣的

總生育率的快速下降，而且停留年限日益延長，因此PSR等於三的情況很快就會來到。

臺灣人口老化是近年重要的社會議題，政府於二〇一七年實施「長期照護十年計畫2.0」，除延續過去提供的長期照顧服務外，更希望建立以社區為基礎的長照體系，透過醫療與支持家庭照顧能力，建立照顧管理制度。但，政策上路以來，仰賴外籍看護的趨勢不減反增，申請外籍看護的人數節節攀升，長照政策與作為並無法超越人口結構高齡趨勢，進行有效的「超前佈署」。

為補充長照人力的不足，外籍看護並不是我國所獨有的現象，觀摩先進國家的作為，在OECD國家中，也擁有為數眾多的外籍看護，照顧其人民，外籍看護發揮了重要功能。在不同的國家中，外籍看護的專業資格不同。如在加拿大有超過四成的外籍看護是原籍國的有證照護理師，在義大利的則百分之七十擁有大學學位，皆強調以具有一定素養及能力，以確保照護品質。而奧地利是少數針對外籍看護訂定專法的國家，不僅規範其勞動條件、社會保險、照顧內容等，照顧需求者也可向政府申請補助，將外籍看護正式納入其長期照顧體制中。（Francesca, 2011）

表10-3：奧地利進用外籍看護制度

項目	內容
專法規範	二〇〇七年制訂『家庭照顧法』，以專法規範外籍看護制度，並修改相關法規，讓外籍看護合法化且系統性納入長期照顧制度。
自營作業	二〇〇九年起，外籍看護工要註冊取得自營作業證，需提出接受過相關專業訓練課程，認定基準為完成居家服務員培訓課程，或在原屬國家曾接受過等同學歷或訓練課程者。

項目	內容
培訓課程	居服員訓練課程，分理論與實習部份，各占二百小時，其訓練期間通常為期約十四週，平均每週上十八小時理論課程，並每週完成約十四小時的實習時數。
訪視輔導	為了提升並保障外籍看護的照顧品質，政府委託訓練有素的照顧專員，定期到雇用的家庭訪問，外籍看護需提出照顧記錄，以確認、保障照顧品質，並提供專業意見輔導。

（資料來源：Vilmos, 2015）

　　吸引外國看護到國外工作的原因，包含地理鄰近、語言、文化和財富，以及謀生的選擇。面對高齡化衝擊的日本，早在一九八九年起推動「高齡者保健福祉推進十年戰略」，開始大量培育專業的本國籍「介護福祉士」，並訂定高標準的外籍監護工引進制度，引進外籍看護並非把他們看做廉價勞工利用。除了設有語言能力的門檻外，還有嚴格的資格審查，要和本國籍介護士一樣通過國家福祉士的考試。可見，朝向改善工作環境、提供專業訓練、建立照護專業證照制度、落實照護人力培育的教育政策等措施，否則長照問題會變成國家重大危機。

　　日本因為高齡、少子化趨勢導致人口結構轉變，再加上第四次工業革命帶來科技變革，促使面臨嚴峻的人才與技能缺口。是以，開始以工作為目的正式引進體力型勞動力，並放寬外籍專業人才引入措施；此外，亦從生活與就業環境，全面提升外籍人才引進誘因及職場適應成效，以解決日益嚴重的勞動力短缺困境。由政府與東南亞國家經由簽訂經濟貿易協定，以接受簽約國所派遣的有證照護士及受過訓練的看護工至日本工作，其中外籍護士的主要工作場域在醫院，而外籍看護的主要工作場域則在安養機構，不能在家戶

中；所有外籍看護工的招募、媒合、機票及日本語訓練均由日本政府、雇主機構共同分擔，且整個招募程式是由半官方的日本機構進行，而非委由私人民間的機構。

外籍看護進入日本後，須先接受官方長達六個月的日本語訓練及四十小時的照護訓練，在訓練及完成聘僱的過程中須投入許多資本，且須嚴格控管外籍勞工的照顧品質與水準，之後才會分派至所屬的機構中工作，而其雇主每日均須提供其上課時間（Tsukada, 2016）。此外，外籍護士須在三年內通過日本國內的正式考試，外籍看護工則須在四年內通過日本國內的正式看護證照；倘若順利通過證照考試，將能申請成為日本正式公民，但若未通過考試則須返回母國（Ogawa, 2014）。

參、外籍看護培育規畫

臺灣正以飛快的速度高齡化，且未來四十年間，臺灣成長最快的會是七十五歲以上的超高齡人口。「高齡照護」議題不只迫在眉睫，而且是對臺灣未來社會發展會造成系統性風險的問題。系統性風險的解決方案一方面需要許多專業知識領域的深入研究，另一方面也需要整合這些專業知識，形成一個跨領域的對策。

長照第一線缺工的問題已經人盡皆知，不待更多數據來證明。參酌日本的方法之一是把外籍看護納入長照服務體系中，由機構聘僱外勞，再由機構將外勞派至各個家庭，讓外勞能享有對勞工的基本保障，也能解決目前照顧人力不足的問題，作為長照體系使用外勞的主要方案。

　　二〇一五年，我國政府雖通過《長期照顧服務法》，鬆綁部分長期照顧的制度限制，基於國內長照人力不足，引進外籍看護當作補充人力，成為政府重要政策。但法規與政策的內容卻只把焦點放在國內的勞動市場和使用者需求，缺乏對於外籍監護的專業能力培養、社會融入、生活品質等面向的關照。依據《就業服務法》規定：「為保障國民工作權，聘僱外國人工作，不得妨礙本國人的就業機會、勞動條件、國民經濟發展及社會安定。」目前開放的工作包括家庭看護及家庭幫傭、機構看護等。外籍看護為長照的補充性人力，在不影響本國人就業機會原則下，採取補充性、限業、限量開放引進外籍勞工，以維繫產業營運及協助家庭照顧。

　　外籍看護面臨的主要瓶頸為：專業與語言訓練不足，缺乏在職教育，影響照顧品質。（李玉春，2016）例如，給予年邁長輩服藥時，因不認識中文字，而發生給錯藥的情形，或是當發現緊急情況，往往無法及時反應。教育是長期的理念培養計畫，能夠激發潛能。一種持續不斷的學習過程，讓個人具有理解力和獨立思考的能力。外籍照護人力若是朝向長久性人力發展，應有明確及長遠的規畫，借鑒同樣面臨照護人力短缺的國家，引進外籍看護，還提供專業訓練、工作條件與環境等保障及移民政策，並允許服務一定年限及符合相當資格的外籍看護可申請居留權。是以，在推動長照人力政策時，針對看護工作補充訓練、失能者專業服務、以及照顧者健康評估與支持的繼續教育，允宜納入考量以為周延。

　　在知識經濟的時代裡，無論是國與國或企業與企業的競爭，或是專業服務品質提升來源取決於人力素質，如何透過人力資源發展增強實力，已成為在專業化環境中成功不墜的關鍵因素之一。

對於外籍看護的人力資本的政策規畫及具體推動，強調的是：在
職訓練、正規教育等部分。確認任務執行所需知識、技能、以及
行為，並決定在訓練中應加強重點的過程。著眼的是「能力建構
（capacity building）」觀點，為瞭解決個人或組織於現階段能力較
弱或不足的問題，藉由所有關係人的持續投入，整合該單位可運用
的科學知識、技術、組織機構行政、及相關資源的能力，以協助個
人或組織發展解決問題的能力與潛力。

　　外籍看護的培訓的目標為提升工作效能及維護照顧服務品質的
方針，就業安全機制應「以人為本」，並作為勞動政策重點。職前
訓練與在職訓練更應扮演積極角色，發揮功能，此亦符合人力資源
運用意涵。因此，需要增進外籍看護的應備法令認知、語文溝通能
力、開發照護服務資源，並且提供心理暨教育性支持方案，將有助
於紓解外籍看護的勞務，提升其照護能力。

　　在外籍看護專業訓練方面，在來臺之前，仲介業者須先讓看護
工接受九十個小時的訓練課程，包括照顧技能及基本語言，但訓練
的重點往往放在如何教他們「適應環境」（Lan, 2016）；外籍看
護來臺後則只需接受二十四至七十個小時的語言訓練及一個簡單測
試，而不需再接受其他照顧技能的相關訓練，也不需如同本國看護
工領有相關證照才能從事看護工作。因此在品質上實難達成專業的
期待。參酌日本的實施經驗，外籍看護的主要治理機構為政府及僱
用組織，僱用機構做為重要的管理單位，其內部督導須監督外籍看
護的工作品質；且這些機構須有足夠的國內合格看護，提供現場的
教育訓練，以協助其通過證照考試；因此，通常較有組織和能力的
安養機構，才能接收及申請教育訓練這些外籍看護。

　　《長服法》中有授權中央應訂定「外籍家庭看護工補充訓練法」，增加對於看護工督導、訓練與支持的相關服務。當外籍看護在接受的賦能式教育計劃，在生活適應與工作知能面向方面，都有顯著的改善與強化。（李玉春，2016）

表10-4：增進外籍看護作為

項目	內容
激勵 參與意願	外籍看護需要有自我覺察能力及強烈的學習動機，瞭解異國風俗民情的差異，進而修正個人的價值觀，學習融入新環境、新生活，秉持多學、多聽、多看。
建構 友善環境	針對外籍配偶的特殊性質，讓外籍看護更瞭解其文化背景及生活習慣，化解其抗拒與防衛。
充實 照護能力	培養外籍看護為推動健康營造的成員，設計培訓課程，以增強其個人的能力，可以協助民眾發揮其潛能。

（資料來源：李玉春，2016）

　　在提供相應的教育訓練課程，將促使外籍看護人員提高其技術能力，並有能力為長期照護做出貢獻，達成提升外籍照顧服務人員品質的目的，提供良好的服務協助受照顧者，改正民眾認為外籍看護「只能看，但無法護」的刻板印象，另一方面，也維護外籍看護的權益。

肆、外籍看護賦能作為

　　隨著國人平均壽命提高，人口老化指數不斷攀升，衍生長期照護的需求日益劇增，尤其是因為家庭結構的改變、傳統的家庭內照顧人力嚴重缺乏，我國引進的外籍看護人數隨之成長，協助照顧我

國的高齡者，也成為長照人力的重要議題。

　　對於老人的安養與照護，傳統以來，在我國社會中，一直是由家庭來負擔這項工作，因為老人在家中的地位較高，所以大部分的老年人無論健康或生病，均視居於自己家中為最佳的選擇，換言之，老人安養與養護的問題，常於家中得到解決。然而，隨著社會的急遽變遷，現今維持家庭功能價值觀已不如過去，且人口結構的改變，老年與子女同住的比率下降，以及婦女走出家庭就業等情形，也使得愈來愈多老人必須仰賴外部支援來提供長期照顧。是以，長期照顧十年計畫2.0計畫目標強調的如簡表所述：

表10-5：長期照顧十年計畫2.0計畫目標

項目	內容
建構 服務體系	建立優質、平價、普及的長期照顧，發揮社區主義精神，讓有長照需求的國民可以獲得基本服務，在自己熟悉的環境安心享受老年生活，減輕家庭照顧負擔。
實現 在地老化	提供從支援家庭、居家、社區到機構式照顧的多元連續服務，普及照顧服務體系，建立照顧型社區，期能提升具長期照顧需求者與照顧者的生活品質。
落實 預防保健	延伸前端初級預防功能，活力老化、減緩失能，促進長者健康福祉，提升老人生活品質。
社區 支持系統	向後端提供多目標社區支援服務，銜接在宅臨終安寧照顧，減輕家屬照顧壓力，減少長期照顧負擔。

（資料來源：作者整理）

　　人口老化與長期照護需求大增是臺灣未來的鉅大挑戰，亦是歐美日韓全球多數國家的趨勢，依據OECD國家的調查，長照人力的短缺，是各國面臨共同的問題，其解決長照人力短缺問題的策略，包含：強化招募措施、補助訓練計畫、提高薪資福利、改善勞

動條件、提昇工作形象地位、改善管理制度、建立職涯發展、建立證照制度、進行長照人力規畫以及其他留任措施等。（Francesca, 2011）長照服務目前最為缺乏從事第一線服務的照顧服務員，依推估照顧服務員供給與需求，以利衛生福利部、勞動部及教育部訂定適當的培訓及培育目標，並透過持續擴大培訓及培育人力、簡化補助行政流程、檢討訓用媒合機制、鼓勵長照服務提供單位自行或與培訓單位合作辦訓等方式，達到即訓即用的目的，提升培訓效能；整合學、訓、用機制，定期就長照人力充實議題進行跨部會討論，促進老人照顧相關科系與長照單位產學合作，鼓勵開設校外實習課程，吸引年輕世代投入，儲備未來長照人才。

人才培育是關鍵！透過良好的前程規畫，讓每位外籍看護皆可看到未來其個人發展的方向，並建立自我的前程發展願景（vision），讓員工對公司充滿信心，有助於工作士氣的提升。面對超高齡時代來臨，照顧者已成社會安全網的一環。不論是自我照顧還是由人代勞，任何良好的高齡政策均需仰賴高素養的執行者。提升外籍看護的專業能力，以彌補國內照護人力的不足。「好的照顧」不僅是陪伴，更需要有專業支援，長照作為需要進一步投入外籍看護的保障與提升，從人力資本觀點出發，也就是將外籍看護的利益和社會利益串連在一起，以說服社會支持，在長照教育中成就專長能力，以及參與領域，培養對老人長期照護者具有「照護能力」、「責信能力」、「跨專業合作的能力」以及「創新能力」。讓「好的照顧」能有更多共同認識，藉此提升具備長照專業外籍看護工的留任意願。

隨著全球的發展，一九九二年聯合國發展規畫署（United

Nation Development Program, UNDP）提出「社區能力建構」
（community capacity building）的概念並積極推動。是指強化居民
與社區團體的技術、能力與信心的活動資源與支持，促使其採取有
效的行動，以提供更有品質的公共服務、強化社區的凝聚，是一種
進行變化的狀態，是透過某些協助或努力，可以達到提昇能力目標
的過程，裨益社會的發展。社區能力建構首先要強化社區部門，其
次是鼓勵居民參與，以提昇人們所居住的社區環境的品質，進而從
環境面人們的生活及增進人們的能力。社區的能力建構可從三個面
向著手：地理區域（鄉鎮、村里、教區）、認同團體（新移民、原
住民、婦女、身心障礙）、興趣團體（環保、綠美化、民俗技藝、
社區產業）。這是一種計畫或一套做法，藉以提供人們可以擁有
技術、知識及經驗，以協助人們可以合作而貢獻心力以促進社會
改變。

　　能力建構是包括人力資本、組織資源與社會資本三者間的互
動，即社區能力或力量存在組織化或制度化的特性，呈現從個人、
團體到組織的結構化與體系化。是建立在個人與組織能力建構的基
礎上，即組織能力以個人能力提昇為基礎。在日本面對嚴峻缺工
問題時，針對其他工作類別外籍勞工進行培訓計畫。二〇一四年
將外籍醫療照護人員納入「技術訓練實習計畫」（Technical Intern
Training Program）。提供訓練給外籍勞工，最終這外籍照護者照
顧品質與賦權程度呈正相關。是以，若是期望外籍看護工能提供高
品質又穩定的照顧服務，居於「能力建構」的立場就應當善待他
們，提升增能機會。

　　外籍照護人力大量培育的重要性迫在眉睫，然目前服務於臺灣

的外籍照顧者常有語言障礙並缺乏照顧知能。有遠見的專業學校已著手開辦專業培訓，辦理如「身體清潔與舒適照護」、「基礎身體評估與管路照護」與「臨終照護與在宅善終」等課程，從基礎身體清潔照顧到末期臨終的陪伴協助，課程以深入淺出、實務導向、案例引導、技能優先四大特色進行規畫與研製。採用實際操作、真實案例闡述，並運用多元的教學策略，讓學習者能瞭解長期照顧與居家照顧的知識及技能，習得如何照顧家中的長者和病人，進而瞭解高品質照護內涵且精準有效安全的技能。為了方便新住民與外籍看護理解學習，運用中、越、英、印多語版的照顧服務訓練模式，讓外籍看護能藉由此課程習得照顧專業知能，透過線上的學習諮詢與測驗確定學習正確度。

臺灣正快速邁入高齡社會，人力資源管理與照護制度發展刻不容緩。在照護制度上，我國高度仰賴外籍看護。社會關切到外籍看護在人力資本面提升的訴求，二○一五年，勞動部放寬外籍家庭監護工如經專業訓練或自力學習而有特殊表現，經評點達六十點以上者，其在臺累計工作年限可由十二年延長至十四年（勞動部，2016）。其中，「專業訓練」的評量包含取得照顧服務員技術士證、經我國相關訓練單位或協會訓練，符合照顧服務員訓練時數等。

同時針對外籍監護，提出照顧服務實務指導員試辦計畫，結合居家服務單位聘僱受過訓練照顧服務員，擔任照顧實務指導員，到宅提供外籍看護照顧技巧指導服務，提供關懷訪視及照顧技巧指導或諮詢服務，減輕家庭照顧負擔、發展多元支持措施，提升家庭照顧品質，以提升外籍家庭監護工照顧品質。並辦理外籍看護訓練，

讓訓練更具彈性並採多元方式，投入社區和人力資本，促使外籍看護和高齡社會更緊密結合，才能完善看護作為。建立人力資本的觀點，提供外籍看護更好的語言和工作技能教育等，才有助於融入社會，以利外籍看護的參與。

結語

　　臺灣人口在二〇二〇年進入負成長，預估二〇二五年進入超高齡社會。面對前所未有的高齡化速度，長照議題是全體臺灣人必須共同思考的事。高齡化代表著愈來愈多的年長者需要接受照護服

圖10-2：敏惠醫專積極參與外籍看護專業培育

務，加上缺工的問題，為了滿足照護需求只好向其他國家引進外籍看護。

　　人口結構轉變使得傳統家庭可提供的經濟支援功能逐漸弱化，親屬網絡與關係變少與疏離。加上性別平權思維的普及與婦女勞動參與的提昇，使得傳統以婦女作為家庭主要照護人力的安排模式已無法滿足實際的照護需求。因此引入外籍家庭看護人力、國內照護人力的規畫、制定一個整體的長期照顧政策都是當務之急的工作。家中若有年邁的長輩需有人在旁照顧，可是在子女們都需要工作而無暇分心照顧下，只好聘請外籍看護來照護，但因語言的不同，除了會遇到溝通不良的情形，也存有潛在性的照護危機。完善個別家戶自行聘雇外籍看護的長照政策，讓外籍看護也成為公共化服務與資源的一環，使長照服務真正能符合需照護家庭的需求和使用。

第十一章　長照人力分級制度

前言

　　為因應我國人口快速老化所衍生的長期照顧需求，加速培育照顧服務人力，促進人才流通，原行政院衛生署及內政部於二〇〇三年整合病患服務員及居家服務員訓練課程內容，會銜頒布《照顧服務員訓練實施計畫》。根據教育部統計，近幾年長期照顧相關科系的學生數約維持在三千名左右。儘管學校已培育照護相關人才多年，但是投入長期照顧服務的青年學子仍有相當落差，致現行從事長照工作人力不僅遠低於社會需求，且呈現年齡結構高齡趨勢。

　　臺灣民眾越來越長壽了！根據內政部統計，二〇二〇年國人平均餘命達八十一點三歲，創下歷年新高，但另一組數字卻常被忽略，八點四七年的「不健康餘命」也來到歷年新高。借鑒先進國家於整合照護的推動，其中照護專業上有包含了對被照顧者的「復能」的考量，重視其自主性及獨立性。有別於傳統的服務提供者導向或疾病導向的照護，整合照護應該是個案導向，以個案為中心，量身打造適合的照護計畫，並有效率提供照護服務的專業品質。爰此，長期照顧人才積極朝向分級制度將能裨益專業人才培育，有助於長照專業的落實。

壹、長照分級制度的意義

　　長期照顧需求的急遽擴大，乃因醫療衛生進步、國民平均餘命延長，接踵而來的是身心功能不良、障礙或衰老的人口逐年成長；加上婦女就業人口遞增及少子化現象的影響，造成傳統大家庭的照護功能喪失。因此，老年慢性病患或身體障礙者轉趨對社會的需求與依賴漸次增加。

　　專業（Profession），一種需要特殊教育訓練之後才能從事的職業，從事這種工作的人，稱為專業人士或專業人員。老人的健康及照護包含：醫療照護、個人照顧、與社會照顧等多個層面，服務需求範圍相當廣闊；需要來自醫學、護理、社工、職能治療、物理治療、與營養等專業的服務，且不同專業等級人力的投入，方能提供完整且連續的照護，滿足被照顧者的需求。依據健康照護需求擬定服務目標，進而進用人力，並拓展跨專業團工作模式，係健康照護體系不可規避的課題。

　　隨著各服務模式的推展，需要注重人力培訓及設置標準，長照人力可區分為專業人力、半專業人力及非專業人力，員工必須具備足以勝任職務與任命的素質，方能確保專業的落實。是以，員工透過（1）有效的訓練；（2）經驗的積累；（3）判斷力的提升；（4）智能的加強；（5）關係的堅固；（6）洞察力的具備，等以增益於專業的價值。

表11-1：長照人員的專業取向劃分簡表

類別	內涵
專業人力	指擁有專業證照，負責的工作內容涉及專業領域者，如醫師、護理師、藥師、職能治療師、物理治療師、社工師及營養師等。
半專業人力	主要是協助上述專業人力執行業務，如長期照護護佐、病患服務員及居家服務員等。
非專業人力	提供照顧服務的家庭人員或志工。

（資料來源：作者整理）

　　隨著社會對長照專業的期待，衛生福利部與內政部於二〇〇三年整合「病患服務員」與「居家服務員」成為「照顧服務員」，並於當年公告「照顧服務員訓練實施計畫」。而勞動部勞動力發展署也於二〇〇四年開始辦理照顧服務員技術士證照考試。

　　以臺灣現行照顧服務員來源，主要根據衛生署二〇〇三年所提出的「照顧服務員訓練實施計畫」辦理，照顧服務員的訓練包括核心課程五十小時及實習課程四十小時（含回覆示教十小時，臨床實習三十小時），辦理的縣市政府得依其業務需要增加照顧服務員分科訓練課程內容與時數，課程結束後經考評及格者，由訓練單位核發結業證明書即可從事照顧服務員工作，若有心的照顧服務員則可以另參與單一級照顧服務員技術士的考試。同時，亦可以透過學校專業教育，如二專、五專、二技、四技等學制所設立長期照顧科系，以取得照顧服務員的資格。

　　換言之，在臺灣成為長照服務人員，有三種方式可以取得資格：

表11-2：臺灣取得長照服務人員資格方式簡表

類別	內涵
專業培訓	參加九十個小時（含）以上的「照服員專業訓練課程」取得結業證書。
技能檢定	考取「照服員單一級技術士技能檢定」取得證照。
學歷檢覈	為高中、高職以上學校護理、照顧相關科系畢業。

（資料來源：作者整理）

　　借鑒日本自二〇〇〇年正式實施的《介護保險法》，開始了長期照護保險制。居家式的家庭養老服務，主要養老模式包括日間照顧中心、養老院、老年福利中心和老年公寓，每一種模式都針對不同的人群，分別為需要進行日常生活照顧的失能老年人提供服務、為福利中心轄區內的老年人提供健康教育、體檢和家庭指導等服務以及為生活能夠自理的老年人提供照護服務。在養老方面，設有社區型的長壽村等集中性養老區域，並有志願者提供長期居家養老志願服務。突出特點是根據老年人的不同身體狀況、需求和經濟負擔狀況劃分照護分級。

　　相較於臺灣照服員訓練多著重於協助沐浴、排泄、用餐等生活、身體照顧，日本則於長照參與人員建立分級分工，介護是指以照顧日常生活起居為基礎，為獨立生活有困難者提供幫助。其基本內涵為自立生活的支援、正常生活的實現、尊嚴及基本的人權的尊重和自己實現的援助。隨著少子老年化的加劇，介護人員的需求量和對介護工作質量要求日益提高。一九八七年《社會福利及介護士法》在日本應運而生，介護福祉士是長照服務業界的中流砥柱。介護工作者按照不同資格、受訓內容，主要分為四個等級，分別是「生活援助者」、「介護初任者」、「介護福祉士」，及「介護專

門員」四職種。如表11-3：

表11-3：日本介護工作者劃分簡表

類別	內涵
生活支援者	通過一百三十小時的「介護職員初任者研修」。
介護初任者	介護士至少是高中學歷，可進介護學校進修，或要求實習五年期滿，需通過「介護福祉士」的國家考試，並有職涯發展規畫。
介護福祉士	介護福祉士資格的取得，需透過在「介護福祉士養成機構」等教育體系畢業並通過國家試驗者，或是擁有三百二十小時的實務者研修證照、具備三年照服相關經驗並通過試驗者，才能取得資格。
介護專門員	相當於「照護管理師」，須具備五年實務工作經驗，經由專業考試及格者，其地位等同於護理師及醫師，一樣是由國家考試制度出來的專業人員，能夠一同針對個案討論其治療情況。

（資料來源：作者整理）

　　研習和證照不只是加強照服員的專業技能、形象，更可以保障長照人員的待遇有所提升，由日本照服員的薪資數據來看，充分表現出了臺灣長照人員的薪資保障尚有不足，薪資收入不穩定、易受衝擊，以二○二○年的資訊為例，生活援助從事者的平均月薪約為十九萬零五百日圓（約新臺幣四萬八千元），取證照成為介護福祉士，平均月薪會上升至約二十二萬兩千五百日圓（約新臺幣五萬六千九百元），升薪幅度約達新臺幣五千元。顯然在提升長照專業借鏡日本的實況，比較臺灣與日本長照人員的待遇差異，則顯然我們仍有相當努力的空間，因為如果不能保證長照人員沒有溫飽的問題，他們又豈有專心照護長者的精神，保障長照人員的待遇，才能讓長照產業趨向健康發展。

　　介護福祉士的國家資格，考試的出題範圍涵蓋了三個面向，除了身心構造和醫療看護之外，更包括人與社會的連結和溝通，藉由這樣理解人性的培育方式，並且長時間實務的要求下，介護福祉士普遍的服務品質都將逐漸提升，也藉此提高了他們的專業形象。日本介護制度所揭櫫的理念是高齡者的自由選擇及高齡者的獨立自主援助（自立支援）。藉由制度的實施達成普遍性、權利性、公平性和選擇性的原理。並透過多樣的服務提供者的加入，讓市場機能發揮效應，提昇服務品質及效率。介護市場因為有政府的參與，政府除了提供財政上的援助外，服務報酬的訂定及制度的檢討等均由政府主導而非市場機能來控制。

　　美國的照護人員被稱為「照護員（Certified Nursing Assistant, CNA）」，「照護員」不侷限於長照機構，主要的作用是協助患者處理日常事務、測量血壓等身體數據等。

表11-4：美國長期照護工作者劃分簡表

類別	內涵
個人照顧助理 Personal Care Assistant	沒有聯邦統一的訓練規範。
居家健康助手 Home Health Aid	具高中學歷，經兩週專業訓練及格者。
照護員 Certified Nursing Assistant	一定的的課堂與實習訓練，各州要求不一，在一定工作期間完成工作能力評鑑，具聯邦政府認證的安養機構中工作。

（資料來源：作者整理）

　　「照護員」的錄取方式美國各州都有自己的規定，以華盛頓特區為例，志願成為「照護員」的人必須先擁有高中文憑或「普通教

育發展證書」（GED），並通過經核准的「照護員」培訓計畫，計畫中包括四十五小時課堂教學、三十小時臨床實驗室和四十五小時療養院實習，再通過認證考試才獲取資格。如果以加州為例，同樣必須通過培訓計畫，加州的職業課程長度為六到十二週，隨後在獲得無犯罪記錄證明的前提下，通過能力評估考試才能獲取資格。

　　綜上，提供照護人力適宜工作條件、職涯規畫、專業分級認證、分級待遇、職業尊嚴與社會地位的提升等，更無法留住人才。

貳、長照分級制度的借鑑

　　在日本，介護福祉士是長照服務業界的支柱骨幹。將介護定義為「因應服務利用者的身心狀況所採取的生活全面性照護，包括資訊收集、需求評估、課題分析與照護計畫」。大家都會希望工作有未來性、有價值感，照護專業化值得推廣、被尊重。本節就日本介護制度及推動進行說明。

一、介護服務項目

　　日本一九八七年《社會福利及介護士法》的特色之一即是由照顧經理先行評估個案的照顧需求，並協助老人及照顧者擬定照顧計畫，提供適切的照護服務，以達到資源的統籌與最佳分配。照服工作像是家庭工作的延伸，沒有特殊性，為了明確作出「家政婦」和「照服員」的專業區分，不少日本長照企業除了「長期照顧」外，還另提供「家事工作」的細項，在服務項目中作出差異。至於提升照服技術水準方面，初期培訓課程只有提供煮飯、打掃之類的訓

練，顯然是任何人都能做的事。發現這個問題後，七〇年代開始劃
分職等的研修內容，給予照服工作者「介護福祉士」等職位名稱。
九〇年代的培訓內容更開始增加「照護意外防止方法」、「高齡者
溝通技巧」等的專業課程。然而，比起上課內容，更需要的是現場
經驗的累積，因此也需要設立照服員職位的職等評鑑，讓工作人員
有具體的努力目標。

隨著日本高齡化加重，日本老年消費市場已經形成，養老服
務產業也隨著發展，現已形成居家護理和設施護理兩類介護模式。
「介護」一詞結合日文的「介助」（協助）和「看護」（護理）而
形成。在法律上出現則始於一九六三年的《老人福祉法》，泛指在
特別養護老人之家（nursing home）中取代家人來照顧老人所執行
的業務。對於提供身心障礙者的生活照顧便稱為「介護」。老人福
利服務社區化提供模式已成為各國老人福利的發展趨勢，各國無不
傾力發展餐飲（送餐）服務、沐浴服務、家務服務、日間托老、
短期托老、居家護理等以社區照顧為主的老人福利服務措施。日本
的介護服務可分為三種模式：「介護福利機構（特別養護老人之
家），介護保健機構（介護老人保健設施），介護療養型醫療機
構。」

表11-5：日本的介護服務可分為三種模式簡表

類別	內涵
介護福利機構（特別養護老人之家）	一直需要介護，居家照護困難者可以入住機構內，利用飲食、入浴、排便等日常生活協助、功能訓練、健康管理等服務。是一種「小規模生活單位型」的「特別養護老人院」，其特性如下：「單人房」、「小團體單位化」及「居住費付

類別	內涵
	費制」等。其中的「小團體單位照護」不但已成為照護的中心理念，也成為日本長期照護的發展趨勢。家庭式的個別照護為目標的嶄新照護支援與環境提供。具體而言，將機構劃分為數個小團體（group），由過去的流程作業式照護轉換為共同生活式照護的照護型態。換句話說，「單位照護」是從過去基於工作人員的立場考量的流程作業式照護（效率優先的照護）轉換為與利用者共同生活的照護（重視社區的照護）的革新照護型態。
介護保健機構（介護老人保健設施）	接受病情穩定，為了能返家而以復健作為重點服務項目者，在醫事管理下進行護理、功能訓練及日常生活協助等服務。介護老人保健機構是提供有照顧需求的長輩，以回家生活為目標，入住機構時間是三個月到一年左右，機構設立標準有：療養室、診療室及機能訓練室等，服務人員有：醫師、護理師、照顧服務員、物理治療師、職能治療師或語言治療師等，係以復健回復期為主，提供介護措施，含ADL訓練、步行運動、轉位移位訓練、日常生活復能相關活動訓練。
介護療養型醫療機構	類同於護理之家，已經渡過急性期治療，但需要進行長期療養者可住入該機構，結合醫療資源協助照護，讓護理需求較多的長者能獲得充分的照料資源，促進醫療資源能提供需要各種不同照護服務的高齡者能獲得應有的照護。

（資料來源：作者整理）

　　現今的社區照顧服務不但已成為老人福利服務的重點，而且幾乎已成為老人福利服務的替代名詞。社區照顧興起的背景主要來自對收容式機構的非正常化及非人道對待等缺失之詬病。其實，透過人性化的空間設計及活動安排、職員質量的配置調整及個人隱私的重視及改良等營運，機構照顧也可以提供符合老人需求的服務。是以，目前日本百分之九十需護理的老人以居家及社區養老為主，且年齡平均在八十歲以下，而在養老院生活老人通常在八十歲以上。因此，需護理老人的第一階段以居家養老結合社區服務為主，第

二階段進入機構養老，在日本居家養老和機構養老是一個互補的關係。

居家養老的老人需要相應的遠程醫療、社區健康、家政服務、運輸、供給膳食、照顧起居等服務，居家養老是最大的細分市場。日本於二〇〇〇年開始實行的介護保險制度，是將養老與護理進行了有機的統一，是醫養結合的典型案例。而且日本介護保險推出帶動了一大批家用醫療器械、康復器械、遠程醫療及護理服務等企業提供專業化養老服務。日本養老服務除了能夠提高老人的生活質量之外，還能支持與幫助老人在養老生活中保持自立，幫助失能或半失能老人恢復自立。這種自立包括了身體性自立、心理性自立和社會性自立。日本推行「康復訓練法」來幫助身體康復，不僅使得虛弱狀態的高齡者恢復自立回到健康狀態，「要介護度」改善又為地方政府節約了介護保險的財源。

表11-6：日本社會保障制度

類型		內容
日本社會保障制度	醫療保險	國民醫療，共濟醫療。
	勞動保險	失業保險，工商保險。
	養老保險	國民年金，雇員年金，私人保險。
	介護保險	介護預防，介護保險。

（資料來源：作者整理）

日本養老服務產業最大的特徵在於「醫養護融合」的專業性老年服務，能夠根據老人不同身體狀況選擇不同類型的介護醫療服務。醫養結合型養老院是以失能老人為服務群體，在養老院內設醫

療機構、養老與醫療結構合作的方式來提供養老服務。養老院通過會與周邊醫院合作，將醫療機構外包給醫院運營管理，從而集中各自優勢提升養老和醫療的專業化效率。日本老年護理輔助設備和自助器具的設計主要滿足兩個主要功能：一是幫助老人，特別是失能、半失能的老人維持生活品質；二是減輕照護人員的的負擔。

　　日本介護保險制度規定六十五歲以上老年人，或者四十歲以上但患有早期失智、腦血管病、肌肉萎縮性側索硬化症等疾病的人群，都可以向所在地政府申請使用介護保險。政府在主治醫師意見書的基礎上派出調查員到家裡訪問調查，並評估申請人的健康情況，評估等級由低到高可分為三種：自理、需要支援與需要介護。

二、長照人員分級

　　介護保險服務主要有兩種服務類型：一種是在宅服務，另外一種是設施服務。在宅服務主要指日間照顧、日間看護、日間洗浴、日間康復與居家醫療管理指導等服務項目。設施服務主要指介護老人福利型設施、介護老人保健型設施與介護療養醫療型設施。

　　政府對養老介護服務項目規定非常詳細，並且在社會養老體系的構建中特別注重居家養老服務，僅居家服務就包括：到宅護理、到宅看護、日托、康復訓練、護理用具提供等多種。在居家養老與機構養老之間設絡的「中間設施」所提供的服務，也可包括在居家介護服務之中，如日托服務、日間康復服務等。

表11-7：日本介護服務項目

類型	介護服務項目
居家型 介護服務	到宅服務：沐浴、復健、營養指導、生活照護
	短期入院服務
	提高身體機能
	到宅醫療照護
社區型 介護服務	失智者團體家屋
	日間照護中心
	小規模多機能型照護服務

（資料來源：作者整理）

　　一九八七年，日本通過了《社會福利及介護士法》，於並於一九八九年進行了這兩項國家資格的首次考試，滿足養老服務專業人才培訓的需求。從而使得養老服務專業人才，尤其是專業護工的供給量加大。「介護福祉士」證照取得的方法如下：三年以上的實務經驗後參加國家考試、透過高中的福祉課程及四年制大學社會福祉士應考資格等多元方式。為了提升專業以及減少「養成學校」與「實務現場」出身的介護福祉士間的差異，於二〇〇八年修正養成科目課程，並且照護人力出現職種多元化及照顧專業證照化。「介護福祉士」若非「介護福祉士養成機構」等教育體系畢業者，需具備三年照顧服務經驗，加上至少三百二十小時研習課程，才能取得參加介護福祉士的國考資格。

　　長照人員接受專業教育及保障，國家資格「介護福祉士」的養成，涵蓋人與社會、身心構造與照護三部分，除了基本照護技巧，還包含人際溝通、照護倫理、基本護理、認知症照護、自立支援與自尊維護等課程，並加上長時間實習與實務資歷要求，漸進式地提

高「介護福祉士」的考照資質與能力門檻。

　　介護福祉士只是「名稱獨到」而非「業務獨攬」，仍需要其他從事低階技術或生活協助與家事服務的照護助手。一旦取得介護福祉士證照，在介護保險制裡面有加給規定，考照對個人薪資與升遷皆有幫助。

三、晉級升遷保障

　　介護為看護、照顧，是指以照顧日常生活起居為基礎、為獨立生活有困難者提供幫助。介護的專業不是看護那麼簡單，是為了疾病的後期康復，需要判斷被介護人的身體機能以及習慣動作，認知功能，精神狀以及適應社會的能力。並非一旦被介護就終生被介護，通過康復恢復了功能的人就會脫離被介護人群，成為生活可以自理的人，因此醫生定期重新審核也是日常工作的一個內容。其中，「日常生活活動度」（Activity of Daily Living, ADL）是整個介護的核心內涵，這也是介護和看護最大的區別，介護的目標是幫助被介護對象提高ADL，從而改善「生活質量」（Quality of Life, QOL）。

　　日本針對長照的骨幹「介護福祉士（Certified Care Worker）」必須符合國家考試認證介護福祉士資格：一年在機構內的訓練課程，或是二至四年的課程，或是有三年照顧工作相關的職業經歷。為謀能久任尚有晉升制度相搭配，在生涯規畫上專業證照加上完整的升遷管道，提供照護專業的發揮空間，讓人才更願意留在長照業中。同時，薪資待遇上，日本政府在二〇一七年統一調整照護從業人員的薪資外，以長照機構為主要成員的「全國老人福祉設施協議

會」也有訂立長照人員的職業發展路徑（如表），明確列出教育訓練項目與能力養成目標，提供業主評估職員升遷的依據。

表11-8：日本介護工作者晉升簡表

類別	內涵
管理者 機構主任	照護機構的團隊領導者，具有對照護專門領域的知識、技術有提高的企圖、實踐的能力，並能與社區照護預防、管理發揮功效。
組長 介護專門員	所具專業知能及實務經驗足以帶領工作小組成員以發揮照護機構所建置目標，激勵成員工作士氣，作為骨幹的學習標竿。
介護福祉士	具有積極的行動力，能獨立完成機構所賦予工作目標，並與工作團隊維繫良好互動，以規律性、協調性，達成組織功能。
介護初任者	在專業指導下能完成所賦予工作，有良好人際關係，具有服務意識及學習動機。

（資料來源：作者整理）

　　在日本，「介護專門員」（Care Manager），（亦稱為「照護管理師」，簡稱「照管師」）是二〇〇〇年介護保險實施後才有的「專門職稱」。是由日本都道府縣（第一級行政單位）簽署認證的資格，角色的重要性和本身學養經驗備受民眾肯定及推崇。

　　都道府縣每年固定在十月份舉辦照管師「會考」，考試會場與申請應試手續都在自己的居住地完成。應試者必須是擁有國家資格的醫療、保健、福利等相關領域的工作人員，至少五年資歷及九〇〇日以上照護現場的經驗，始能參加「介護專門員實務研修受訓考試」。會考合格後，參加「介護專門員實務研修」，講習與實習合計八十七小時，以及居家照護支援事業所實習三天。結業後，至道府縣申請登錄及領取「介護專門員證」。

參、長照分級制度的芻議

　　近年臺灣由於人口結構改變、家庭結構改變及婦女就業率提高，家庭的照護人力縮減，老人長期照護議題成為政府必須介入的重要政策，老人照護問題已不在是個人與家庭責任，政府角色更為重要，因此，老人照護是公共事務管理的重要議題。政府實施長照服務政策以來，照顧人力始終不足。雖然臺灣現有四十多所大學、設有長照相關科系，但培訓方式不同，而且普遍社會大眾對照服員的刻板印象，還停留在早期看護或外傭，導致年輕人不願意投入。薪資不會是絕對因素，只是其中一個重要因素，其他的因素就包括職涯發展，包括這個工作所產生的專業的成就感，建議應規畫更細密的專業分級，讓不同人才、對應不同需求和薪資，讓照服員看到這個行業的職涯發展，才能吸引更多人才投入、解決人力不足問題。有學者建議參考北歐或日本經驗，設置國家級長照證照考試制度。唯有專業分級，讓不同人才、對應不同需求和薪資，讓照服員看到長照職業發展。

　　面對長照系統照顧服務員平均年齡高、平均薪資低的現象，要從「激勵」的角度思考，照服員勞動條件，包含定期調升薪資、確立升遷制度、和建制專業分級等，讓長照成為年輕人值得投入耕耘的志業。分級制可以督促專業工作者不斷的進修，充實自己，提昇專業知能，從正向思考應該是一件好的措施。援引職能基準的內涵，將長照專業所需具備的能力，依其屬性劃分由低階到高端可以為不同層次：（Boyatzis, 1982）

表11-9：職能基準專業工作的區分層級簡表

等級	類別	內涵
第一級	常規重複	執行常規性及重複性的工作，不需要特殊訓練、教育及專業知識與技術。
第二級	專業職能	具有基本知識、技術能力，按指導進行需要某些判斷及理解性的工作。
第三級	獨立作業	一定程度的專業知識與技術及少許的判斷能力，可獨立完成規範工作。
第四級	判斷抉擇	具備相當的專業知識與技術，及作判斷及決定的能力，以獨立執行規畫設計與專業工作。
第五級	策略思考	策略思考、決策及原創能力、應用、整合、系統化的專業知識與技術及策略思考與判斷能力，能獨立完成專業與創新、自主完成。

（資料來源：作者整理）

　　長照工作推展的良窳，照服員是其關鍵，因此，如何建立一套完善的進階制度，以協助樹立專業形象、激勵專業成長，乃提升長照專業的重要課題。「專業分級制度」是一種職位進階的設計，在分級制中的不同階段（職位），各有其角色和工作，同時也擔負不同的責任和任務。分級的目的在提供照顧服務人員晉升的階梯，憑個人的努力，逐級晉升，以促進專業成長。

　　隨著產業結構與醫療照護專業的精進，人力資本漸漸成為組織創新與突破的主要關鍵。透過職能基準的制訂，以作為人才招募與培育的參考，同時，配合課程的規畫與設計，以提昇能力而可符合該職務需求，則為提升產業所需人才素質的重要策略。是以分級制度鏈結職能基準，「職能基準」（Occupational Competency Standard-OCS）為完成特定職業（或職類）工作任務，所需具備的能力組合，此能力組合應包括該特定職業（或職種）的主要工作任

務、行為指標、工作產出、對應的知識、技術等職能內涵的整體性呈現。

面對照顧人力供需失衡，有學者建議參考北歐或日本經驗，設置國家級長照證照考試制度。唯有專業分級，讓不同人才、對應不同需求和薪資，讓照服員看到長照職業發展，包括這個工作所產生的專業的成就感，應規畫更細密的專業分級，讓不同人才、對應不同需求和薪資，讓照服員看到這個行業的職涯發展，才能吸引更多人才投入、解決人力不足問題。以日本長照政策為例，他們是將長照服務訓練，定位在專業的技職教育，同時搭配著國家級的專業分級考試。

分級制的設計，是為了激勵自我成長、促進自我實現、提昇專業發展所規畫的教師升遷制度。在職能的分類上，是為專業職能，闡述專業職能是員工從事特定專業工作所需具備的能力，以利培訓單位、學校、企業等機構，可運用於該領域相關之人才培育發展與人力資源規畫。產業職能基準的內涵中，職能的建置必須考量產業發展的前瞻性與未來性，並兼顧產業中不同企業對於該專業人才能力要求的共通性，以及反應從事該專業能力的必要性，透過明確的產業職場所需能力規格的明確化，更能加速人力發展，符合勞動市場及產業的需求。

分級制的構想，源自於「生涯階梯」（career ladder）的理念，主要規畫一系列的職級進階，使長照專業工作者能夠依據本身的興趣、性向、能力與表現，發展個人的潛能，促進專業知能的提昇。亦即生涯進階重視在專業上的發展，而非將長照的職責區分為不同的層級，讓照服員在生涯上有專業發展的機會，以提昇專業素

質。目前日本等先進國家已重視照服員的生涯規畫，除依據的不同生涯階段設計不同的職位和工作外，更依照不同發展階段的需求提供進修課程。

長照既屬專業，生涯發展是指個人選擇或決定進入某一行業時，為適應某一行業的種種規範，並扮演和學習該行業的工作角色，由低層級逐漸升遷發展而到高層級的歷程。Supper主張生涯發展階段論，將個人的生涯發展分為成長、探索、建立、維持和衰退等多個階段。無論自長照工作年資或照服員心理特徵區別，初任者都是從陌生的角色開始，逐漸適應而熟悉，此階段專業經驗較淺、流動率高，待進入專業期，流動率減低，若實施分級制，此期為求生涯發展，會努力爭取升級，若無分級制激發工作誘因、將逐漸產生職業倦怠感，不僅士氣低落，服務品質亦隨之下降。

學者F. Herzberg於人力資源提出「雙因素理論」指出，影響工作滿意和不滿意的因素各不相同，影響工作滿意的因素為內在因素，如：工作本身、工作上的成就感、責任感等稱為激勵因素；影響工作不滿意的因素為外在因素，如：工資多寡、工作環境、工作地位、與上下級之間的關係、機構的政策等稱為保健因素。長照分級制將照服員的工作環境分為幾個職級，使照服員能隨著工作表現及年資逐級進升，目的在提供激勵因素，讓照服人員在工作中獲得成就感，一方面自我肯定，另一方面受他人重視，對促進專業成長，有積極正向的功能。

長照工作是專業的，服務品質的良窳和績效，取決於教師專業能力。因此，藉由分級制度，以刺激照服員專業成長，而無論在服務、成效上皆亦應以不斷的求新求善，來提昇專業精進並奠定照服

工作專業的地位。建構長照人才專業化之路，倡議的分級制度，正如同護理科系除了單一護理師證照外，目前採取N1—4分級制度，實施多年有其規模，參酌其內涵爰將照服員分成C0—4五級。

　　規畫一套分級制度，參酌護理師分級進階的作為，保留單一證照制，再進行分級。將照服員分為C0至C4共五級，每一級別在證照、年資、考核、知能考試有不同的要求，如同護理師一樣，護理師也是單一證照，但分成N1、N2、N3、N4；擬具將照服員區分成C0—4等級別。相對應的服務量與薪資也有所不同，分級制度、專業領域學分證明要與薪資結構連結，才會吸引照服員願意繼續進修。其中，C0至C3在知能考核階段強調照顧技術的深化，C4則著重行政管理考核，等級越往上，著重與長輩溝通、處理安全意外事件、感染管控、跨專業溝通等知能。目前有關照顧長者的專業領域越來越多，比方口腔衛生領域的知識、失智場域的知識、精神病人場域的知識、自力支援知識的導入、氣切管的照顧、傷口處理的知識、被照顧者家裡友善環境的知識、使用輔具的知識，將來只會更多。

　　長照相關科系無法迴避學生畢業後的就業議題，如何讓就學成本兌現在工作待遇、職涯發展上，而單一級化就沒有分級，讓專科、大學畢業生發展受限。而「職能分級」與「納入國家考試」是不少人指陳獻策的兩大制度性解方。職能分級強調將目前技能檢定僅有「單一級」丙級證照，應按照照顧對象的失能、失智等級，對應不同照顧技巧，發展敘薪差異、提升專業工作位階。

　　建立職能體系有助於職能基準品質管理機制，以持續精進人才投資並提昇人力資本，進而強化國家競爭力，因此建構「職能基準

活用指引」，讓企業、學校和培訓機構以及個人能有效參考與落實
應用職能基準，以期培育端的學校和培訓機構與應用端之企業能夠
在同一標準下校準產業需求，以確保職能基準品質為目標，縮短學
訓用落差，達成學訓用合一的目標。

肆、以晉級健全長照人才

　　人力資源發展是聶德勒（L. Nadler）在「美國訓練與發展協
會」於一九六九年首次正式使用。其概念早已涵蓋在訓練、訓練與
發展、教育與訓練等字義中。將人力資源發展界定為在一段時間
內，作有計畫、有目的的學習，以提高工作的表現。「長期照護十
年計畫2.0」於二〇一七年推動，大幅擴增適用對象和服務項目，
然而回顧國內過去長期照護十年計畫，長照服務發展相當薄弱，但
外籍看護工卻快速增長，可知待遇與工作條件不佳，難以吸引國內
人力投入長期照護。

　　長照（long-term care）是協助各年齡層因失能、慢性疾病、身
心障礙日常生活功能受限、或需他人長期照護者，在家庭、社區或
機構中協助餵食、沐浴、移位等非技術性照護，以降低個人功能障
礙與增進活動能力的策略。類似機構包含護理之家、個人照護機
構、持續性照護機構與居家照護，並提供日常生活照護、降低功能
障礙或環境改善方案等服務內容。

　　長期照護加強照顧弱勢長者，服務以在地老化、發展多元性
服務為主軸，進而建立有品質、普及性且可近性高的長期照護服務
網。在照護服務方面，規畫充實長照服務人力與其專業知能，提高

照顧服務員待遇增加投入職場誘因，期能建構以服務使用者為中心的服務體系，強化服務品質一致性。

表11-10：長期照護服務內容

類別	內涵
日常生活照護	餐飲餵食、沐浴清潔、穿脫衣物、使用輔具、身體移位、交通接送、協助購物、喘息服務、照顧服務等。
降低功能障礙	居家服務、日間照顧、家庭托顧等專業的評估、治療和居家及社區復健。
環境改善方案	生活環境評估、用品簡易裝修、輔具購置或租借、無障礙環境改善等。

（資料來源：作者整理）

在「長期照護十年計畫2.0」全面展開之際，加強照護者與醫療服務、健康教育以及高齡者的社會參與和健康管理等多元長照服務模式來滿足照護需求，亦可使高齡者能夠有良好的日常生活自理能力，延緩進入老化失能狀態，讓長照服務體系功能發揮最大。

世界各國面對高齡社會的挑戰，幾乎已達成一致的理念與共識。檢視國際高齡政策發展，健康與福祉已被聯合國認定為兩大主流議題，世界衛生組織更於二〇〇二年提出「活躍老化」核心價值，認為欲使老化成為正面經驗，必須讓健康、參與及安全達到最適化狀態，提升老年生活品質；西元二〇一二年世界衛生組織更以「高齡化與健康」（Ageing and Health）為主題，認為保持健康才會長壽（Good health adds life to years）。隨醫療科技進步與生活水準的提高，我國平均餘命持續延長，人口老化速度快於國際社會其他國家，影響整體人口組成、家庭結構、生活模式、社會型態的改變。

　　我國人口結構從高齡化社轉變到高齡社會花了二十五年，但要從高齡社會邁入超高齡社會卻僅僅只有七年時間，老化速度遠比日本、韓國等國家要快。因此，我們必須改變過去政策的思維，積極探索新的策略，才能做好邁入超高齡社會的準備。

　　為執行未來長照保險的服務輸送，持續提升長照人力與服務量能，完擅長照服務體系，滿足高齡長期照顧需求是當務之急；強化失智症防治及社區照護，減緩失智症對家屬及社會的衝擊，維持失智症患者及家屬的生活品質。積極培育長照服務人力，提升服務品質與發展多元性，以解決高齡社會長照需求，積極完備長照服務的各項資源，縮短訓用與學用落差，透過職訓與學校教育雙軌培育長照服務所需之專業人力，規畫並發展長照人才專業分級與職涯，改善勞動條件並翻轉職業形象，務實發展多元人力組合，以全面提升整體長照服務品質；藉由公私協力，提供居家及社區為主、機構為輔的多元性服務，普及長照服務，以建構完善且永續的長照制度。

　　為促進長照人力的發展，充實長照服務人力，建立長照人力跨部會業務協商溝通平臺，將從整合學、考、訓、用機制，專業定位、培訓制度及建立人力資訊管理系統等各面向多管齊下，以強化充實人力資源。推動照顧實務指導員試辦計畫，強化長照人力分級；規畫依居家服務難易度（基礎照顧、進階照顧）訂定不同補助標準，增加照顧服務人員升遷的誘因。

表11-11：促進長照人力的發展簡表

類別	內涵
專業定位	長期照顧服務法已明定長照專業人員的定位，授予專業資格證明。

類別	內涵
確保待遇	依不同服務對象或特殊情況，研訂補助標準加給的方式；另結合專業團隊評估推動的成效，增進留任誘因，包括鼓勵參與專業資格認證，並針對通過分級制度的照顧服務員研議發給專業加給。
分級制度	鼓勵照顧服務員晉升制度，規畫增列專業加給，強化照顧服務員職涯發展。建立照顧服務職能分級，提高成就感與滿意度，推動創新整合服務模式。
專業培訓	整合學考訓用機制，充實照顧服務人力，擴大培訓人數，培養第一線人力，透過整合學訓用機制，搭配老人照顧相關科系核心課程發展，促進與長照單位的產學合作，吸引年輕世代投入。
繼續教育	擴大服務人力訓練，並使培訓計畫內容具有一致性、連續性及完整性，推動長期照護專業培訓課程（Level I 共同課程、Level II 專業課程、Level III 整合性課程），使長照人員具備長照基本知能、提升專業照護能力，以建立跨領域的團體合作模式。
職涯推展	鼓勵技專院校長照相關科系發展實務導向的長照課程、設立實習課程，減少學用落差；發展照顧服務員訓用合一模式，提升留任率，整合學、訓、用機制。

（資料來源：作者整理）

　　參酌日本的照管師分二種：一是居家照護服務體系的「居家照管師」，由居家照護支援事業所聘用（獨立營業執照）；一是機構服務體系的「機構照管師」，由老人養護機構聘用。在日本無論是居家照管師或介護服務提供業者，都是由服務利用者自選，簽訂服務利用合約書後提供服務，並非由地方政府指派決定。於運作中，各市町村（第二級行政單位）設置有多所隨時可前往諮詢的福利服務總站──「社區整體支援中心」，各種官方網站有具體的資源地圖供住民參考與選擇。

　　「居家照管師」的業務一般是獨立作業，由於每一位服務利用

者的生活方式不同、經常看病的醫院也不同，業務上必要的面談或需求評估等作業必須親自前往訪問，始能及時且正確地掌握問題及需要，擬定照護計畫是一份複雜、細緻的工作，有必要隨個人的身心狀況變化或家庭內、外可利用資源變動而調整或更換。因此法定可接受的服務個案不得超過四十人，原則上每個月需家訪追蹤與記錄照護服務業者是否依照護計畫達成目標等。

社區中提供居家照護或日間照護的事業所數量繁多，想要利用服務的老人，大多不懂如何選擇業者或場所，居家照管師必須充分瞭解當地的資源分佈及特色，方可提供老人最完善的資訊、連結最適當的資源。此外，居家照管師有義務作為老人向業者表示意見或申訴的代言人，並可視需要代替老人申請需照護認定手續。

「機構照管師」是針對需照護本人或家屬的需求，經明確的課題分析後，提供必要支援的總稱；此幕後功臣的功力與用心表現在日常將本人及家屬的困惱、身心狀態等即時與照護服務提供者或醫療單位資訊共有、及時對應。「機構照管師」是針對本人及家屬的課題、目的及目標，連結與調整可利用資源而擬定「照護計畫」的協調人。在實現以提高保健醫療與增進福祉為目的的介護保險制度理念上，「照管師」佔有重要的角色及地位，待遇比照護領域的一般職種優渥。

日本在養老資金方面實行長期照護保險，為強制性醫療保險，大部分費用由醫療保險基金支付。老年照護的費用主要來源於保險費用和公費承擔百分之九十，老年人承擔剩餘的百分之十。在提供服務方面，養老機構都設有專門的老年病房，配有專業醫師和全職護士，老年人在經醫生診斷同意後就可在病房內接受專門的、長期

的治療和照料。並且有專門的醫護人員「介護士」提供照料和護理等服務。

表11-12：日本照護計畫擬定流程

項目	內容
掌握實況以利評估	照管師進行親訪面談，瞭解生活上的照護需求。
擬定照護計畫草案	提供照護服務項目及內容，以為服務受照護者。
進行照護計畫協調	與機構、照護者及家屬進行協調以利落實計畫。
確定照護計畫方案	綜合機構、家屬及受照顧者需求確定照護內容。
確認計畫簽署同意	計畫經確認後，進行方案、作為同意意向簽署。
後續追蹤檢視成效	照管師固定到宅訪視，並且確認方案執行成效。

（資料來源：作者整理）

　　日本的「介護士」培養制度與作為，養老服務除了非常專業之外，還始終秉承「孝道」文化，並通過科技、資訊化手段，使得養老服務更加人性化、細緻化、精細化，也更能關注老年人的心理需求，從而形成與市場差異化的核心競爭力。可為我國培養具有「醫療、照料、看護、照顧」的專門醫護人員提供了經驗。在日本，介護服務不僅僅停留在看護好老人，還包括照顧日常生活、醫學護理及保健等，提高老年生活質量，而這些又是建立在維護老年人權利與尊嚴的基礎上。日本養老服務的特殊在於把尊老敬老，文化貫穿於管理服務的各個環節中，並做到身體力行。

　　人力資本發展分析目的，乃在提升人力素質，俾能在有激勵有能力的前提下為機構所用。人才的進階認證應考量加入資源管控，在培訓人力後，能夠不流失，避免造成楚才晉用的遺憾，而期盼員工接受訓練後，仍繼續在原機構效力。留才的方式很多，如：

第一，賦予更重的責任，包括調升在內。

第二，對其所訓練成果，盡量給予發揮的機會。除了在崗位上，亦給予實施轉移訓練的機會。

第三，如屬較高的訓練成本，則簽訂勞動契約，明定權利義務及賠償條例，亦屬可行方法。

結語

人力資源發展的核心本質，對個人而言，就是追求所謂最佳化的適性（Adaptive）發展，亦即根據其個別天賦、興趣、人格特質的適性發展。對組織而言，則能夠選擇並留用更多較適合的人才，使得組織內耗的可能性大幅降低，而擁有更主動積極的動力，能夠創造更佳的績效。像是日本介護專門員（Care manager）便需要評估被照顧者生理、家庭與經濟狀況，考量到未來照顧產業化，串連與分配社會、政府、商業資源並規畫不同等級與需求的服務相當重要。

我國隨著社會變遷與醫療衛生的進步，生育率與死亡率雙雙出現下降的趨勢，整體人口結構快速趨向高齡化，使得長期照顧需求人數也同步增加。同時因家庭的照顧功能逐漸式微，使得個人與家庭的照顧壓力日益加重，進而連帶產生社會與經濟問題，因此，建立完善的長照體制，已成為完備我國社會安全體系的關鍵議題之一，需要眾志成城集思廣益共同應對。

第十二章　長照創新人才培育

前言

　　管理學者彼得・杜拉克（Peter Ferdinand Drucker）說：「我們正進入一個知識社會，在這個社會當中，基本的經濟資源將不再是資本（capital）、自然資源（natural resources）、或是勞力（labor），而將是知識（knowledge），知識員工將成為其中的主角。」當面臨科技迅速演變，體察環境變革及科技發展脈動與組織和員工的需求，協助員工與組織共同學習，並運用各種策略、制度與方法，以達知識的傳承，進而創新知識。厚植人力資本，才能擁有優質的組織。

　　在聯合國一九九一年提出的老人綱領與世界衛生組織（WHO, 2002）所提倡的積極老化（active ageing）政策架構中，基本需求的滿足已是高齡政策的最低要求，參與、尊嚴、自我實現與健康等價值更成為主要的政策內涵，並被具體納入我國長照十年計畫的目標。長期照顧體系涵蓋的服務對象與服務項目愈加多元，服務輸送體系宜朝連續性、多元性、優質化，並著力於多層次照顧人力資源的培訓與留任，方能滿足高齡社會的需求。

壹、日間照護與長照人力

　　聯合國人口基金會（United Nations Population Fund，簡稱UNFPA）指出，二十一世紀最重要的趨勢之一便是人口高齡化。自一九五〇年起，全世界多數國家生育率與死亡率皆下降、高齡人口急遽增加，此現象稱為「全球高齡化（global ageing）」。西方國家從二十世紀初已就面臨人口老化問題，並逐漸採取因應之道。反觀我國自一九八〇年代達到高度經濟成長，但伴隨人口結構急速老化，卻對於長期照顧議題關注起步甚慢，對於其人力培育規畫之投入更顯不足，「家有一老，全家逃跑；如果不跑，換你會倒。」長照人力是長照成敗關鍵，面對老年人口提高及長照需求量增加，政府應有照服人力長期規畫。

　　日間照顧服務使用者對於多元照顧服務與社會互動的需求，以及在職照顧者面臨職場與照顧工作間的兩難，突顯面對照顧需求的多樣化與分散化，與居家照顧同為促成在地老化與照顧社區化的另一個支柱——日間照護，或許是滿足多元需求的重要選擇。

　　日間照顧以定點的方式，提供社區民眾在白天至照顧場所使用服務，晚上則回到既有的住家，或是對有暫時性照顧需求的家庭，安排老人接受短期性的照顧（respite care）。服務內容可包括休閒、膳食、交通、護理、健康促進、口腔保健、職能或語言治療，以及相關維持記憶方案等，可以舒緩照顧者的壓力與負荷，其較居家照顧最大的優勢在於讓老人可以得到社會性互動，並使得照顧者可以繼續投入職場。

根據提供服務內容之差異，學理上可將日間照護中心再細分為三種類型（Naleppa, 2004: 12）：

表12-1：日間照護中心

類型	內容
社會型	社會型的日間照顧中心主要提供社交、創意、教育活動、餐飲、營養管理等服務。
醫療型	醫療型的日間照顧中心主要提供護理、個人與醫療照顧，或是物理及職能治療等服務。
混合型	混合型的日間照顧中心則同時提供上述兩種服務。

（資料來源：Naleppa, 2004）

以經濟學的觀點來看，「產業化」係指：在市場經濟條件下，以行業需求為導向，以實現效益為目標，依靠專業服務和品質管理，形成的系列化和品牌化的經營方式和組織形式。透過自由市場的競爭來創造多元優質的長照服務，除了可讓大眾享有更完善的服務外，也可讓長照產業有穩定的經濟發展規模。此外，可再依據市場反應獲取使用者的意見與回饋，轉化為產品服務的能量。

隨著高齡社會的即將到來，健康是全球所關切的重要議題，亦是影響未來社會的關鍵因素，而慢性病患及功能障礙人口增加，後續的照護需求也日漸增加，因此，長期照護機構的設立如雨後春筍般快速成長。在多樣化的長照機構中，也因為其照顧屬性的專業化，因此針對長照從業人員有更高的期許，以健全長照體制。

美國運動醫學會（ACSM）對於高齡者運動特別強調阻力訓練，建議採用漸進式模式，強化長者肌力訓練，以個案為中心提供標準化健康適能評估、個別化運動處方與適性的健康評值，由專業

団隊給予個別化的健康促進計畫。依據健康適能評估結果，連結適合長輩的訓練項目及器材，以環繞運動的方式完成訓練，並藉由專業物理治療師指導正確姿勢、適時調整運動強度等，能有效鍛鍊目標肌肉群，並可加強肌力、肌耐力、以及心肺功能，針對長者提供個別化肌力訓練設備指導，在長者體適能促進締造佳績，領先其他運動介入。日照中心執行的運動及復能服務，除醫事人員外，照顧服務員的投入亦是重要關鍵，請強化其職能培力及能力指標監測成效，以持續提昇社區式長期照顧的服務品質。

我國長照2.0政策雖有諸多細緻規畫，然檢視實況，照顧人力和品質成為一大隱憂，據統計，二〇一五年平均一位八十歲以上的長者，有九點五位四十五到六十四歲的潛在照顧人力，但二十年後將快速下降到四位。其中，如何吸引青年投入照顧行業成為關鍵；另一方面，許多家屬缺乏合適的場域學習照顧技巧，只能獨自摸索照料長輩的方法，成效往往事倍功半。面對眾多挑戰，打造長照人才培育計畫，對象涵蓋青年學子、照顧服務員、家庭照顧者、一般大眾等，設計多元課程滿足各種需求。就此現象，衛生福利部屬彰化醫院為發揮公共衛生與健康照護服務的社會公益責任，於二〇一五年成立長照醫學部，整合相關專業團隊提供民眾完善的長照服務，並於二〇一七年十月成立「二水日照中心」，提供小規模多機能的照護服務。另，因考量二水長期沒有復健科醫院及診所，許多長者需在親友陪同下遠赴車程近一小時的大型醫院進行復健診療。是以，二〇二〇年八月於日照中心開設復健科及精神科失智門診中心，落實在地化、即時、便利的社區照顧及預防性健康服務。

門診中心突破現有活動設計模式，備有專用油壓式肌力訓練

圖12-1：彰化醫院於日照中心開設門診中心嘉惠社區民眾

器材，以個案為中心提供標準化健康適能評估、個別化運動處方與適性的健康評值，強化不同部位的肌群，可以在醫師運動處方下操作，減緩退化。並結合醫師、藥師、護理師、營養師提供全方位照顧服務，對於老年人特別需要，可以幫助他們減緩肌力退化的速度。很多長者的膝蓋患有退化性關節炎，除了吃藥復健之外，可以藉由醫師開立的運動處方，透過機組的運動治療去增強膝蓋的關節活動度和肌力，減少跌倒的機率，其他部位的肌群，也可透過各種量測進行瞭解，進而以機組去訓練不足的部分，在醫師處方操作下是比較安全，也比較有效。這項門診服務且更進一步將服務範圍延伸至社區與鄰近鄉鎮民眾，深耕社區，提升日照中心在醫養合一的功能，增進日間照護的服務定位與價值，成為健康照護與延緩失能

圖12-2：彰化醫院於日照中心開設復健科及精神科失智門診中心

整合性平臺，使長者能擁有一個活躍老化兼具安全、品質、尊嚴的
晚年。

貳、失智照護與多元療癒

《百億人口》（Population 10 Billion）作者朵林（Danny
Dorling）曾表示：「全球人口將增加到一〇〇億，主要原因之一
並非人類生得更多，而是活得更久。」根據國際失智症協會最新統
計顯示，隨著高齡人口不斷增加，失智人口增加的速度逐年加快，
平均每三秒有一人罹患失智症，全球失智症患者推估已超過五千萬
名；據統計，目前臺灣六十五歲以上長輩每十二人中有一人失智，
而八十歲以上則是每五人中有一人失智，不論是全球或是臺灣的
失智人口均呈現快速成長趨勢，失智症風險已然成為國際關注的

議題。

　　「我國長期照顧十年計畫」計畫基本目標為「建構完整之我國長期照顧體系，保障身心功能障礙者能獲得適切的服務，增進獨立生活能力，提升生活品質，以維持尊嚴與自主」，六項子目標則分別如下：

表12-2：長照計畫基本目標

項目	內容
原則	以全人照顧、在地老化、多元連續服務為長期照顧服務原則，加強照顧服務的發展與普及。
保障	保障民眾獲得符合個人需求的長期照顧服務，並增進民眾選擇服務的權利。
家照	支援家庭照顧能力，分擔家庭照顧責任。
效益	建立照顧管理機制，整合各類服務與資源，確保服務提供的效率與效益。
補助	透過政府的經費補助，以提升民眾使用長期照顧服務的可負擔性。
財源	確保長期照顧財源的永續維持，政府與民眾共同分擔財務責任。

（資料來源：作者整理）

　　現行長照政策——長照2.0是將五十歲以上失智症患者納入服務對象，擴充失智症預防及照顧服務，發展失智者社區服務據點。為達成前述目標，建置符合計畫原則與策略的長期照顧服務體系，必須就潛在服務需求量進行推估，配合政策措施擴充服務的供給量，並調整相關人力與管理制度。

　　世界衛生組織（WHO）為表達將失智症列為優先的公共衛生議題。九月二十一日為國際失智症日（World Alzheimer's Day），二〇二一年日發表報告指出，全球罹患失智症的人口正持續增加，目前

有五千五百多萬人罹患失智症，照護等相關成本一年達一點三兆美元。，在人口老化的情況下，預計至二〇五〇年增至一億五千萬名失智症者；世界衛生組織（WHO）估計，一些致病因素並非無法避免，包括血壓、糖尿病、飲食、憂鬱症，以及菸酒等，這些都是能夠及早開始改善腦部健康、減低認知能力衰退和失智風險之處。

衛生福利部推動的「長照十年計畫2.0」中，已將五十歲以上失智者納入服務對象，失智長者經各縣市長期照顧管理中心評估，有長照服務需求者，即可獲得長照服務。又為滿足失智症者照顧需求，減輕家屬照顧壓力及負擔，長照失智照護政策以提升失智症長照服務能量、擴大失智照護資源佈建、強化社區個案服務管理機制為主。執行策略包括：

表12-3：失智照護資源佈建

項目	內容
社區服務據點	提供個案及照顧者支援服務，如認知促進、互助家庭、關懷訪視、家屬照顧訓練及支持團體等。
共同照護中心	協助未確診失智個案完成確診；協助照顧者於個案不同失智程度照護需求及支援協助，提供引導、相關資訊及轉介等支持服務；連結醫療資源，提供個案醫療照護相關服務，及傳播失智健康智能，營造友善社區環境等。
機構住宿服務	機構失智專區、小規模多機能、團體家屋等創新多元服務項目。
照顧者支持系統	建置失智照顧者支持服務網絡，如失智症關懷專線（0800-474-580）、家庭照顧者諮詢專線（0800-507272），提供照顧者個別或家庭協談、輔導諮商、轉介服務資源。

（資料來源：作者整理）

臺灣逐步邁向高齡社會，隨著年紀愈長，年長者身體也浮現許

多問題，其中面對老年失智症就醫人數隨年齡增加而增加，平均每四位有一位曾因失智症相關疾病就醫，接受長期照顧服務個案數，以居家服務最多。發病前的預防及降低罹患風險，已然成為臺灣社會刻不容緩，急需關注的重要議題。

隨著科技進步、醫藥發達，出生率及死亡率逐年降低，臺灣老年人口的比例正大幅增加，失智人口數逐年攀升，失能者的臥床時間也不見改善，消耗大量的醫療及社會資源，高齡化社會已然成為重大議題，所產生的現象與問題也逐漸浮現。如何維護高齡生活的品質與尊嚴，以及訂定健全的社會福利和健康政策誠屬迫切。

為失智症的防範，日本學者竹內教授推動「能力回復復健」（Power Rehabilitation），強化民眾對失智症的認識，透過對失智症保護與危險因數的瞭解，及加強對失智症老人的照顧，以提倡「失智症照護的基本為水分、營養、排便、運動」理論而知名，缺乏水份會影響人體散熱、循環功能、運動機能低下，並會出現意識障礙及幻覺，而營養不良則會使得失智症狀更加明顯，便祕則會造成情緒緊張焦躁，因此建議照護者可從補充患者每天喝水二○○○毫升以上、營養每天攝取一五○○大卡、保持排便順暢及每天步行運動訓練著手，症狀可獲得改善。依此原則與家中長輩身體力行，每日調整良好身心狀態，能在日常生活中施行的「多用保健，少用健保」原則，進而遠離失智，以期改善失智者個人及家庭在照護及生活產生的疑難雜症，讓長輩得以老有所安，活出樂齡人生。

世界衛生組織提出「口腔健康為全身健康之基石」概念，意味著口腔疾病與全身健康息息相關。比方說，牙周病與糖尿病具雙向關聯、口內牙齒數目與失智症風險成反比等，也因此口腔疾病危害

不容小覷，醫界、民眾不應將口腔疾病單純視為局部問題，而需要更重視口腔照護議題。臺灣邁入「高齡社會」同時，包含口腔照護等整合性照護更是迫在眉睫，在整體健康促進的作為，口腔健康議題也需納入考量。日本著名的牙醫師河原英雄（Hideo Kawahara）經多年的臨床診療，強調一口好牙，能咀嚼真食物，吸收營養，刺激大腦，元氣滿滿；蛀牙、缺牙、牙周病，不但受罪、花錢，還是許多疾病的溫床。牙好人不老，健康長壽的祕訣，就在口腔裡。例如日本在二〇一三年公佈關於咀嚼能力與認知能力關聯性的研究結果，顯示咀嚼能力差者，巴氏量表得分也較低，且較容易出現沮喪等相關問題，進而增加失智風險。

瑞典卡羅林斯卡學院老年研究中心研究員汀媞卡（Christina Dintica），發表於期刊《老化（Aging）》的研究，發現咀嚼能力與年齡漸長所造成的智力衰退有關，咀嚼能力越差，空間感、學習新知和處理問題的能力也隨之降低。咀嚼能力較差的人，往往認知功能也較低，甚至較容易出現沮喪等情緒問題，進而增加失智的風險。韓國針對平均年齡為八十歲的老年，進行智能狀態測驗（MMSE-DS），結果發現咀嚼能力中等或較低的老年人比咀嚼能力較高的老年人，認知障礙風險更高，證實咀嚼能力差與老年人的認知障礙或失智有關。

為彰顯對高齡者牙齒健康對咀嚼力的重要，敏惠醫專與高雄醫學大學口腔衛生研究所合作在校內設置「高齡者咀嚼吞嚥暨保健中心」，培育專業人才，正式投入長照行列。參酌並呼應日本率先實施「八十／二十」計畫，讓八十歲的長輩仍然擁有二十顆可以咀嚼的牙齒，使得飲食健康，能有更充沛的體力、活力來增進生活品

質。這項經過教育部技優計畫的核定獲得獎助設置「高齡者咀嚼吞嚥暨口腔保健中心」，要增進長者咀嚼吞嚥及口腔保健。借鑑包含日本在內的國際的先進的經驗，並且結合臨床的實務單位，如高雄市立小港醫院共同合作，鋪陳務實致用的專業人才的培育基地。此外，配合政府長照政策，並且同步參加教育部的展翅計畫，公費培養、就業保證、深耕厚植，以培育社會及專業急需的長期照顧的專業人才，同學皆能於求學期間順利取得勞動部照顧服務員的專業證照，分別到與學校所簽訂的產學單位進行有酬實習時。

為落實長者口腔保健敏惠醫專與「河原英雄之友會」（緣起於日本資深牙醫師河原英雄所帶領一群善心牙醫師，在傳遞治療理念與技術後，在臺灣傳承。）多年來社區進行免費假牙義診，除進行基本的口腔健康評估，也協助長輩活動假牙調整，改善咬合緊密度，也為長輩提供健口操及咀嚼吞嚥訓練服務，大幅提升咀嚼能力，獲得地方好評。

許多銀髮族覺得治療牙齒問題昂貴費事而放任病情惡化，最後只能拔牙。但現代人壽命長，更應該延長牙齒的使用年限，才能好好吃東西。除了平時牙齒保健，出現口腔問題如蛀牙、牙周病就應該治療，「光是初步治療，老人家就有大改變，」有些長輩不愛吃東西、沒辦法吃東西是因為口腔疾病，將口腔感染如牙周病、爛牙根控制住後，即使還沒做好假牙，但因為疼痛減輕，吃東西就較順暢、精神也變好了。敏惠醫專所設置「高齡者咀嚼吞嚥暨保健中心」，結合醫學專業對長者照護減緩失能、失智的實證作為，並協請高雄小港醫院「咀嚼吞嚥機能重建中心」的專業指導，在人才培育、教育推廣、社會服務善盡學校的社會責任。

圖12-3：敏惠醫專成立「高齡者咀嚼吞嚥暨口腔保健中心」培育專業人才
以因應長照需求。

參、居家醫護與長期照護

「長照十年計畫2.0」政策宗旨是：希望藉由家庭、社區的力
量來協助需要照顧者，也就是家中還有主要照顧者的家庭。但畢竟
年代不同了，過去家庭的人力資源多，沒有照顧人力缺乏的問題，
長者大多不願意去住養老院等住宿式長照機構，但現在的父母生育
子女數少，孩子照顧父母往往心有餘而力不足，住宿式長照機構扮
演更重要的功能。世界各主要國家的長期照護發展，雖然早期有機
構式設施的發展，但在二十世紀六〇年代以後著重於居家支援服
務，以期能支援身心功能障礙者在家中生活更長的時間；其主要轉
變原因有三：（Brodsky, 2003）

表12-4：居家醫療照護的主要原因

類型	內容
在地老化	老人在教育和經濟水準的提升下，追求「在地老化」（aging in place）獨立自主的生活目標。
科技發展	科技的發展，強化居家安全照護的能力，使功能障礙者也可具有獨居的能力。
樽節經費	老年人口更加老化，使長期照護需求無限增長，因而決策者希望利用回歸社區與家庭的策略，減少機構式服務的使用，節約長期照護成本。

（資料來源：作者整理）

　　二〇一三年，美國「醫療服務隨選平臺」（Medicast）在加州成立，目前美國有多個像Medicast這類醫療服務隨選平臺。它集合了自由工作醫生在平臺註冊，如果患者有需求，只要在APP上點選自己的所在位置與醫生，醫生對症狀暸解後，保證兩小時之內到府看診。

　　為了讓這些不方便出門就診的長者與病患可以在家中接受照護，臺灣從二〇一六年開始，實施「全民健康保險居家醫療照護整合計畫」，由醫護人員組成居家整合照護團隊，主動走入長者或是行動不方便的患者家中，提供完整且持續的醫療照護。

　　「全民健康保險居家醫療照護整合計畫」所提供的服務包含：「居家醫療」、「重度居家醫療」及「安寧療護」三照護階段，並依照患者的需要，提供服務與照護轉介。照護服務，每個階段所包含的服務內容不盡相同，其中有：醫師訪視、護理人員訪視、呼吸治療人員訪視、其他專業人員訪視、藥品處方調劑服務、二十四小時電話諮詢服務等。服務特色包括擴大照護對象、強化個案管理機制，且透過照護團隊的合作，包括各類醫事人員間之水準整合，及

上、下游醫療院所的垂直整合，依患者病況提供到宅的醫療服務，讓行動不便患者，在家中也能得到全人及連續性的醫療照護。如此一來，減少了病患的行動與交通的不方便，也能藉此降低民眾住院的天數，讓民眾可以安心在家中休養、甚至善終。

表12-5：居家醫療照護的功能

類型	內容
照護可近性	提升因失能或疾病特性致外出就醫不便病人的醫療照護可近性，減少病人因行動不便委請他人向醫師陳述病情領藥的情形。
替代性照護	鼓勵醫事服務機構連結社區照護網絡，提供住院替代服務，降低住院日數或減少不必要的住院。
整合性照護	改善現行不同類型居家醫療照護片段式的服務模式，以提供病人整合性之全人照護。

（資料來源：作者整理）

「居家醫療照護」服務是為了減少不必要的住院耗費及感染，減輕病人及家屬往返醫院所花費的時間、人力、精神，使病人能在家中享受家庭溫情與安全的居家照護，是由居家護理師及家庭醫學科醫師至家中做健康評估、醫療照護及居家照護技能的指導。主要目的是幫助照顧者在家照護病人，讓醫療服務不致因出院而中斷，同時也可以減輕病人及家屬往返醫院所花費的時間和精力。

「歐洲健康系統及政策監測中心」（The European Observatory on Health Systems and Policies）在二〇一二年發佈的「歐洲居家照護」報告中，隨著人口繼續老化，未來挑戰愈來愈艱巨。其中居家照護面臨的最大挑戰是照護需求持續增加、經濟危機下照護體系是否能永續經營、照護人員人力缺乏等三項。

一、荷蘭模式

　　在推動居家照護模式上荷蘭的「博祖克（Buurtzorg）社區整合照顧服務模式」深受國際推崇，該機構的經營理念及模式，不僅為荷蘭長照制度，進行一場從下而上的寧靜革命，同時引領全世界居家護理產業以「人」為本的風潮。該機構是由喬斯・德・勃洛克（Jos de Blok）於二〇〇七年創辦。

　　Buurtzorg在荷蘭語中是「鄰里關懷」的意思。「社區整合照顧服務模式」，是個案管理員、居護、居服員多功能合一，因此效率能夠高度發揮。「博祖克社區整合照顧服務模式」的護理人員不僅提供醫療服務，還提供支援服務，例如穿衣和洗澡，這些服務通常委託給受過較少培訓且費用較低的人員。在社區通常由十至十二名訓練有素的護士組成的自治團隊負責特定社區內五十至六十名患者的家庭護理。在二〇一八年僱用了一萬名護理人員和近五千名家庭照服員，為八萬人提供家庭護理，每年新增上萬個照護長者；社區照護系統，是因應醫生人數非常少的情形下，以護理為主的居家照護模式，而博祖克的社區鄰里照護系統仍會與急重症治療的醫院、長期安養的機構之間形成緊密而完整的照護網，一切回歸以人為本的照護初衷。

　　「博祖克社區整合照顧服務模式」是以社區為單元的家庭照護組織，因其落實以人為本，不但成功翻轉居家照護產業，更被視為二十一世紀照護創新的典範。創新性地使用獨立護士團隊提供相對低成本的護理而引起了國際關注。建構前的荷蘭為了減低國家醫療費用，修改法律，但不僅醫療費用有增無減，受照護的長者和提供

照顧的護理師，還要寫很多分析及家訪報告，往往做報告的時間比照顧病人時間多，這種機械式的照護方式，再有使命感的護理人員也漸漸失去服務熱忱，幸福感沒有跟著增加。更甚者，很多以賺錢為目的的照護公司，以低薪聘請程度較低的護理人員，降低服務老人的服務品質，以致造成護理人才大量流失。

高齡社會來臨，怎麼結合社區和鄰里的力量一起照護老人，是非常重要的課題。「博祖克社區整合照顧服務模式」的運營理念是「keep it small（保持小型），keep it simple（保持簡單）」，當他們進入患者家中時，這使得工作安排具有靈活性，以滿足照護人員和患者的需求。由於大部分的個案都是獨居，每天照護人員的到訪，除了給個案心理支持，讓個案知道，在生活中隨時都有人可以提供服務，而且個案的狀況隨時會改變，藉由每天的聊天，可以知道一些變化，提早做提醒或處理，不要等到發生狀況再來處理，將會耗費更多醫療資源。強調社區護理師把主要的精神運用在長者身上，提供「全人化」的服務，讓照護理人員有時間為每一位病人客戶尋找適合的解決方案，而不是花在行政流程或在乎指標等等。

「博祖克社區整合照顧服務模式」為提升效能，設計有「後援辦公室」（Back Office），運用IT資訊科技把電腦系統盡可能簡化，讓平常不太熟悉電腦資訊設備的照護人員都容易上手使用，簡單又好用的資訊系統能節省很多時間與精力，長者滿意度也非常高。同時，強調讓個案自己來，目的是要延長個案能執行日常生活的能力，因為獨居，沒人幫忙，如果不盡量自己做，當失能程度變重時，就會無法留在家裡，支援獨立的主要目的是延長其獨立生活的時間，其實這樣的照顧方式，其精神就是近幾年非常推廣的個案

的「自立支援」。

　　「博祖克社區整合照顧服務模式」的特質，是照護人員整合現有系統的分工，提供長者一站式照護服務，此舉不但成功減少個案所需的照護時數，還提高照護品質，提升工作滿意度，團隊內所有的事情決議全由團隊共同討論，沒有階級之分，提高行政及決策效率，工作成員對於團隊有很強的向心力，成員都很清楚要同時扮演兩種角色：服務角色、團隊角色，也就是不只照護老人，也要協助團隊打理相關事務，自己安排與參與教育訓練。

　　「博祖克社區整合照顧服務模式」採取「多層次分工模式」係以長者為中心，由內而外分別是：

　　「客戶自主管理」→「非正式網絡」→「博祖克居家照護團隊」→「正式團隊」。這個「模型」，其實與日本倡導的「四助模型」：自助、互助、共助、公助的精神相似，第一層都是長者要先自助、或是稱為自主管理。進一層是非正式網絡如家人、親友資源，再外一層是博祖克照護團隊，最外層則是正式網絡如政府、醫療、社福資源等，讓長者可以擁有自理能力及社交和生活的支援網路。

二、比利時模式

　　世界衛生組織的分析報告，針對輕度慢性病和特定疾病，居家照護所需的開支比機構照護或住院治療要少，歐洲各國都致力發展居家護理成為安養院和病房的替代選項。不同於臺灣的居家長照人員以照服員為主，比利時的居家護理師和照服員共同分擔了第一線照護工作。想讓老人安心待在家裡，提供所需的服務是基本，接下

來建立醫療照護網絡，確保病人在家裡可以隨時和醫護人員聯繫，才是更完善的保障。在居家照護這種需要獨立應對的場合，護理師的專業非常重要。平常我們可以代替醫師追蹤病情，如果照護中有突發狀況發生，我們也有能力立即做出反應。這樣不僅減輕照服員的壓力，病人和家屬也比較放心。完整的居家醫療照護網絡，不只嘉惠了希望在家終老的病人，也稍稍紓解了政府健康照護預算節節增加的壓力。

比利時居家長照的工作由居家護理師擔綱，兼具醫療和照護專業的居家護理師，在比利時的居家長照體系中扮演著中心角色。工作日常事帶著電子病歷系統，開公務車或騎腳踏車在社區裡穿梭。居家護理師除了注射、傷口護理、造口護理等一般護理行為之外，也幫較脆弱的慢性或高齡病患洗澡、測量體徵；不只提供照護服務，也串連起醫院、家庭醫師、家屬、社工，以及提供家政服務居多的照服員等各方照護者的溝通橋樑，在各社區皆設有護理站，居家護理師三到四人為一小組，輪班照顧同一區域的個案，聯繫該區域的醫院和家庭醫師，也定期開會討論照護內容。不出勤的夜間時段則有護理師輪流值班，回應緊急需求。每位個案在電子系統裡都登錄有主要照護的居家護理師和家庭醫師，責任分派明確，也避免重複問診，增加治療效率。

由於比利時落實分級轉診制，各社區都有家庭醫師執業，非緊急情況由家庭醫師看診評估後，再轉介給專科醫師。要建立好的居家長照系統，家庭和醫療系統的連結是關鍵，而居家護理縮短了家到醫院的距離。所以居家照護的個案多半由家庭醫師或醫院開單轉介，再由居家護理師到家中進行日常生活活動能力（Activity of daily living，ADL）和心理狀態的評估。在照護過程中，護理師可以視情況隨時和個案的家庭醫師討論、更改照護內容；如果病患有家務、送餐等其他需求，也可以幫忙聯絡相關機構。近年，臨終緩和醫療也被納入比利時居家護理的服務範圍，由緩和醫療專科護理師到家中給藥並給予照護指導，費用政府全額補助。

　　家是所有人心中最單純、最放鬆的地方，但要在家裡做照護反而最複雜，因為每個人家中環境都不一樣。所以我們尊重每位病人和第一線照護人員的自主性，同時也在背後整合各種資源，減輕第一線照護的負擔，包括結合病歷的電子護理系統，以及結合家庭醫師、護理師、照服員、家屬和病人的溝通平臺，就是說，居家照護應該是一個團隊，而不是一個照護員單獨的責任。

肆、家庭照顧與支援系統

　　Danny Dorling於《百億人口》（Population 10 Billion）一書中表示：「全球人口將增加到一〇〇億，主要原因並非人類生得更多，而是活得更久。」人口老化（population aging）是人口轉型（population transformation）的必然結果，臺灣過去百年來的人口結構變遷，呈現了典型人口轉型的規律。不過，相較於英國的人口轉型費時約一五〇年（一八〇〇—一九五〇），臺灣的人口轉型是被壓縮到六〇、七〇年之間完成，也因此在目前形成了異於其他國家的老化速度，以及更為嚴峻的老化衝擊，例如：勞動力比例減少、社會安全制度的財務平衡、以及長期照護體系的建立。

　　隨人口結構老化，醫療、照護支出成長，日本自一九七〇年

代開始發展各種居家式照護服務，一九八〇年代開始安寧療護，二
〇〇〇年長照保險（介護保險）導入之後，整合醫療和長照居家服
務更為完備，又稱為「居家照護」。「居家照護」就是把服務送到
家中，它結合醫療和長照各種專業人員、協調大醫院和基層社區診
所，讓病人出院之後，可以得到適切照顧。由於在宅醫療可減少不
必要住院，日本自二〇〇六年提高對「居家醫療」保險給付之後，
居家照護服務更為普及。

居家照護是一種照護體系，以病患的「家」為中心的照護體
系。居家醫療有兩大特色。第一，整合醫療服務和長照服務。第
二，實現連續性的照護到臨終。

居家照顧指由家人或雇用的看護在老人的家中提供照顧的情
況，當然也包括近年來政府推動的「居家照顧服務」。居家照顧
讓老人不需離開「家」，家人或其配偶或子女成為照顧者，以發揮
「就地取才」的照顧人力，如能由政府給予照顧者以政策支持及方
案推展，以維持「家」的完整是其理想。臺灣社會也隨者人口老
化，各種長期照護需求提高，居家照護始於一九八七年，一九九
五年全民健保開辦之後，開始給付居家照護，包含一般居家護理
（home nursing care）、居家復健（home rehabilitation）以及安寧
居家療護（hospice home care）。二〇〇六年開始長照十年計畫，
大多數經費用發展各種居家式照護，包含居家服務、居家護理和居
家復健。

「長照十年計畫2.0」的服務有其極限，家庭應承擔的責任、
應學習的知識與技能，專業上可提供積極性協助，以為同心協力。
將家庭照顧者視為可近的長期照顧人力，但更需支持此項資源的永

續，因為家庭是社會的核心，尤其是受我國傳統文化薰陶，家庭與親屬照顧仍是失能者照顧的主軸，故在政策上有效地支持與強化家庭與非正式照顧，提供必要的支援性服務，即可減少對正式照顧如機構服務的需求。是以，在家庭照顧者部分，無論長照制度如何發展，在家的親屬照顧仍是失能者照顧的重心，故應瞭解家庭照顧的重要性，並在政策上有效地支持與強化家庭照顧，如「提供誘因，包括減稅、補助改善無障礙設施與輔具、教導照顧技巧等」，或是提供家庭照顧者陪同補助等項目，與其他必要的支持性服務如喘息服務，即可減少對正式照顧如機構服務的需求。

當前臺灣有長照需求的長者，大部分為一九四○年以前出生，子女是嬰兒潮世代，人數眾多，在傳統思維下，一般希望有家人陪同終老。雖然我國家庭照顧功能已式微，但這群長者和其子女所形構的家庭機制相對仍較完整，共居比例高，政府若能運用戰後嬰兒潮人力，將家庭照顧者視為潛在及可近的長期照顧人力，鼓勵其照顧年邁父母，不僅是老人家的心願也符合在地老化宗旨。長照體系建立關鍵，是在厚實家庭照護者，政府角色是在協助與支持家庭照護者有能力擔負起照護責任，政府無法取代家庭責任，問題本質是如何建構家庭長照能力，現金給付是在歐美國家均可見到的制度，對家庭成員放棄原有工作，返家照護家人的一種補償，同時在配合社區支援體系下，提供家庭照顧者照顧上知識與技巧、喘息服務、輔具使用教導與補助等，使得家庭有足夠的能量進行照顧工作。

居家照顧除了服務老人與失能者外，亦可適度調節家庭照顧者的負荷與壓力，由於許多照顧者擔當照顧工作的時程與時間很長，使其面臨缺乏社會支持、人際互動及休閒學習生活的困境，透過居

家照顧的協助，可以為照顧者提供暫時性的支援服務與協助，進而紓解其照顧負荷。同時突破的是機構式照顧容易讓人與社區環境產生隔離，使人們的生活型態異於一般民眾，加上機構內部環境設計偏向醫療取向，相對冰冷與缺乏溫馨，致使「去機構化」（de-institutionalization）的理念逐漸受到推廣。

「在地老化」（aging in place）與社區化是長照十年計畫所預設的重要目標，國際間目前大力提倡在地老化的理念，強調讓老人在熟悉的環境與社區中渡過晚年，間接促成非機構式照顧服務的興起，產生照顧的替代選擇，居家照顧是非機構式照顧中最重要的一環，亦是我國近年來擴張最快的照顧服務項目，是將照顧服務提供至受服務者家中，讓人們可以繼續在熟悉的環境中生活，避免入住照顧機構與社區產生隔離，並可兼顧維繫與家人及鄰里間的人際互動網絡。

德國照護依據照顧需求而分級，分成三個層級需求，走向專業化照顧模式以及照顧機構私有化。另一種新型態的照顧模式為「共同照護」，在社區內共同找一名居家照顧服務員為其公寓及社區提供服務。在地照顧的趨勢也表現在「社區照護」，透過當地自治團體努力，爭取經費保持社區活力，並且透過鄰里發展照顧網絡，就近提供照顧服務（Klie, 2014）。

「長照十年計畫2.0」將「家庭照顧者支持服務」納入長照服務項目之一，透過家庭照顧者支持服務方案，讓照顧者在照顧這條路不會感到孤單，且減輕家庭照顧者負擔，衛生福利部彰化醫院附設二水社區「家庭照顧者支持服務據點」，提供長照資源諮詢、照顧技巧指導、紓壓活動、支持團體、心理協談、替代性服務等家庭

圖12-4：柳營奇美醫院院長黃順賢、衛生局主祕陳淑娟、柳營區長陳玉惠、敏惠醫專校長葉至誠聯合為為柳營失智友善館揭牌啟用。

照顧者支持性服務。該整合型服務中心於二〇一九年揭牌運作，提供家庭照顧者的需求，也會安排專業人員到宅指導照顧技巧，為讓家庭照顧者可以外出參與活動，提供喘息服務，減輕家庭照顧者身體、心理負荷，讓「長者開心，家屬放心」。

結語

伴隨人口老化趨勢，長期照顧資源及照顧服務人力之需求與日俱增，長照人力是長照體系中的核心，青年世代是未來照顧服務人力中，最迫切需要的資源之一，臺灣自一九八〇年代達到高度經

濟成長，但伴隨人口結構急速老化，對於長期照顧議題關注起步甚慢，對於人力培育規畫的投入更顯不足。促使青年世代願意投入照顧產業，是刻不容緩的任務。

由於社會家庭結構功能改變，由以往以家庭為主的照顧，轉變為尋求外部專業照顧，對長期照顧資源及長期照顧專業人力的需求，與日俱增。是以，開創照顧服務人力資源職涯發展策略，透過多元招募管道、提高勞動薪資與升遷管道，將年輕世代、新移民女性、中高齡勞動人口納入，落實年輕化與多元化目標。同時，醫療照護專業教育必須提供完善的教育訓練，以及有效率地執行醫護、照護患者安全，進而減輕照護人員的照護壓力，創造更貼近人性、更有效率的照護。

參考書目

王秀媖（2017）。〈臺中市高中職學生對高齡者態度與行為意向之研究〉（未出版碩士論文），東海大學，臺中市。

李光廷（2004）。〈日本介護保險的最新發展——由給付面看日本介護保險的財務危機〉。《長期照護財務制度規畫》，57-110。國家衛生研究院論壇。

李佳蓉（2011）。〈青年人投入老人照顧相關工作意願之探討——以老人相關科系應屆畢業生為例〉（未出版碩士論文），明新科技大學，新竹縣。

吳淑瓊、張文瓊（2016）。〈從戰後嬰兒潮老化及可用照顧人力萎縮探討對照顧缺口擴大之因應〉。《社區發展季刊》，153，91-101。

黃志忠（2016）。〈臺灣長期照顧政策及照顧服務人力發展之探討〉。「2016年兩岸社會福利研討會」發表之論文，財團法人中華文化社會福利事業基金會。

劉金山（2012）。〈從長期照顧政策發展趨勢論人力培育規畫之方向〉。《社區發展季刊》，142，304-316。

張育菁（2017）。〈1989-2015年臺灣受聘僱外國人健康檢查制度的演進與革新〉。《疫情報導》，33(1)，頁9-16。

陳貞如（2009）。〈日本對外籍看護需求之研究〉。《商業現代化學刊》，15(2)，頁189-198。

陳晶瑩（2003）。〈老年人之長期照護〉。《臺灣醫學》，7(3)，頁404-413。

經建會（2012）。《中華民國2012年至2060年人口推計》。臺北市：經建會。勞動部（2016）。《外籍勞工管理及運用調查報告》。臺北市：勞動部。

洪耀釧（2013）・〈高雄市老年人口長期照護服務需求及其選擇相關因素之調查〉・《工程科技與教育學刊》，10(3), 287-297。

鄧素文（2015）・《我國長期照護政策之規畫・社區發展季刊》，141, 19-25。

Population Division (2005). Living arrangements of older persons around the world. NY: As author.

World Health Organization (2006). International classification of functioning, disability and health. From http://www.who.int/classifications/icf/ Octomber 31, 2006

社會科學類　PF0316　長照關懷系列6

看見長照‧長照看見：
長期照顧與人力資源

作　　者 / 葉至誠
責任編輯 / 石書豪
圖文排版 / 黃莉珊
封面設計 / 劉肇昇

發 行 人 / 宋政坤
法律顧問 / 毛國樑　律師
出版發行 / 秀威資訊科技股份有限公司
　　　　　114台北市內湖區瑞光路76巷65號1樓
　　　　　電話：+886-2-2796-3638　傳真：+886-2-2796-1377
　　　　　http://www.showwe.com.tw
劃撥帳號 / 19563868　戶名：秀威資訊科技股份有限公司
　　　　　讀者服務信箱：service@showwe.com.tw
展售門市 / 國家書店（松江門市）
　　　　　104台北市中山區松江路209號1樓
　　　　　電話：+886-2-2518-0207　傳真：+886-2-2518-0778
網路訂購 / 秀威網路書店：https://store.showwe.tw
　　　　　國家網路書店：https://www.govbooks.com.tw

2022年5月　BOD一版
定價：390元
版權所有　翻印必究
本書如有缺頁、破損或裝訂錯誤，請寄回更換

讀者回函卡

國家圖書館出版品預行編目

看見長照.長照看見：長期照顧與人力資源 / 葉至
　誠著. -- 一版. -- 臺北市：秀威資訊科技股份
　有限公司, 2022.05
　　　面；　公分. -- (社會科學類；PF0316) (長照
　關懷系列；6)
　　BOD版
　　ISBN 978-626-7088-58-6(平裝)

　1.CST: 老人養護　2.CST: 長期照護
　3.CST: 人力資源管理

544.85　　　　　　　　　　　　　111003965